Walter Erhardt
Narzissen

Walter Erhardt

Narzissen

Osterglocken, Jonquillen, Tazetten

61 Farbfotos
48 Zeichnungen

Titelbild: *Narcissus*-Hybride 'Wiener Blut'
Rückseitenbild: Wiese mit weißen Narzissen
Farbfoto Seite 2: Narzissen mit Scheinhasel und Blaustern.

Die Deutsche Bibliothek – CIP-Einheitsaufnahme

Erhardt, Walter:
Narzissen : Osterglocken, Jonquillen, Tazetten /
alter Erhardt. – Stuttgart : Ulmer, 1993
ISBN 3-8001-6489-2

Wollgrasweg 41, 70599 Stuttgart (Hohenheim)
Printed in Germany
Lektorat: Sabine Reh, Gerhard Bley
Herstellung: Jürgen Sprenzel
Einbandgestaltung: Alfred Krugmann, Freiberg am Neckar
Satz: primustype Robert Hurler GmbH, Notzingen
Druck: Gulde Druck GmbH, Tübingen
Einband: Ernst Riethmüller & Co. GmbH,
Stuttgart

Vorwort

Wenn jemand zwei Laib Brot hat,
so soll er einen davon verkaufen
um dafür Narzissen zu erwerben,
denn das Brot ist die Nahrung des Leibes,
aber Narzissen sind die Nahrung der Seele.
Der Prophet Mohammed

Aufmerksame Leser meines Buches über die Gattung *Hemerocallis* hätten es sich denken können, daß diesem zwangsläufig einmal ein Werk über Narzissen folgen würde. Denn bereits dort ging ich darauf ein, daß es im Garten wohl kaum zwei Pflanzengattungen gibt, die so gut miteinander harmonieren. Gerne will ich hervorheben, daß diese Anschauung nicht von mir entwickelt wurde, sondern zurückgeht auf die Überzeugung des 1988 verstorbenen »Hemerocallispapstes« und Trägers des Karl-Foerster-Rings, auf Bruno Müller. Durch seine zahlreichen Artikel, in denen er diese »Symbiose« immer wieder darlegte, kam ich zu diesen Blumen.

Mittlerweile stehen mehr Sorten in unserem Garten als überhaupt in deutschen Gartenkatalogen zu finden sind. Da es jedoch nicht schwierig ist, Zwiebeln, die vor allem in Nordirland angebaut werden, zu importieren, möchte dieses Buch dazu anregen, daß sich Gartenliebhaber intensiver mit dieser Gattung beschäftigen als dies bisher in Deutschland der Fall ist. Vor allem, da es auch auf diesem Gebiet so viele Varianten gibt, daß niemand sagen kann, es wäre nicht auch für ihn das Passende dabei.

Zugleich soll dieses Buch helfen, die internationale Nomenklatur zu festigen, denn mitunter ist die Namengebung bei den Narzissenarten doch noch recht verworren. Da ich mich hierbei den Büchern von J.G. Wells (USA) und J.W. Blanchard (GB) anschließe, wird nun weltweit eine ziemlich einheitliche Nomenklatur verwendet. Letzterem Autor danke ich zugleich für die Überlassung von Textkopien eines Artikels von A. Fernandes. Ebenso gilt mein Dank Gilbert Verswijver (B) und François Verhaert (B) für die Beschaffung von guten Hybriden sowie Franz Roozen (NL), der mich mit Material des Internationalen Blumenzwiebelzentrums versorgte.

Dank gleichfalls dem mittlerweile bewährten Team, das auch an der Herausgabe meiner anderen Bücher beteiligt war: Sabine Reh und Gerhard Bley (Lektorat), Jürgen Sprenzel (Gestaltung) und meinem Freund Dr. h.c. Fritz Köhlein, der zu meiner großen Freude die Betreuung als Fachberater übernahm. Erweitert wurde die schwäbisch-oberfränkische Gemeinschaft durch Paul Hopf, der mit seinen künstlerischen Zeichnungen das Buch ausgestaltete. Prof. Karl Zimmer hat in bewährter Manier mit seinen Anregungen dem Buch den letzten Schliff gegeben. Meiner Frau danke ich für das wiederholte Lesen des Manuskripts, das nicht nur der Fehlersuche diente, sondern auch inhaltliche Anregungen brachte. Nicht vergessen werden soll mein Verleger, Herr Roland Ulmer, der immer ein offenes Ohr für die Anliegen seiner Autoren hat und mit dessen Haus die Zusammenarbeit stets Freude bereitet.

Langenstadt,
im Herbst 1992 Walter Erhardt

Oben: *Narcissus pseudonarcissus.*

Rechte Seite: *Narcissus bulbocodium.*

Inhaltsverzeichnis

Namengebung und Einteilung der Narzissen

Nomenklatur

Im antiken Griechenland lebte einst ein holder Jüngling namens Narkissos, liebreizend für Frauen und Männer, sterbliche und unsterbliche. Und so verdrehte er nicht nur vielen Mädchen seiner Zeit den Kopf, sondern auch der Quellnymphe Echo. Doch konnte diese ihre Liebe dem heiß von ihr begehrten Jungen nicht mitteilen, da sie ja stets nur von ihr vernommene Worte zurückgeben konnte. Noch schlimmer, Narkissos spottete ihrer und machte sich über sie lustig, weil sie so sehr nach ihm schmachtete, daß sie dahinschwand, und nur noch die Stimme von ihr übrigblieb. Seit dieser Zeit ist das Echo überall zu hören, aber nicht mehr zu sehen. Nur als Schall lebt die Nymphe weiter.

Und Narkissos? Die anderen Götter erboste sein Verhalten so, daß sie beschlossen, den Jüngling mit übergroßer Selbstliebe zu strafen. Als er wieder einmal durch Wald und Flur streifte, entdeckte er an einem stillen Ort ein klares Gewässer, gespeist von einem murmelnden Quell. Er beugte sich über die spiegelnde Wasseroberfläche und sah dort eine Gestalt, in die er sich über alle Maßen verliebte – in sich selbst. Von nun an war es um ihn geschehen. Kein anderes Wesen konnte er von nun an mehr begehren, der Jüngling verzehrte sich in Liebe nach sich selbst. Schließlich erging es Narkissos genauso wie der von ihm Verschmähten, er wurde schwächer und immer weniger, bis er letztendlich starb.

Nun trauerten die Götter doch um ihn und beschlossen, ihn wenigstens in Ehren zu bestatten. Schon hatten sie einen Scheiterhaufen aufgeschichtet und wollten die Bahre darauf betten, um sie den Flammen zu übergeben, da sahen sie, daß diese leer war. Stattdessen fanden sie ein Blümchen, safrangelb in der Mitte und am Rand besetzt mit schneeweißen Blütenblättern – die Narzisse. Soweit die poetisch verklärte Sage, wie die Narzisse zu ihrem Namen kam. Die Wirklichkeit ist viel prosaischer. Das griechische Wort *narkao* bedeutet nämlich zum einen »ich erstarre«, zum anderen aber auch »ich betäube«. Zwar haben die Blüten manchmal in der Tat einen geradezu betäubenden Duft, die Angabe bezieht sich aber wohl mehr auf das lähmende Gift, das in den Zwiebeln der Pflanze enthalten ist. Dies ist auch der Grund, warum diese im Gegensatz zu Tulpenzwiebeln von Wühlmäusen verschont werden, denn schließlich wollen diese Nager ja nicht narkotisiert werden. Ob allerdings auch die Blüten das Alkaloid enthalten, weiß ich nicht, denn leider mußte ich schon erleben, daß sie ein Leckerbissen für Schnecken sind. Mitunter erweisen sich Schnecken als recht resistent gegen alle Arten von Gift.

Als Linné sein binäres System der Pflanzennamen schuf, übernahm er das Wort *Narcissus* aus dem Lateinischen. Denn der römische Dichter Ovid, der in seinen »Metamorphosen« die Geschichte von Narkissos niederlegte, beschreibt dort die Pflanze so genau, daß es sich zweifelsfrei um die von uns als Narzissen bezeichneten Pflanzen handelt. Parkinson äußert in seinem »Paradisi in Sole Paradisus Terrestris": »Viele Ignoranten nennen einige dieser »Daffodils« Narzissen, obwohl alle, die ein bißchen Latein können, wissen, daß »Narcissus« der lateinische Name ist und »Daffodil« der englische.« Setzt man nun anstelle des englischen Wortes *daffodil* das deutsche Wort Osterglocken, so trifft dies auch heute noch auf eine unnötige Unterscheidung zu, die ich sogar schon in Schulbüchern fand. Linné verwendete also einen bis dahin bereits gängigen Namen für die von ihm benannte Gattung. Während er in seiner ersten Ausgabe des »Species Plantarum« von 1753 sieben Narzissen aufzählte, kamen in der zweiten Auflage von 1762 noch drei Arten dazu. Heute kennen wir fast sechzig Arten, Varietäten und Hybriden gar nicht hinzugerechnet.

Mögen sich auch die Gelehrten nach wie vor die Köpfe zerbrechen, ob nun die eine Unterart hier oder dort einzuordnen ist, an der Stellung der Narzissen im Pflanzenreich hat sich seit 1805, als Jaume St. Hilaire die Familie der Amaryllidaceae schuf, nichts mehr geändert. Noch immer gilt:

Klasse: **Monocotyledoneae**
[Über]Ordnung: **Liliiflorae**
[Ordnung]: **[Asparagales]**[1]
Familie: **Amaryllidaceae**
Gattung: **Narcissus**

Die meisten Autoren zählen mittlerweile auch die Gattung *Tapeinanthus*, die nur eine Art enthält, nämlich *T. cavanillesii*, zur Gattung *Narcissus*.

[1] [] nach Dahlgren, R. M. T., Clifford, H. T., Yeo, P. F.: The Families of the Monocotyledons. Springer-Verlag, Berlin, Heidelberg, New York, Tokyo 1985.

Ursprünge der Klassifikation

Die erste Klassifikation wurde 1812 von Salisbury erstellt und 1818 von Haworth in dem Beiheft »Narcissorum Revisio« zum »Supplementum Plantarum Succulentarum« übernommen, allerdings mit veränderten Charakteristika für die einzelnen Unterteilungen. Während der folgenden Jahre beschäftigte sich der Autor intensiv mit Narzissen, so daß er bis 1831, als ein weiterer Beitrag von ihm in Sweets »British Flower Garden« erschien, bereits über hundert Arten zusammengetragen hatte. Dies ist nicht verwunderlich, wenn man seine Arbeitsweise kennt, denn nur ganz wenige Pflanzen waren ihm aus eigener Anschauung bekannt. Stattdessen durchforstete Haworth die gesamte bis dahin verfügbare Literatur, und kaum entdeckte er eine Illustration, die von einer anderen in einigen Punkten abwich, war eine neue Art oder Unterart geboren. Das Ergebnis, bei dem er den sieben Sektionen von Salisbury neun weitere hinzufügte, sah wie auf der gegenüberliegenden Seite dargestellt aus:

Interessant ist, abgesehen davon, daß heutzutage alle von Haworth aufgestellten Sektionen wieder verschwunden sind, die Vielzahl der griechischen Sagengestalten, die sich in der Einteilung findet. Wir entdecken darin Ajax, den Helden des Trojanischen Krieges und seinen Vater Oileus; Helena, das herrliche Weib des Menelaos und deren gemeinsame Tochter Hermione; Ganymedes, den Mundschenk der Götter sowie seine beiden Brüder Assaracus und Illus und ihren Vater Tros. Der einzige, etwas seltsam anmutende Name Queltia wurde von Salisbury zu Ehren von Nicholas Le Quelt vergeben, der einige Narzissen am Naturstandort entdeckt hatte.

Bereits kurze Zeit später, nämlich 1837, erschien Herberts Buch über die »Amaryllidaceae«. Dies war der Vorläufer des weitaus bekannteren Werkes »Handbook of Amaryllidaceae« von Baker, erschienen 1888. Die Einteilung der Narzissen, die wir dort finden, geht eigentlich auf Herbert zurück, denn die-

	Sektion	Anzahl der Species	Typ
1.	Corbularia	10	Reifrocknarzissen
2.	Ajax	24	Trompetennarzissen
*3.	Oileus	5	(*abscissus*) *bicolor*
*4.	Assaracus	2	(*calathinus*) *triandrus var. capax*
*5.	Illus	2	*triandrus*
6.	Ganymedes	5	*pulchellus*
*7.	Diomedes	3	× *macleayi*
*8.	Tros	2	[*poculiformis*]
9.	Queltia	7	× *incomparabilis*
*10.	Schizanthes	1	[*Schizanthes*]
11.	Philogyne	9	× *odorus*
*12.	Jonquilla	4	Jonquillen
*13.	Chloraster	2	*viridiflorus*
14.	Hermione	54	Tazetten
*15.	Helena	6	× *gracilis*
16.	Narcissus	12	*poeticus*
		148	

* *von Haworth hinzugefügt* ( ) *Synonym* [ ] *ungültiger Name*

ser hatte Haworths sechzehn Sektionen auf sechs reduziert. Der französische Botaniker Gay fügte 1859 die Sektion Aurelia hinzu, so daß sich schließlich sieben Sektionen ergaben. Bakers Verdienst ist die Einteilung in drei Subgenera, die auf den Proportionen von Perigonröhre und Nebenkrone zueinander fußt. Demzufolge heißen diese auch:

Magnicoronati: trichterförmige oder zylindrische Nebenkronen, Kronblätter so lang wie die Perigonblätter, mit Corbularia und Ajax als Subsektionen.

Mediocoronati: schalenförmige Nebenkronen, Kronblätter nur halb so lang wie die Perigonblätter, mit Ganymedes und Queltia als Subsektionen.

Parvicoronati: kleine Nebenkronen, ähnlich einem Kegel oder einer Untertasse, mit den Subsektionen Hermione (Nebenkronen von gleichförmiger Substanz), Eunarcissus (Nebenkronen am Rand trockenhäutig) und Aurelia (Nebenkronen nur noch rudimentär).

Barr bezeichnet diese Sektionen, die er in seinem Büchlein 1984 übernahm, humoristisch auch als »Kaffeetassen-Sektion«, »Teetassen-Sektion« und »Untertassen-Sektion«. Allerdings enthalten diese drei Sektionen nicht mehr als 16 Species, die aufgestockt werden durch elf Naturhybriden. Im 19. Jahrhundert wurden demnach nicht mehr als 27 Arten gezählt und keineswegs 148, wie uns Haworth glauben lassen wollte.

Ein weiteres wichtiges Werk ist das von Pugsley aus dem Jahre 1933, das sich jedoch ausschließlich mit der Sektion Ajax beschäftigt. Die darin enthaltenen Species wie *N. asturiensis, N. minor, N. pseudonarcissus* und *N. obvallaris* sind die in unseren Gärten am häufigsten anzutreffenden Arten. Nomenklatorisch geht die lange Auseinandersetzung um ihren jeweiligen Status weiter bis in die Gegenwart.

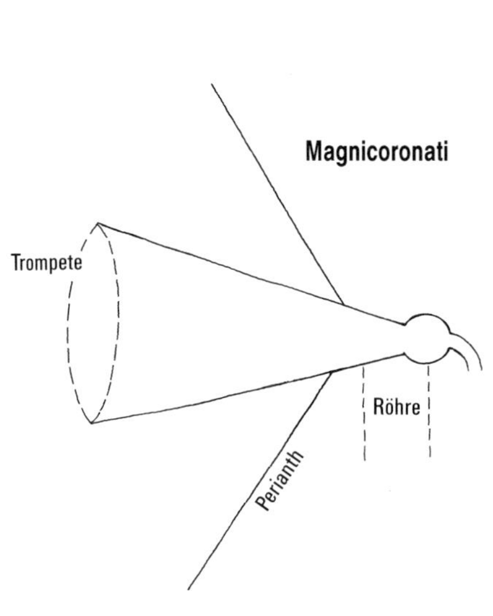

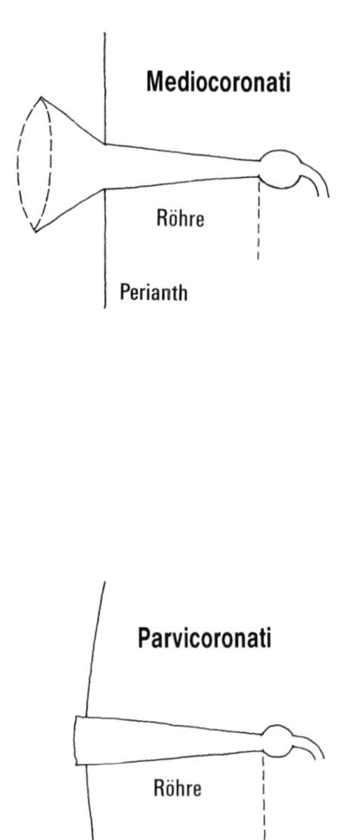

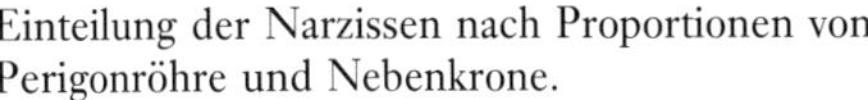
Einteilung der Narzissen nach Proportionen von Perigonröhre und Nebenkrone.

Gültige Klassifikation

Eigentlich wäre der Plural »Klassifikationen« angebrachter, denn in letzter Zeit hat sich hier sehr viel geändert. Während sich die Amerikaner, ebenso wie viele deutsche Gärtnereien, nach der Einteilung von Frederick G. Meyer[2] richten, speziell was die Namen der einzelnen Arten und Unterarten betrifft, wird in England und in den mehr wissenschaftlich ausgerichteten Untersuchungen die Einteilung von Abilio Fernandes[3] vorgezogen. In diesem Buch soll natürlich der Dinge letzter Stand aufgezeigt werden, so daß vor allem die Ausführungen von John W. Blanchard[4] und James S. Wells[5] berücksichtigt werden, die sich ziemlich ähneln. Es bleibt zu hoffen, daß diese Einteilung akzeptiert und in Zukunft verwendet werden wird.

Ein Vergleich der drei Einteilungen ist wohl der beste Weg, einerseits aufzuzeigen, wie die jetzt gültige Klassifikation entstanden ist, andererseits zu klären, welche Artnamen lediglich Synonyme sind. Diese werden in [ ] geschrieben, gestrichene oder nicht vorhandene Namen von Sektionen, Arten oder Varietäten werden durch [– – –] gekennzeichnet.

---

2 Meyer, F.G.: Narcissus Species and Wild Hybrids. In: Daffodil Handbook. The American Horticultural Magazine, Washington 1966.

3 Fernandes, A.: Keys to the identification of native and naturalized taxa of the genus *Narcissus* L. In: Daffodil Yearbook, Royal Horticultural Society, 1968.

4 Blanchard, J.W.: Narcissus. A Guide to Wild Daffodils. Alpine Garden Society, Woking 1990.

5 Wells, J.S.: Modern Miniature Daffodils. Species and Hybrids. Timber Press, Portland 1989.

Meyer (1966)	Fernandes (1968)	Blanchard (1990)
[---]	[---]	Sektion **Tapeinanthus**
[---]	[---]	*N. cavanillesii*
Subgenus Eunarcissus	[---]	[---]
Sektion **Serotini**	Sektion **Serotini**	Sektion **Serotini**
N. serotinus	*N. serotinus*	*N. serotinus*
[---]	*var. emarginatus*	*var. emarginatus*
[---]	*var. deficiens*	*var. deficien*
[Sektion **Hermione**]	Sektion **Aurelia**	Sektion **Aurelia**
N. broussonetii	*N. broussonetii*	*N. broussonetii*
[Sektion **Hermione**]	[Sektion **Hermione**]	Sektion **Tazettae**
N. tazetta	*N. tazetta*	*N. tazetta*
ssp. *aureus*	*N. aurea*	*N. aureus*
[---]	*N. barlae*	*N. barlae*
ssp. *bertolinii*	*N. bertolinii*	*N. bertolinii*
[---]	var. *algericus*	var. *algericus*
[---]	var. *discolor*	var. *discolor*
[---]	var. *primulinus*	var. *primulinus*
ssp. *canariensis*	*N. canariensis*	*N. canariensis*
ssp. *corcyrensis*	*N. corcyrensis*	*N. corcyrensis*
[---]	*N. cypri*	*N. cypri*
ssp. *cupularis*	*N. cupularis*	*N. cupularis*
[ssp. *gussonei*]	[---]	[---]
ssp. *italicus*	*N. italicus*	*N. italicus*
[ssp. *lacticolor*]	[---]	*N. canaliculatus*
ssp. *ochroleucus*	*N. ochroleucus*	*N. ochroleucus*
ssp. *pachybolbus*	*N. pachybolbus*	*N. pachybolbus*
ssp. *panizzianus*	*N. panizzianus*	*N. panizzianus*
ssp. *papyraceus*	*N. papyraceus*	*N. papyraceus*
ssp. *patulus*	*N. patulus*	*N. patulus*
ssp. *polyanthos*	*N. polyanthos*	*N. polyanthos*
N. elegans	*N. elegans*	*N. elegans*
[---]	var. *fallax*	var. *fallax*
[---]	var. *flavescens*	var. *flavescens*
[---]	var. *intermedius*	var. *intermedius*
[---]	[---]	var. *oxypetala*
N. [×] *dubius*	*N.* [×] *dubius*	*N. dubius*
[---]	*var. micranthus*	*var. micranthus*
[---]	[---]	*N. tortifolius*

Meyer (1966)	Fernandes (1968)	Blanchard (1990)
[Sektion **Hermione**]	Sektion **Narcissus**	Sektion **Narcissus**
N. poeticus	*N. poeticus*	*N. poeticus*
ssp. *poeticus*	var. *poeticus*	var. *poeticus*
var. *hellenicus*	var. *hellenicus*	var. *hellenicus*
var. *majalis*	var. *majalis*	var. *majalis*
var. *recurvus*	var. *recurvus*	var. *recurvus*
var. *verbanensis*	var. *verbanensis*	var. *verbanensis*
	N. radiiflorus	*N. radiiflorus*
ssp. *radiiflorus*	var. *radiiflorus*	var. *radiiflorus*
var. *exertus*	var. *exertus*	var. *exertus*
var. *poetarum*	var. *poetarum*	var. *poetarum*
var. *stellaris*	var. *stellaris*	var. *stellaris*
[Sektion **Jonquilleae**]	[Sektion **Jonquilla**]	Sektion **Jonquillae**
N. jonguilla	*N. jonquilla*	*N. jonquilla*
[---]	var. *henriquesii*	*var. henriquesii*
[---]	var. *minor*	var. *minor*
[---]	var. *stellaris*	var. *stellaris*
N. fernandesii	*N. fernandesii*	*N. fernandesii*
[---]	var. *major*	var. *major*
[---]	[---]	*N. cordubensis*
[---]	[---]	*N. marianicus*
[*N. juncifolius*]	[*N. requienii*]	*N. assoanus*
[---]	[var. *pallens*]	var. *pallens*
[---]	[---]	var. *praelongus*
N. gaditanus	*N. gaditanus*	*N. gaditanus*
[*N. jonquilloides*]	*N. willkommii*	*N. willkommii*
N. viridiflorus	*N. viridiflorus*	*N. viridiflorus*
[Sektion **Jonquileae**]	Sektion **Apodanthae**	Sektion **Apodanthae**
	N. rupicola	*N. rupicola*
N. rupicola	ssp. *rupicola*	ssp. *rupicola*
[---]	ssp. *marvieri*	ssp. *marvieri*
[*N. watieri*]	[*N. watieri*]	ssp. *watieri*
	N. rupicola	
[---]	[ssp. *pedunculatus*]	*N. cuatrecasasii*
[---]	[---]	var. *segimonensis*
N. calcicola	*N. calcicola*	*N. calcicola*
var. grandiflorus	[---]	[---]
N. scaberulus	*N. scaberulus*	*N. scaberulus*
N. atlanticus	[---]	*N. atlanticus*

Meyer (1966)	Fernandes (1968)	Blanchard (1990)
Sektion **Ganymedes**	Sektion **Ganymedes**	Sektion **Ganymedes**
N. triandrus	*N. triandrus*	*N. triandrus*
[var. *albus*]	var. *triandrus*	var. *triandrus*
var. *cernuus*	var. *cernuus*	var. *cernuus*
var. *loiseleurii*	[---]	var. *loiseleurii*
[var. *pulchellus*]	*N.* × *pulchellus*	[---]
var. *concolor*	*N. concolor*	var. *concolor*
Subgenus Corbularia	[---]	[---]
[---]	Sektion **Bulbocodium**	Sektion **Bulbocodium**
N. bulbocodium	*N. bulbocodium*	*N. bulbocodium*
[ssp. *vulgaris*]	ssp. *bulbocodium*	ssp. *bulbocodium*
	var. *bulbocodium*	var. *bulbocodium*
var. *nivalis*	var. *nivalis*	var. *nivalis*
var. *conspicuus*	var. *conspicuus*	var. *conspicuus*
var. *genuinus*	[---]	var. *genuinus*
[---]	[---]	var. *ectandrum*
[---]	var. *serotinus*	var. *serotinus*
[---]	[---]	var. *pallidus*
var. *citrinus*	var. *citrinus*	var. *citrinus*
var. *graellsii*	var. *graellsii*	var. *graellsii*
var. *obesus*	var. *obesus*	*N. obesus*
		N. bulbocodium
ssp. *praecox*	ssp. *praecox*	ssp. *praecox*
[---]	var. *paucinervis*	var. *paucinervis*
ssp. *romieuxii*	*N. romieuxii*	*N. romieuxii*
	ssp. *romieuxii*	ssp. *romieuxii*
	var. *romieuxii*	var. *romieuxii*
var. *rifanus*	var. *rifanus*	var. *rifanus*
[---]	[---]	var. *mesatlanticus*
ssp. *albidus*	ssp. *albidus*	ssp. *albidus*
	var. *albidus*	var. *albidus*
var. *zaianicus*	var. *zaianicus*	var. *zaianicus*
		N. cantabricus
ssp. *tananicus*	ssp. *tananicus*	ssp. *tananicus*

Meyer (1966)	Fernandes (1968)	Blanchard (1990)
N. cantabricus	*N. cantabricus*	
var. *cantabricus*	ssp. *cantabricus*	ssp. *cantabricus*
	var. *cantabricus*	var. *cantabricus*
var. *foliosus*	var. *foliosus*	var. *foliosus*
var. *kesticus*	var. *kesticus*	var. *kesticus*
var. *petunioides*	var. *petunioides*	var. *petunioides*
var. *monophyllus*	ssp. *monophyllus*	ssp. *monophyllus*
N. hedraeanthus	*N. hedraeanthus*	*N. hedraeanthus*
[---]	[---]	var. *luteolentus*
Subgenus Ajax	[---]	[---]
[---]		
	Sektion **Pseudo-narcissus**	Sektion **Pseudo-narcissus**
N. asturiensis	*N. asturiensis*	*N. asturiensis*
var. *brevicoronatus*	[---]	[---]
var. *lagoi*	[---]	*N. lagoi*
[---]	*N. jacetanus*	[---]
N. minor	*N. minor*	*N. minor*
[---]	*N. nanus*	*N. nanus*
var. *pumilus*	*N. pumilus*	*N. pumilus*
var. *parviflorus*	*N. parviflorus*	*N. parviflorus*
var. *provincialis*	*N. provincialis*	*N. provincialis*
N. cyclamineus	*N. cyclamineus*	*N. cyclamineus*
N. pseudonarcissus	*N. pseudonarcissus*	*N. pseudonarcissus*
ssp. *pseudonarcissus*	var. *pseudonarcissus*	(ssp. *pseudonarcissus*)
var. *platylobus*	var. *platylobus*	var. *platylobus*
var. *insignis*	var. *insignis*	var. *insignis*
	var. *montinus*	var. *montinus*
var. *montinus*	var. *minoriformis*	var. *minoriformis*
[---]	var. *humilis*	var. *humilis*
var. *humilis*	var. *festinus*	var. *festinus*
var. *festinus*	var. *porrigens*	var. *porrigens*
var. *porrigens*	var. *pisanus*	var. *pisanus*
ssp. *pisanus*	[---]	ssp. *eugeniae*
[---]	*N. abscissus*	*N. abscissus*
ssp. *abscissus*	var. *graciliflorus*	[---]
var. *graciliflorus*	var. *serotinus*	[---]
var. *serotinus*	var. *tubulosus*	[---]
var. *tubulosus*	*N. albescens*	*N. albescens*
ssp. *albescens*		

Meyer (1966)	Fernandes (1968)	Blanchard (1990)
ssp. *alpestris*	*N. alpestris*	*N. alpestris*
ssp. *bicolor*	*N. bicolor*	*N. bicolor*
var. *lorifolius*	var. *lorifolius*	[---]
ssp. *confusus*	*N. confusus*	[---]
ssp. *gayi*	*N. gayi*	*N. gayi*
var. *praelongus*	[---]	[---]
ssp. *nobilis*	*N. nobilis*	*N. nobilis*
ssp. *leonensis*	var. *leonensis*	var. *leonensis*
ssp. *longispathus*	*N. longispathus*	*N. longispathus*
ssp. *macrolobus*	*N. macrolobus*	*N. macrolobus*
var. *pallescens*	[---]	[---]
[ssp. *major*]	*N. hispanicus*	*N. hispanicus*
var. *concolor*	var. *concolor*	var. *concolor*
var. *propinquus*	var. *propinquus*	var. *propinquus*
var. *spurius*	var. *spurius*	var. *spurius*
[---]	[---]	var. *bujei*
ssp. *moschatus*	*N. moschatus*	*N. moschatus*
ssp. *nevadensis*	*N. nevadensis*	*N. nevadensis*
ssp. *obvallaris*	*N. obvallaris*	*N. obvallaris*
var. *concolor*	[---]	[---]
var. *maximum*	[---]	[---]
var. *toscanus*	[---]	var. *toscanus*
ssp. *pallidiflorus*	*N. pallidiflorus*	*N. pallidiflorus*
var. *intermedius*	var. *intermedius*	var. *intermedius*
[---]	[---]	var. *asturicus*
ssp. *portensis*	*N. portensis*	*N. portensis*
ssp. *tortuosus*	*N. tortuosus*	*N. tortuosus*

Schlüssel zu den Sektionen

Der umfangreichste Schlüssel, den es bislang gibt, ist der von Fernandes. Allerdings ist er unübersichtlich und paßt auch nicht ganz zur Einteilung von Blanchard, nach der in diesem Buch verfahren wird. Zudem wird hier ein Fehler korrigiert, der Fernandes unterlaufen ist. Die bei ihm als Hermione bezeichnete Sektion wurde bereits 1815 von de Candolle Tazettae genannt, womit dieser Name, der Prioritätsregel zufolge, der gültige ist.

Blanchards Schlüssel sieht somit folgendermaßen aus:

1.	Staubbeutel parallel zur Achse der Petalen	2.
	Staubbeutel lotrecht zur Achse der Petalen	**Bulbocodium**
2.	Herbstblühend mit kurzer oder fehlender Nebenkrone	3.
	Blüht im Winter oder Frühling	5.
3.	Blüten gelb	**Tapeinanthus**
	Blüten grün	9.
	Blüten weiß	4.
4.	Kronröhre trichterförmig, Blätter breit	**Aurelia**
	Kronröhre fast zylindrisch, Blätter schmal	**Serotini**
5.	Perigon weiß, Nebenkrone scheiben- oder flach becherförmig mit rotem oder trockenhäutigem Rand	**Narcissus**
	Perigon weiß oder gelb, Nebenkrone becherförmig oder länger	6.
6.	Nebenkrone so lang oder fast so lang wie die Perigonblätter	**Pseudonarcissus**
	Nebenkrone deutlich kürzer als die Perigonblätter	7.
7.	Griffel und 3 Staubfäden länger als die Nebenkrone, Perigon stark zurückgebogen,	**Ganymedes**
	Griffel und Staubfäden kürzer als die Nebenkrone	8.
8.	Blütenstiel gepreßt, Blätter breit	**Tazettae**
	Blütenstiel rund, Blätter schmal	9.
9.	Grüne Blätter ohne Kiel; glatter Stiel; mattschwarze Samen, keilförmig und ohne Strophiolum (siehe Seite 34)	**Jonquillae**
	Blaugrüne Blätter, zweigekielt; Stengel gestreift; schwarzglänzende Samen, kugelförmig und mit Strophiolum	**Apodanthae**

Einteilung der Hybriden

Bislang haben wir uns ausschließlich mit der Gliederung der in der Natur vorkommenden Arten beschäftigt, doch es gibt für die Narzissen zusätzlich eine Einteilung in Klassen oder Divisionen. Die Species nehmen hierbei die zehnte Division von insgesamt zwölf ein. Abgesehen von dieser könnte man die restlichen Klassen in zwei Gruppen teilen: die Gartenformen, die sich aufgrund der Form ihrer Nebenkrone unterscheiden, und die Wildformen, die auf jeweils eine ganz bestimmte Art als Urform zurückzuführen sind (siehe Abbildungen Seite 20 und 21). Bezeichnet werden die zwölf Divisionen folgendermaßen:

Division 1: Trompetennarzissen.
Die Nebenkrone ist mindestens so lang oder länger als die Perigonblätter. Auf einem Stiel sitzt jeweils eine Blüte. Frühe bis mittlere Blütezeit.

Division 2: Großkronige Narzissen.
Die Länge der Nebenkrone beträgt mindestens ein Drittel der Perigonblätter, ist aber nicht länger als diese. Auf einem Stiel sitzt jeweils eine Blüte. Frühe bis mittlere Blütezeit.

Division 3: Kleinkronige Narzissen.
Die Nebenkrone ist kleiner als ein Drittel der Länge der Perigonblätter. Auf einem Stiel sitzt jeweils eine Blüte. Mittlere bis späte Blütezeit.

Division 4: Gefülltblühende Narzissen.
Die verschiedenen Formen haben entweder gefüllte Nebenkronen oder diese fehlen und werden durch zusätzliche Perigonblätter ersetzt. Der Stiel kann eine oder mehrere Blüten tragen. Mittlere bis späte Blütezeit.

Division 5: Engelstränennarzissen.
Diese stammen von *N. triandrus* ab und werden auch als Triandrus-Hybriden bezeichnet. Eine oder mehrere glockenförmige Blüten hängen nickend am Stiel, das Perianth ist nach hinten zurückgebogen. Schmales Laub. Späte Blütezeit. Stark duftend.

Division 6: Alpenveilchennarzissen.
Sie stammen von *N. cyclamineus* ab und werden auch als Cyclamineus-Hybriden bezeichnet. Die Perigonblätter sind stark nach hinten umgebogen. Der Stiel trägt jeweils eine Blüte. Sehr frühe bis mittlere Blütezeit.

Division 7: Jonquillen.
Sie stammen von *N. jonquilla* und deren Verwandten ab. Der hohe, schlanke Stiel trägt jeweils zwischen zwei und sechs Blüten mit flachem Perianth. Das dunkelgrüne Laub ist schilfähnlich. Späte Blütezeit. Stark duftend.

Division 8: Tazetten.
Sie stammen von *N. tazetta* ab oder aus Kreuzungen zwischen dieser und *N. poeticus*. Diese werden dann auch als Poetaz-Hybriden bezeichnet. Reine Tazetten sind oft nicht winterhart und werden nur zum Treiben verwendet. Büschelförmiger Blütenstand mit zwei bis 16 Blüten. Diese haben nur kleine, schalenförmige Nebenkronen. Späte Blütezeit (gilt nur für Poetaz-Hybriden). Starker Duft.

Division 9: Dichternarzissen.
Sie stammen von *N. poeticus* ab und werden auch als Poeticus-Hybriden bezeichnet. Der Stiel trägt jeweils nur eine Blüte mit einem weißen Perigon und einer kleinen Nebenkrone mit schmalem Rand. Blüht sehr spät.

Division 10: Wildarten.
Hierher gehören nicht nur alle Species der genannten zehn Sektionen, sondern auch die in der Natur vorkommenden Arthybriden.

Division 11: Geschlitztkronige Narzissen.
Bei dieser Art von Hybriden ist die Krone aufgespalten in ihre sechs ursprünglichen, bei den anderen Narzissen miteinander verwachsenen Blütenblätter der Paracorolla. Man bezeichnet die Division auch dementsprechend als Split-Coronas. Der Stiel trägt jeweils eine Blüte. Sehr frühe bis mittelfrühe Blütezeit.

Division 12: Sonstige Narzissen.
Hierher gehören alle Hybriden, die keiner der anderen Divisionen zugeordnet werden können. Es sind nur sehr wenige und in der Regel Bulbocodium-Hybriden.

Oben und rechte Seite: Die Einteilung der Narzissen in Divisionen nach der Form der Nebenkronen zeigt oben die Gartenformen und rechts die Wildformen.

Farben und Farbkombinationen

Im Jahre 1978 hat sich die Royal Horticultural Society zu obigem System auch noch eine Möglichkeit einfallen lassen, wie Narzissen, vor allem ihre Hybriden, kurz und prägnant beschrieben werden können. Denn bislang war alles sehr kompliziert: So unterteilte man zum Beispiel die Division 1 in a) Blumenkrone farbig, Trompete nicht heller als die Blumenkrone, b)Blumenkrone weiß, Trompete farbig, c) Blumenkrone weiß, Trompete weiß, aber nicht heller als die Blumenkrone und d) Farbzusammenstellungen, die nicht unter a), b), c) fallen.[6]

Heute ist dies alles viel einfacher, vorausgesetzt man beherrscht die englischen Farbbegriffe, denn der jetzige Farbencode ist international. Die Blüten werden hierbei mit der Zahl der Division beschrieben, der die Sorte zuzurechnen ist, in der Regel einem Buchstaben, der die Farbe des Perigons an-

[6] nach Barth, Th., Weinhausen, K., Steffen, L.: Die Kultur der Blumenzwiebeln und -knollen. Verlag Paul Parey, Berlin, Hamburg 1968.

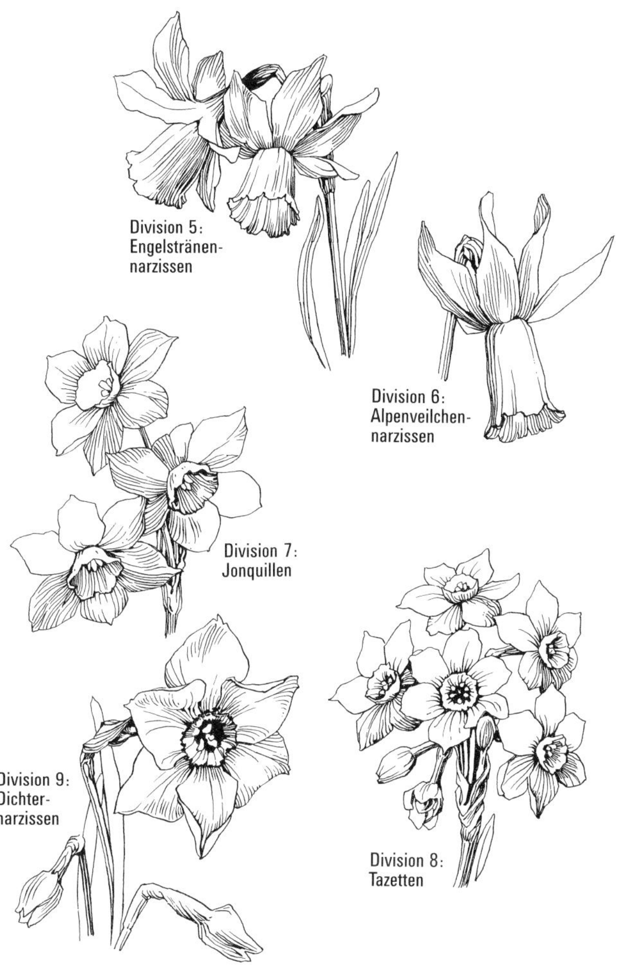

gibt und bis zu drei Buchstaben, die einem die Farbe der Nebenkrone verraten. Farbschattierungen bleiben hierbei unberücksichtigt, denn es gelten folgende Farbbezeichnungen: W = Weiß (white), Y = Gelb (yellow), R = Rot (red), O = Orange, P = Rosa (pink), G = Grün (green). Wie einfach dieser Code zu deuten ist, zeigen ein paar Beispiele: Die altbekannte Sorte 'Spellbinder' hat die Bezeichnung 1 Y-W. Dies heißt, die Trompetennarzisse hat ein gelbes Perianth und eine weiße Nebenkrone. Eine weiße Sorte mit rosa Rändchen an der Schale ist die Sorte 'Pismo Peach' (2 W-GWP). Der Code verrät uns zusätzlich, daß die Blüte einen grünen Schlund hat. Es kann auch einmal vorkommen, daß zur Bezeichnung der Perigonfarbe zwei Buchstaben nötig sind, wie etwa bei der Hybride 'Hambledon' (2 YW-WYY). Die Mitte dieser gelben Blüte ist also sowohl bei der Krone als auch bei der Nebenkrone weiß.

Es dürfte Ihnen nunmehr eigentlich keine Schwierigkeiten mehr bereiten, zu erkennen, wie die Sorte 'Sputnik' (6 W-YYP) aussieht. Da sie zu den empfehlenswerten Sorten gehört, die in diesem Buch genannt werden, können Sie ja Ihre Deutung mit der Beschreibung auf Seite 126 vergleichen.

Verbreitung und Morphologie

Natürliche Vorkommen

Narzissen als Bewohner des Mittelmeergebietes zu bezeichnen ist nicht ganz richtig, denn hierzu haben sich manche Arten schon zu sehr von diesem Raum entfernt. Dennoch ist es interessant, daß sich diese Pflanzen das heutige Verbreitungsgebiet vor allem durch Wanderschaft erschlossen haben. Ursprungsland der Narzissen ist mit Sicherheit die Iberische Halbinsel. Einige Species haben auch den Sprung über die Straße von Gibraltar geschafft und besiedeln mittlerweile die nordafrikanische Region. Doch scheint diese Leistung keineswegs so bedeutend wie die Wanderung von *N. pseudonarcissus*, die über die Vogesen nach Nordfrankreich und Belgien gelangte und dann sogar noch den Kanal überquerte, um sich letztendlich einen Raum, der von Südspanien bis Südschottland reicht, zu erobern. Verlief die Wanderung von *N. pseudonarcissus* mehr von Süden nach Norden, so dehnte sich das Verbreitungsgebiet von *N. poeticus* zunehmend in westlicher Richtung aus. Wir finden sie von den Pyrenäen ausgehend heute nicht nur in den gesamten Alpen, sondern auch entlang der dinarischen Küste bis hinab nach Griechenland und schließlich

Unten: Verbreitungsgebiete von *Narcissus pseudonarcissus* und Narcissus poeticus.
Rechte Seite oben: Verbreitungsgebiet von *Narcissus bulbocodium*.
Rechte Seite unten: Verbreitungsgebiet von *Narcissus elegans*.

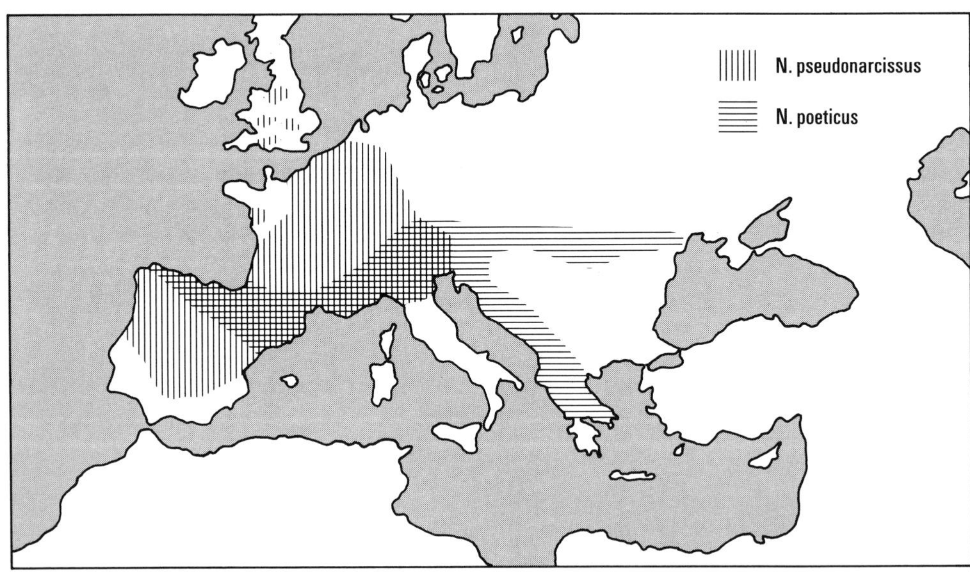

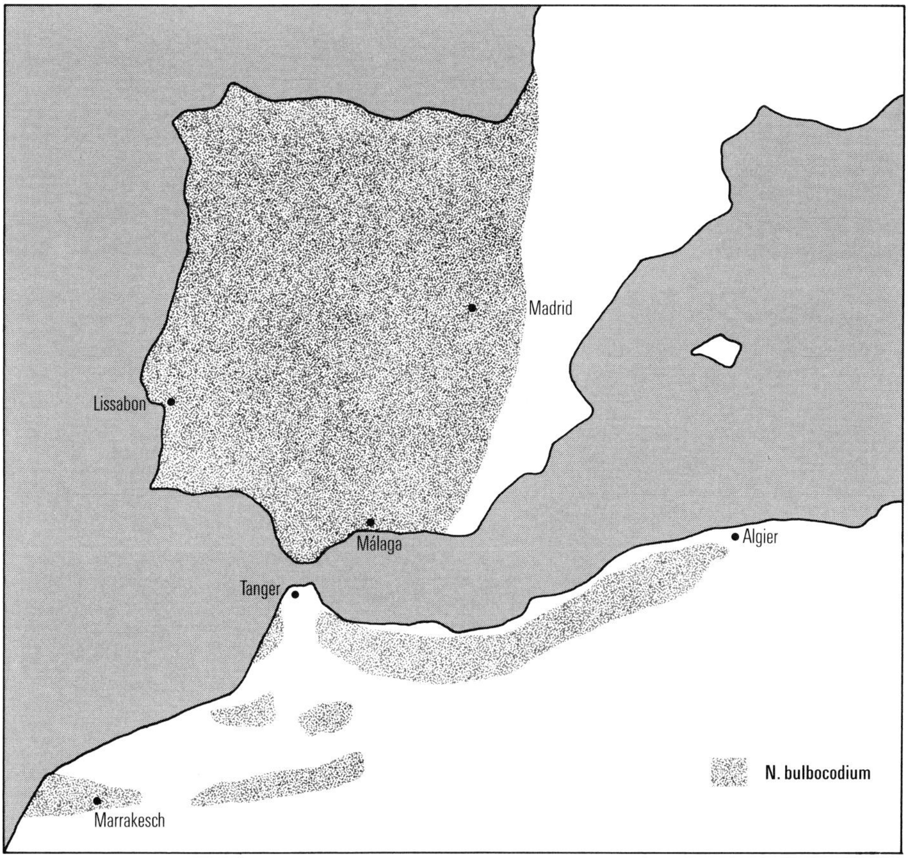

Madrid
Lissabon
Málaga
Algier
Tanger
Marrakesch
N. bulbocodium

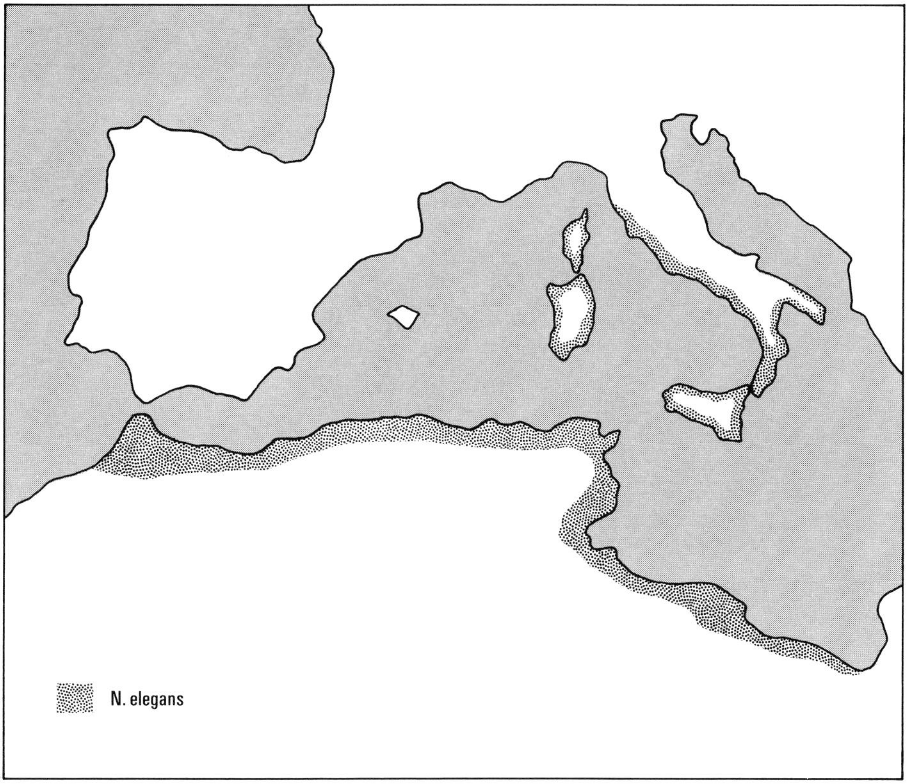

N. elegans

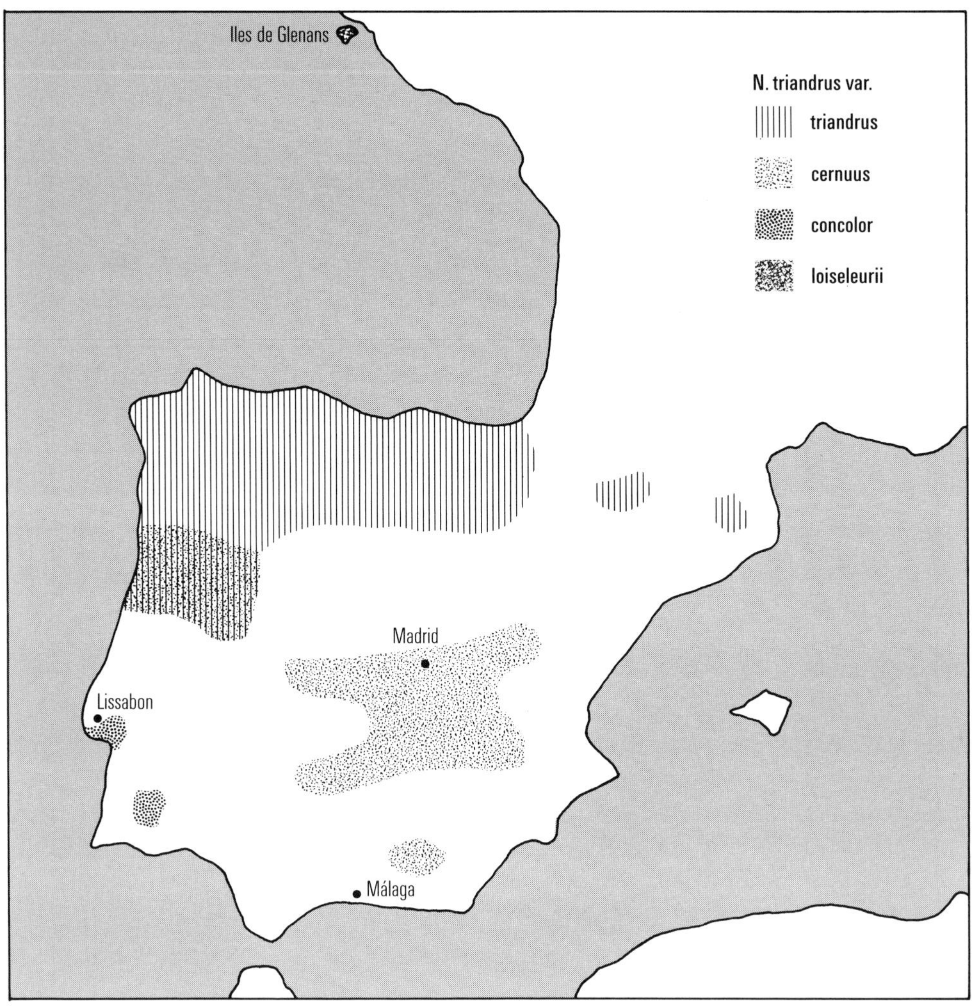

Verbreitungsgebiet verschiedener Varietäten von *Narcissus triandrus*.

Rechte Seite oben: Verbreitungsgebiet von *Narcissus jonquilla*.

Rechte Seite unten: Verbreitungsgebiet von *Narcissus rupicola* und verschiedener Subspecies.

N. jonquilla

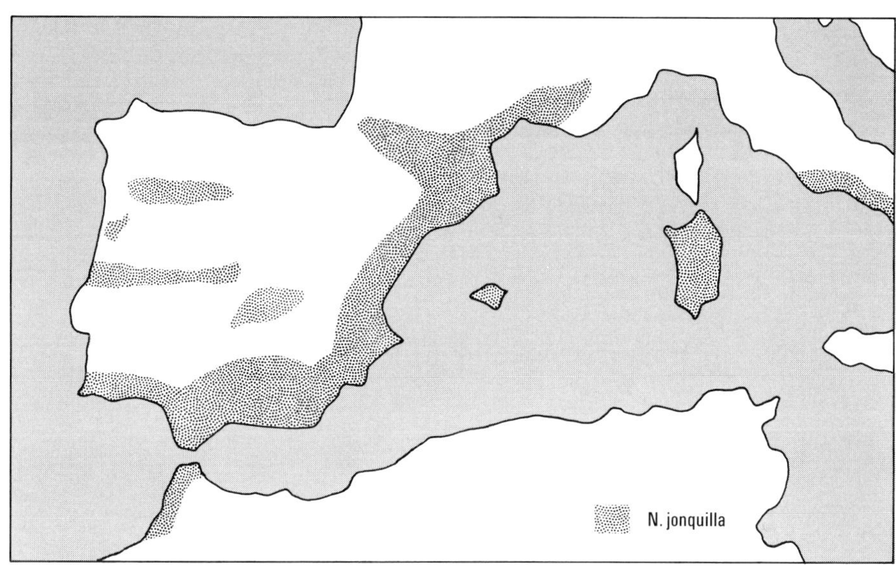

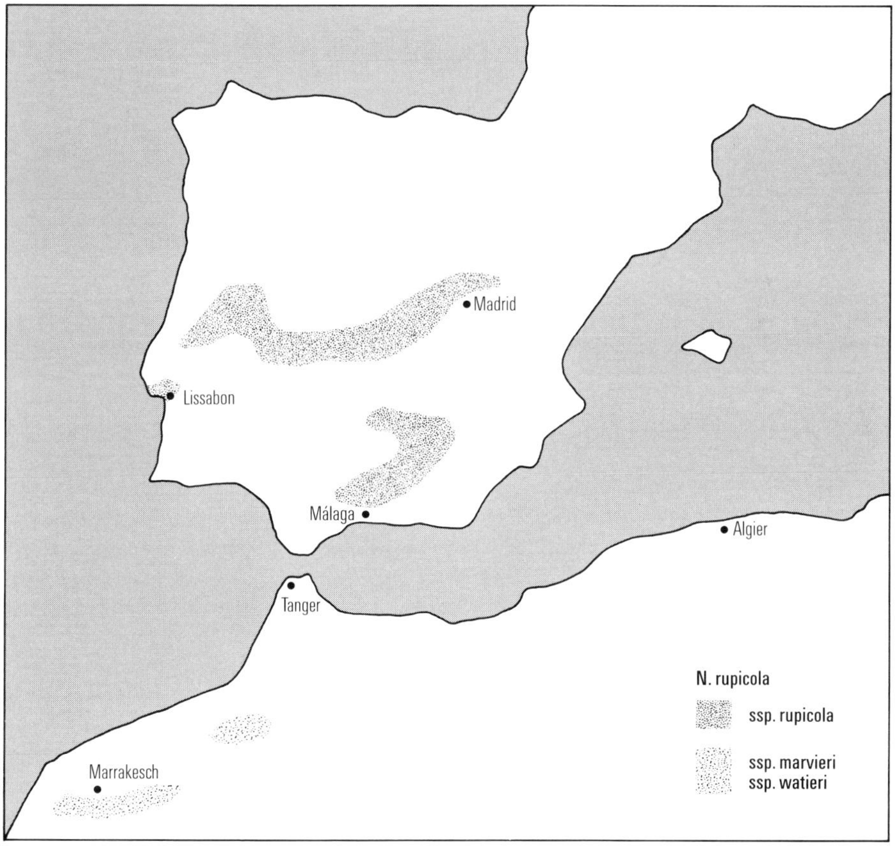

Madrid
Lissabon
Málaga
Algier
Tanger
Marrakesch
N. rupicola
ssp. rupicola
ssp. marvieri
ssp. watieri

den rumänischen Karpaten folgend bis zum Schwarzen Meer.

Ein weiteres Phänomen ist die häufige Bastardisierung bei Narzissen. Diese kommt überall dort vor, wo sich die Verbreitungsgebiete von zwei Arten überlappen, so daß es der Laune der Natur vorbehalten war, Kreuzungen zu schaffen. Ein solch interessantes Gebiet liegt nahe der portugiesischen Stadt Porto, die dem Portwein ihren Namen gab. Hier wachsen nicht nur die gelbe *N. pseudonarcissus* und die weiße *N. triandrus*, sondern auch verschiedene Kreuzungen aus beiden Arten. Eine davon ist *N.* × *johnstonii*, eine andere *N.* × *taitii*. Solche natürlichen Standorte von Naturhybriden sind immer ziemlich eng umgrenzt. So kommt zum Beispiel *N.* × *carringtonii*, eine Kreuzung zwischen *N. scaberulus* und *N. triandrus*, nur in einem kurzen Talabschnitt des portugiesischen Flusses Montego vor. Mitunter ist es für die Botaniker recht schwierig, abzugrenzen, was eine Art und was eine Arthybride ist. Solch ein Zweifelsfall ist *N. dubius*, die von manchen Autoren als *N.* × *dubius* bezeichnet wird. Da jedoch

Unten: Narzissenwiesen in der Provence.
Rechte Seite oben: Narzissenwiese an einem Bachlauf.
Rechte Seite unten: *Narcissus pallidiflora* in Andorra.

das genetische Material der Art so gefestigt ist, daß sie treu aus Samen fällt, muß die mögliche Kreuzung bereits vor Urzeiten passiert sein. Es darf hier der Status der Art angenommen werden. Arthybriden hingegen variieren ziemlich in ihrem Aussehen und lassen sich vor allem durch Kreuzung der in dem entsprechenden Gebiet vorkommenden Arten künstlich erzeugen. Wenn man heute auch in Asien Narzissen findet, so sind diese keineswegs dort heimisch. Vermutlich gelangten verschiedene Tazetten durch portugiesische Seefahrer bis nach China. Species findet man allerdings nicht in Amerika und auch südlich des Äquators.

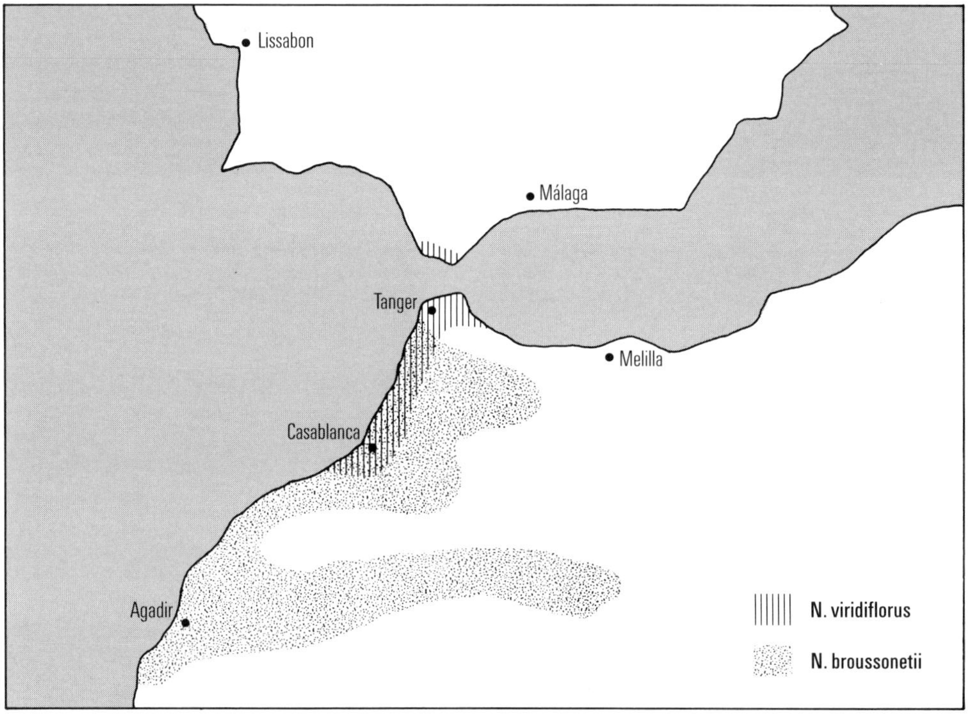

Lissabon
Málaga
Tanger
Melilla
Casablanca
Agadir
N. viridiflorus
N. broussonetii

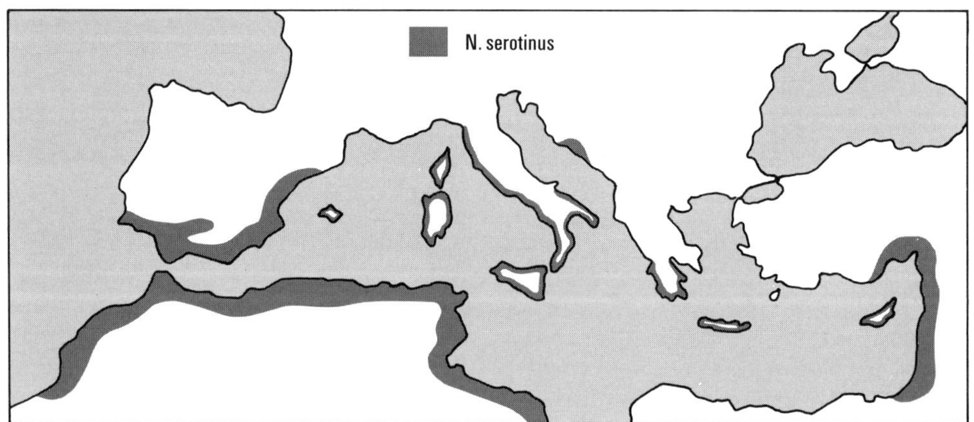

Zwiebeln und Wurzeln

Im Ruhezustand besteht die Narzisse aus einer häutigen Zwiebel genau wie die Hyazinthe, die Tulpe oder die Küchenzwiebel. Trotz des gleichen Aufbaus gibt es einen Unterschied zwischen diesen Pflanzengattungen: Narzissen, die zu den Amaryllidaceae gehören, besitzen andere Inhaltsstoffe. Neben der Stärke, die wir bei allen Zwiebeln finden, bilden die Narzissen auch Fructane und niedermolekulare Glucomannane, die auch in Blättern und Stielen reichlich vorhanden sind. Diese Schleime, die Ihnen sicher schon beim Pflücken von Narzissen aufgefallen sind, können Hautreizungen oder gar Allergien verursachen, vor allem, wenn man an den Händen kleine Verletzungen hat. Das Eindringen dieses Pflanzensaftes in die Haut oder gar dessen Verzehr ist keineswegs ungefährlich, da die Narzissen wie alle Amaryllisgewächse eines der sogenannten Amaryllidaceen-Alkaloide enthalten. Von diesen Giften sind mittlerweile über 100 bekannt, das der Narzissen hat betäubende Wirkung.

Die Zwiebelbasis wird von einer korkartigen Bodenplatte gebildet, die in etwa dem entspricht, was wir in vergrößerter Form und als reines Speicherorgan bei den Gladiolenknollen wiederfinden. Dieser Bodenplatte entspringen ringförmig am äußeren Rand die Wurzeln, die bis zu 40 cm lang werden. Sie teilen sich nicht und werden im Hochsommer, wenn die Pflanze ihre Blätter einzieht, ebenfalls abgebaut. Ab Mitte August beginnt der erneute Wurzelaustrieb. Neben den reinen Saugwurzeln bilden sich ab dem dritten Standjahr eines Sämlings auch Ziehwurzeln. Diese sind in der Lage, sich im Laufe einer Wachstumsperiode um mehrere Millimeter zu verkürzen, was bewirkt, daß die Zwiebeln tiefer in den Boden gezogen werden. Bei diesen »kontraktilen« Wurzeln verändern die

Linke Seite oben: Verbreitungsgebiet von *Narcissus viridiflorus* und *Narcissus broussonettii*. Linke Seite unten: Verbreitungsgebiet von *Narcissus serotinus*.

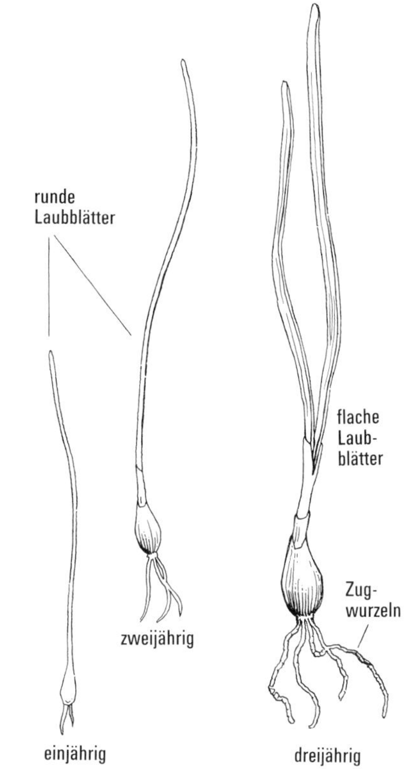

Entwicklung eines Sämlings in den ersten drei Jahren.

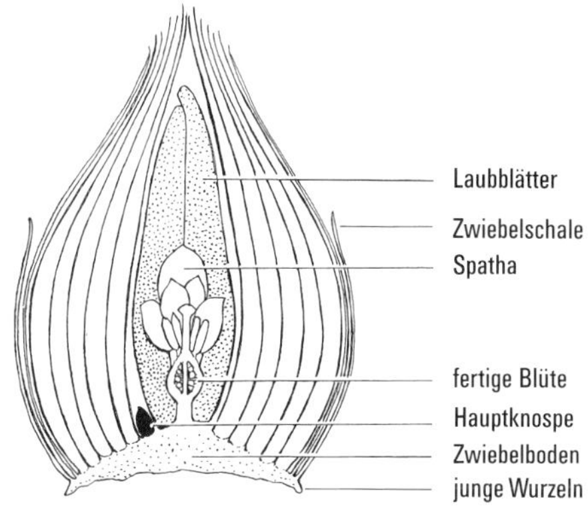

Der Aufbau einer Narzissenzwiebel im Ruhezustand zeigt bereits die Blütenanlage.

Zellen ihr Wachstum von der Länge in die Breite, was bewirkt, daß die Cortex, so heißt die äußere Haut, sich kringelt wie ein zu groß gewordener Socken.

Im Inneren der Zwiebel, also auf dem Zwiebelboden, ist im Ruhezustand die Blüte für die beiden kommenden Jahre bereits angelegt. Im Zentrum befindet sich der noch winzige Blütenstiel, auf dem in knospigem Zustand die Blütenanlage des folgenden Frühjahrs vorhanden ist. Auch die drei bis vier Laubblätter sind angelegt, sie wechseln sich lagenweise ab mit ebensovielen Scheidenblättern, die später den Stengel an der Basis umschließen. Doch auch für das darauffolgende Jahr ist vorgesorgt. In der Achsel des zweiten Laubblattes entsteht während der Vegetation eine neue Hauptknospe, die drei Laubblätter, drei bis vier Scheidenblätter und die Blütenanlage in sich birgt. Es ist interessant, daß der Bau dieser Tochterzwiebel genau nach dem gleichen Plan angelegt ist wie die Mutterzwiebel. In der Achsel des dritten Laubblattes schließlich findet sich noch eine Nebenknospe, die anfänglich nur Laubblätter beinhaltet. Auf das Wachstum der Haupt- und Nebenknospen werden wir noch einmal eingehen müssen, wenn wir uns mit den Handelsgrößen der Zwiebeln beschäftigen.

Die Zwiebel wächst von innen nach außen. Da die neuen Zwiebelschalen Platz brauchen, werden die im Vorjahr gebildeten nach außen gedrängt. Diese werden trockenhäutig und färben sich braun, sie umgeben die Zwiebel als lose sitzende Schale. Gelegentlich findet man mehrere Lagen solcher Zwiebelhäute, bei einigen Naturformen sind es sogar 60 und mehr. Diese Häute sind fast durchsichtig und mit dunkleren, parallel verlaufenden Nerven geadert.

Alle Arten der Sektion Narcissus haben ausgesprochen länglichrunde Zwiebeln, so daß man sich nicht darüber wundern darf, wenn man Narzissen kauft. Kleinkronige Sorten und Dichternarzissen haben qualitativ keineswegs schlechtere Zwiebeln, weil diese kleiner und oft als Rundnasen geliefert werden. Dies ist ein Erbmerkmal von *N. poeticus*.

Stengel und Laubblätter

Eine blühstarke Narzisse hat drei, manchmal auch vier Laubblätter. Kleinere, noch nicht blühfähige Zwiebeln besitzen meist nur zwei Blätter. Diese sind je nach Art der Narzisse linealisch bis riemenförmig, gelegentlich auch grasartig oder gar stielrund. Flaches Laub ist meist zweifach oder noch öfter gekielt. Auch ist es keineswegs einheitlich grün, denn bei den Species der Sektionen Bulbocodium und Jonquillae erkennt man bei Betrachtung mit einer starken Lupe weiße Flecken oder Markierungen. Eines jedoch haben die Blätter aller Arten gemeinsam, sie sind stets glatt und niemals behaart. Zudem sind sie mit Cutin bedeckt, einer wachsartigen, wasserundurchlässigen Substanz, die während des Blattwachstums gebildet wird. Die Blätter sind an der Spitze meist etwas verdickt und zugespitzt, denn dies erleichtert den Austrieb aus dem Boden.

Im ausgewachsenen Zustand ist das Laub für gewöhnlich länger als der Blütenstiel und wächst meist aufrecht, bei einigen Species neigt es sich während der Blüte dem Boden zu. Das Wachstum ist während der Blüte oft noch nicht abgeschlossen. Am unteren Ende werden die Blätter durch zwei farblose, rundgeschlossene Scheidenblätter wie von einem Köcher zusammengehalten. Je nachdem, wie groß die Zwiebel ist, schließen sich in dieser nochmals zwei bis vier Scheidenblätter an. Dies sind blattartige Organe, die aber nicht assimilieren und auch äußerlich gar nicht in Erscheinung treten. Sowohl die Laubblätter als auch die Scheidenblätter werden im Laufe der Vegetation mit Reservestoffen angefüllt und verdicken sich zu neuen Zwiebelschalen. Während des Hochsommers vergilben die Blätter, und sie sterben ab, sobald die Samenkapseln reifen. Dies gilt nicht für die herbstblühenden Arten.

Alle Narzissen besitzen blattlose, ungeteilte Blütenstiele. Da das apikale Meristem erst das Laub und zuletzt die Blüte anlegt, scheint diese von den Blättern umgeben. Eine blühende Pflanze hat deshalb den Stengel in der

Mitte der Blätter. Er ist oben hohl und nach unten hin mit einem schwammigen Gewebe gefüllt. Bei einigen Sektionen wie Ganymedes, Bulbocodium und Jonquillae ist der Stiel stets rund, bei den Arten der Sektion Narcissus dagegen etwas zusammengedrückt mit einem deutlich sichtbaren Kiel. In der Sektion Pseudonarcissus kommen beide Stielarten vor. Für gewöhnlich wachsen die Stengel aufrecht, nur bei wenigen Species, wie etwa bei *N. hedraeanthus*, stehen sie schräg.

Blüten

Kurz gesagt besitzen Narzissen Perigonblüten mit einer Nebenkrone. Dies bedeutet, daß Sepalen (= Kelchblätter) und Petalen (= Blütenkronblätter) gleich aussehen. Ähnliches finden wir auch bei den Tulpen oder Lilien. Im typischen Fall hingegen sind die Sepalen grün und zur Assimilation befähigt. Man kann daher bei den Narzissen nicht mehr von Sepalen und Petalen sprechen, sondern muß diese als Tepalen bezeichnen. In einer Blüte sind immer sechs davon vorhanden, die zwar ein einheitliches Bild vermitteln, von Art zu Art jedoch sehr verschieden aussehen. Sie können im rechten Winkel zur Blütenachse stehen, wie bei *N. rupicola*, sich nach vorne neigen, wie bei den Arten der Sektion Pseudonarcissus, oder nach hinten umgeschlagen sein, was ein Kennzeichen der Alpenveilchennarzissen ist. Wenn die Tepalen sehr breit sind und sich überlappen, bilden sie fast eine Scheibe, wie bei *N. poeticus*, bei den verschiedenen Bulbocodium-Arten dagegen machen sie einen fast kümmerlichen Eindruck. Hier ist die Nebenkrone das beherrschende Element.

Diese Paracorolla, wie sie auch bezeichnet wird, ist das wesentliche Merkmal der Narzissen, man findet sie nicht bei allen Amaryllisgewächsen. Gebildet werden die Nebenkronen durch kronblattartige Anhängsel an der Innenseite der Perigonblätter, die miteinander verwachsen sind. Sie bilden je nach Länge eine Trompete, einen Becher, eine Schale oder sind fast verkümmert wie bei *N. poeticus*. Bei manchen modernen Züchtungen sind die Verwachsungen wieder gelöst, diese Art der Hybriden bezeichnet man als Split-Corona-Narzissen. Hier zeigt sich deutlich, daß die Nebenkrone aus sechs Blütenteilen besteht.

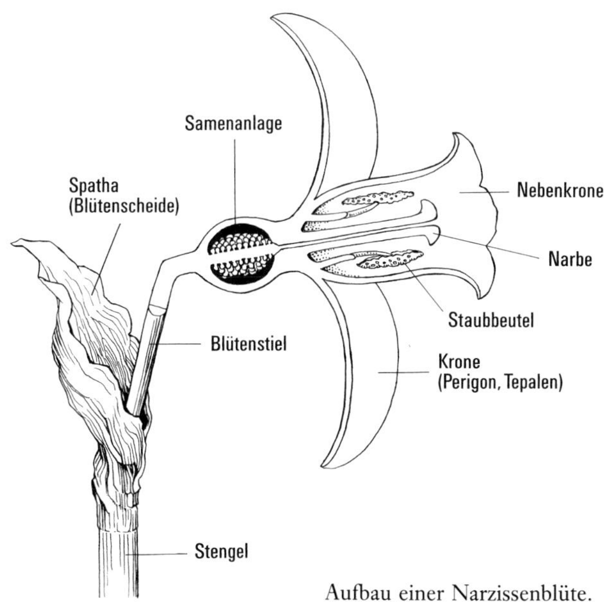

Aufbau einer Narzissenblüte.

Da für die Begriffe Krone und Nebenkrone so viele Umschreibungen möglich sind, sollen diese aufgelistet werden, um keine Verwirrung aufkommen zu lassen. Vor allem wird im heutigen Sprachgebrauch der Begriff Perigonblätter zunehmend ersetzt durch das Wort Perianth, wie es gleichlautend im Englischen heißt. Der Gärtner meint also mit seinen Bezeichnungen folgendes:

Krone	**Nebenkrone**
Corolla	Paracorolla
Perigon (-blätter)	Trompete
Perianth	Schale
Tepalen	

Eigentlich sollte das Wort Krone für die Nebenkrone nicht verwendet werden, doch sind die Begriffe »großkronig«, »kleinkronig« und »geschlitztkronig« so in den allgemeinen Sprachgebrauch übergegangen, daß eine Änderung der Divisionsnamen unsinnig erscheint.

Da drei die Grundzahl des Blütenbaues der Narzisse ist (zwei mal drei Tepalen), finden wir auch zwei mal drei Staubblätter und eine dreigelappte Narbe. Die Staubfäden einer Blüte können alle gleich lang sein, oder aber drei davon sind kürzer als die anderen, wie wir es bei *N. poeticus* finden. Die meist gelben Staubbeutel sitzen in einer Achse parallel zu den Staubfäden, nur bei den Arten der Sektion Bulbocodium sind sie am Ende steil nach oben gebogen, so daß die Pollensäcke rechtwinklig darauf sitzen. Die Pollen selbst können weiß sein, häufiger jedoch sind sie gelb.

Die Blütenkronblätter sind an ihrem unteren Ende ebenfalls miteinander verwachsen und bilden eine Röhre. Da der Fruchtknoten unterständig ist, sitzt er deutlich sichtbar außerhalb der Kronröhre. Dieser kleine, grüne Knoten schwillt nach erfolgreicher Befruchtung bereits nach wenigen Tagen kräftig an und läßt somit erkennen, wie lange eine Blüte schon geöffnet ist, wenn man den Stiel für einen Strauß schneiden möchte. Es kann vorkommen, daß der Fruchtknoten nicht gleich sichtbar ist, weil er vom Blütenhüllblatt verdeckt wird. Dieses schützt zunächst die Blüte, platzt dann jedoch auf, damit sich diese entfalten kann und ist während des Flors nur noch ein braunes, trockenes Häutchen. Es sitzt direkt am Ende des Stengels, so daß dem Betrachter oft nicht auffällt, daß die Blüten selbst ein kleines Stielchen besitzen. Sehr gut erkennt man diese Blütenstiele bei den Jonquillen, die ein ganzes Blütenbüschel auf ihrem Stengel tragen. Hier sind die Stiele rund und glatt, während sie bei den meisten anderen Sektionen flach und gekielt sind.

Neben der Sektion Jonquillae sind es die Sektionen Apodanthae und Tazettae, die mehr als eine Blüte am Stengel tragen. Alle anderen Narzissen haben pro Stiel nur eine Blüte. Sie kann nach oben gerichtet sein, wie wir es bei den Bulbocodium-Arten finden, senkrecht bis leicht geneigt, was der Regelfall ist, oder hängend. Solche Glöckchen finden wir bei *N. triandrus*. Angaben über die Blütezeit sind sehr schwierig, da diese nicht nur von Region zu Region verschieden sind, sondern wie die milden Winter der letzten Jahren gezeigt haben, auch am gleichen Standort beträchtlich schwanken können. In Oberfranken startet die Saison mit den Cyclamineus-Hybriden und den Split-Corona-Narzissen Ende März, einzelne Species blühen schon früher. Die Hauptblüte liegt dann Mitte April. In den Palmengarten nach Frankfurt, wo eine ansehnliche Sammlung steht, sollte man schon zwei Wochen früher fahren, gleiches gilt auch für die Sichtungsgärten in Holland. Um auf meinen Garten zurückzukommen: Die letzten Dichternarzissen blühen hier Ende Mai und an den Jonquillen erfreuten wir uns sogar schon bis in den Juni hinein. Dies jedoch nur, wenn das Frühjahr entsprechend kühl war.

Betrachtet man die Blütezeiten der Species für sich allein und berücksichtigt dabei alle Standorte, so gibt es bislang noch keine Aufzeichnungen, daß im August in der Natur blühende Pflanzen gefunden wurden. Ansonsten kann man behaupten, irgendwo steht immer gerade eine Narzisse in Blüte. Doch wer

Unterschiede im Blütenbau von Narzissen:
1. *Narcissus bulbucodium*
2. *Narcissus poeticus*
3. *Narcissus pseudonarcissus*

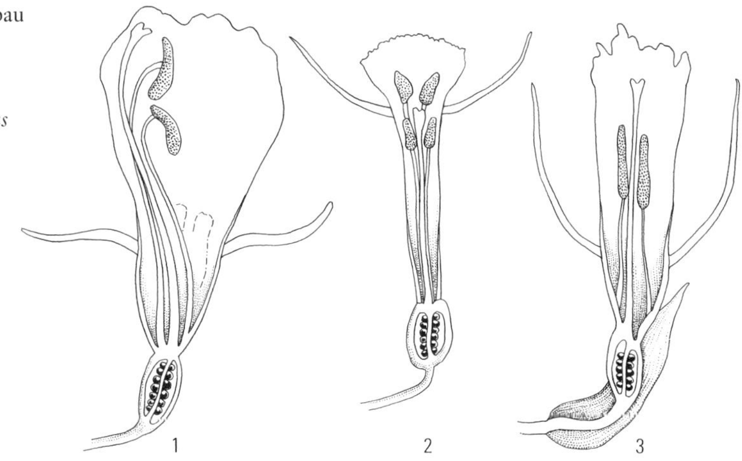

denkt schon daran, mitten im Winter in Südeuropa auf Narzissenexkursion zu gehen? Was über die Schwankungen der Blütezeit der Hybriden gesagt wurde, gilt in noch größerem Maße für die Species. An einem Standort findet man *N. cantabricus* bereits im Januar erblüht, an einem anderen im April. Dazu kann die Blütezeit auch von Saison zu Saison am selben Platz verschieden sein. Hält man die Art dann in Kultur, so kann sie nochmals variieren. So ist es auch zu erklären, wenn bei den Beschreibungen der Arten ab Seite 131 die Angaben zum Blühbeginn am Naturstandort und in Kultur mitunter sehr verschieden sind.

Die Blüten werden nicht wie bei Tulpen oder Hyazinthen während der Ruhezeit angelegt, sondern schon früh ab Mai in der Zwiebel gebildet. Wenn das Laub Mitte Juli abstirbt, ist die Blüte für das kommende Jahr bereits fertig in der Zwiebel vorhanden. Einige Klone der Tazetten benötigen für die Blütenbildung vier bis fünf Monate lang Temperaturen zwischen 23 und 27°C. Sie können sich dann zwar bei uns als winterhart erweisen, produzieren jedoch nur Laub und keine Blüten. So ist eines der Anbaugebiete für »Paperwhite«-Zwiebeln Israel, wo diese Bedingungen erfüllt sind.

Samenkapseln und Samen

Es ist eigentlich völlig logisch, daß einer dreigelappten Narbe, wenn man dem Griffel nachgeht, auch ein dreikammeriger Fruchtknoten folgt. In jeder dieser Kammern finden sich 12 Samenanlagen oder Embryonen, so daß eine Fruchtkapsel eigentlich nie mehr als 36 Samenkörner enthalten kann. Dies gilt für die Hybriden. Bei einigen Species findet man mehr, *N. bulbocodium* erbringt bis zu 60 Samen pro Kapsel. Meist werden aber gar nicht alle Embryonen befruchtet, so daß Züchter von einer weit geringeren Samenzahl bei ihren Kreuzungsversuchen ausgehen müssen.

Ist die Befruchtung erfolgt, so schwillt der Fruchtknoten rasch an. Die Blüten vertrocknen und bilden ein papierhäutiges Anhängsel, das bald abfällt. Pflückt man die Blüten schon vorher, um ein besseres Gartenbild zu erhalten, so bleibt der Griffel am Fruchtknoten haften. Wenn man nicht züchtet, sollte man allerdings den Fruchtknoten mit entfernen, um eine Samenreife zu verhindern. Zum einen kostet die Ausbildung des Samens die Zwiebel Kraft, zum anderen lassen unkontrolliert ausfallende Samen bald ein Sortenwirrwarr entstehen. Dies soll natürlich nicht für Arten gelten, die im Steingarten stehen und bei denen eine Selbstaussaat durchaus erwünscht ist.

Bereits nach fünf bis sechs Wochen sind die Samen reif, die länglichrunden Samenkapseln sind haselnußgroß geworden, manchmal auch größer. Sie werden jetzt braun, und die drei Kammern schnappen jeweils entlang ihrer Mitte der Länge nach auf. Sehr gut kann man nun beobachten, wie die Samen wie mit einer kleinen Nabelschnur mit der Mitte der Samenkapsel verbunden sind. Doch schon ein etwas kräftigerer Wind genügt, um die Samen abfallen zu lassen und über den Boden zu verstreuen. Züchter dürfen diesen Zeitpunkt nicht verpassen oder müssen Vorsorge treffen, sonst gehen die Samenkörner verloren.

Die reifen Samen sind entweder länglichrund und glänzendschwarz wie bei den meisten Gartenformen, oder aber keilförmig und mattschwarz wie bei Jonquillen und den Arten der Sektion Bulbocodium. Die Sektion Apodanthae wurde von der Sektion Jonquillae abgetrennt, weil deren Samen mit der Kapsel durch eine kleine, weiße Membrane verbunden sind, die man Strophiolum nennt.

Da die meisten Narzissen duften, vermutet man, daß sie von Insekten bestäubt werden. Dennoch gibt es so gut wie keine Aussagen darüber, welche Arten hierfür in Frage kommen. Auch im eigenen Garten konnten keine Beobachtungen gemacht werden, obwohl die Pflanzen auch ohne mein Zutun regelmäßig Samen ansetzen.

Chromosomenzahlen

Professor A. Fernandes hat zwischen 1934 und 1968 zwar zahlreiche Chromosomenstudien verfaßt, und obwohl seine Arbeit von Dr. P. Brandham fortgesetzt wurde, gibt es immer noch eine Menge von Unklarheiten. Fest steht bisher, daß die Chromosomenzahl bei der Sektion Serotini 2n = 10 beträgt, bei den Sektionen Aurelia und Tazettae in der Regel jeweils 2n = 22 und bei den meisten anderen Sektionen 2n = 14. Es gibt also die Basiszahlen 5, 7 und 11.

Gelegentlich verdoppeln sich die Chromosomensätze, man spricht dann von tetraploiden Pflanzen. So hat zum Beispiel eine solche Jonquille nicht 2n = 14, sondern 4n = 28 Chromosomen. Kreuzt man sie mit einer diploiden Art wie *N. gaditanus*, die 2n = 14 Chromosomen besitzt, so entsteht bei der Reduktionsteilung eine Keimzelle mit 2n = 14, die sich mit einer haploiden Keimzelle von n = 7 vereinigt und einen dreifachen Chromosomensatz von 3n = 21 ergibt. So ist vermutlich *N. willkommii* entstanden die als triploid einzustufen ist. Sehr viel schwieriger ist zu erklären, wie *N. dubius* zu der seltenen Chromosomenstruktur von 2n = 50 gekommen ist. Die Erklärung, daß dies eine Kreuzung zwischen *N. papyraceus* mit 2n = 22 und *N. assoanus* mit 4n = 28 ist, wie sie K. H. Meyer anbietet, ist zu einfach. Denn wenn die haploiden Chromosomensätze von n = 11 und 2n = 14 zusammenfinden würden, so ergäbe diese eine triploide Art mit 3n = 25 und nicht eine diploide mit 2n = 50.

Ebenso finden wir von *N. pseudonarcissus* an den Naturstandorten sowohl diploide (2n = 14) als auch triploide (3n = 21) Formen. Diese Species ist die Stammutter unserer Osterglocken, die in den Gärten Europas schon seit 1600 heimisch sind. Bald stellte man fest, daß nicht alle davon gleich winterhart waren. Solche mit größeren Blüten, die auch kräftiger gefärbt waren, waren die anspruchsloseren Pflanzen. Wenn also bereits eine triploide Sorte eine Verbesserung darstellt, um wieviel mehr ist dies dann eine tetraploide, dies heißt, eine mit vierfachem Chromosomensatz. Die erste tetraploide Züchtung kam im Jahre 1899 aus der Kreuzung der diploiden 'Emperor' und einer triploiden *N. hispanicus* zustande. Sie werden es kaum glauben, es ist die auch heute noch massenhaft angebaute 'King Alfred'.

Mag das Spiel mit den Chromosomen anfänglich reiner Zufall gewesen sein, so fand es doch, als man mehr Erkenntnisse darüber gewonnen hatte, auch seinen praktischen Nutzen. Reine Tazetten sind bis heute bei uns nicht winterhart. Sie haben die Grundzahl 10, die es eigentlich bei den anderen Narzissen nicht gibt. Ein Chromosomenpaar muß also irgenwann in der Entwicklungsgeschichte verloren gegangen sein. Als man aber auf die Idee kam, Tazetten mit Dichternarzissen zu kreuzen, die die Grundzahl 7 haben, entstanden plötzlich Sorten mit 2n = 34. Diese sind nicht nur großblumiger als die Tazetten, sondern vor allem winterhärter. Als Poetaz-Hybriden haben sie Eingang in unsere Gärten gefunden.

Generative Vermehrung

Bestäubung und Befruchtung

Nachdem der Bau der Blüten nunmehr bekannt ist, was liegt näher, als sich eingehender mit der Funktion der einzelnen Teile zu beschäftigen. Der Botaniker mag über diese Selbstverständlichkeit schmunzeln, doch dem Laien soll erklärt werden, daß Blüten weibliche und männliche Geschlechtsorgane besitzen. Die männlichen Geschlechtsorgane sind die sechs Staubblätter, bestehend aus Staubfaden und Staubbeutel. Letztere enthalten den Blütenstaub, den man auch Pollen nennt. Das weibliche Geschlechtsorgan hingegen ist der Stempel, er besteht aus der Narbe, dem Griffel und dem Fruchtknoten. Dieser enthält die Samenanlage.

Letzteres Wort müßte eigentlich jedem klar machen, daß diese Blütenteile keinen anderen Zweck haben, als Samen zu produzieren. Doch gemessen an der Anzahl der Narzissen, die man im Garten stehen hat, setzen die wenigsten Samen an. Falls Sie die Samenkapseln nicht entfernen und die darin enthaltenen Samen nach ihrer Reife aussäen, so spricht man von Zufallssämlingen. Aber dies ist eigentlich genau das, was der Züchter nicht will. Denn er verfolgt mit seinen geplanten Kreuzungen ein ganz bestimmtes Zuchtziel. Und so geht man dabei vor:

Zuerst wählt man von all seinen Pflanzen eine Muttersorte und eine Vatersorte aus. Die Muttersorte ist diejenige, die später einmal den Samen produzieren wird, die Vatersorte hingegen ist der Pollenspender. So ist zum Beispiel die Hybride 'Empress of Ireland' aus 'Guardian' × 'Kanchenjunga' entstanden. Die Samen stammen also von 'Guardian', die Pollen von 'Kanchenjunga'. Aber nicht nur neue Farben sind das Ziel der modernen Züchtungen, sondern auch schöne Formen und lange Haltbarkeit. Hierbei kann man davon ausgehen, daß die Vatersorte mehr Einfluß auf die Farbe der Neuzüchtung haben wird, die Muttersorte hingegen vererbt Form und Klassenzugehörigkeit.

Der Züchter muß also lediglich die Pollen einer Sorte auf die Narbe einer anderen auftragen, den Rest besorgt die Natur. Dabei ist darauf zu achten, daß man den richtigen Zeitpunkt zur Bestäubung trifft. Beim Blütenstaub ist dies kein Problem, denn sobald die Staubbeutel aufplatzen, sind die reifen Pollen verfügbar. Wenn die Muttersorte noch nicht blüht, kann man die Pollen auch ernten und lagern. Man sollte sie hierzu aber aus den Staubbeuteln herausschaben, am besten auf ein Blatt Papier, damit keine Gewebeteile mit aufgehoben werden, die eventuell faulen könnten. Werfen Sie nicht jedes Tablettenröhrchen weg, vor allem nicht, wenn sich im Deckel eine Kapsel mit Silicagel befindet, denn solche Behälter sind hervorragend zur Lagerung der Pollen geeignet. Das Silicagel entzieht ihnen Feuchtigkeit, so daß sie unbegrenzt haltbar bleiben.

Wenn die Muttersorte ihre Blüten geöffnet hat, so sollte man nicht gleich am Morgen in den Garten stürmen und mit der Bestäubung beginnen. Lassen Sie es gemächlich angehen, denn Fremdbestäubung ist bei Narzissen sowieso nicht die Regel. Warten Sie lieber, bis der Tag etwas wärmer wird. So um die Mittagszeit beginnt die Narbe zu glänzen, dann ist der Zeitpunkt zum Auftragen der Pollen am günstigsten. Der Normalfall wird sein, daß

Sie nicht auf gelagerte Pollen zurückgreifen, sondern die Blüten nehmen, die gerade geöffnet sind. Hierbei ist es am sinnvollsten, mit einer Pinzette zu arbeiten. Entfernen Sie von der Vatersorte den Staubbeutel oder das ganze Staubblatt und streifen Sie die Pollen an einer oder mehreren Narben ab. Man kann zur Bestäubung natürlich auch einen kleinen Pinsel verwenden, nur muß man diesen jedesmal, wenn man die Vatersorte wechselt, mit Spiritus reinigen. Eine umständliche Prozedur, die nicht zu empfehlen ist!

Einige ganz besonders vorsichtige Züchter benetzen die Narbe mit Zuckerlösung oder Speichel, damit die Pollenkörner besser haften. Dies ist ebenso überflüssig wie das Umhüllen der Narbe und des Griffels mit Staniolpapier, um eine nachträgliche, zufällige Bestäubung zu verhindern. Es genügt völlig, von der Muttersorte die sechs Staubbeutel zu entfernen, am besten schon morgens vor der Kreuzung. Es ist dann fast ausgeschlossen, daß Blütenstaub anderer Sorten auf die Narbe gelangt. Dennoch will ich Ihnen natürlich verraten, wie Sie zusätzliche Schutzmaßnahmen ergreifen können: Nehmen Sie einen 3cm breiten Streifen Alufolie (oder Staniolpapier aus der Schokoladentafel) und rollen Sie diesen an einer Bleistiftspitze zu einer Tüte zusammen. Diese stülpen Sie über die Narbe und drücken sie am Griffel zusammen, damit sie nicht davongeweht wird.

Auf diese Art hätten Sie zwar auch gleich eine Markierung, welche Blüten bestäubt sind, sinnvoller aber ist eine Etikettierung. Wenn Sie auf dieser Mutter- und Vatersorte vermerken wollten, müßten die Schilder überproportional groß sein. Es ist daher sehr viel praktischer, ihre Kreuzungen durchzunumerieren. Allerdings ist es dann notwendig, daß Sie zugleich ein Zuchtbuch führen. In dieses tragen Sie ein: die Nummer der Kreuzung, eventuell das Datum der Bestäubung, die Muttersorte sowie die Vatersorte. Diese Numerierung können Sie auf den Sämlingsbeeten bis hin zur Registrierung beibehalten. Wenn Sie also im Jahr 1990 als 104. 'Snoopy' mit 'Lilac Charm' gekreuzt haben, so brauchen Sie das Sämlingsbeet ebenfalls nur mit 90–104 zu bezeichnen. Gefällt Ihnen hiervon der sechste Sämling ganz besonders, so würde ich Ihnen empfehlen, die Pflanze 90–104-6 erst noch ein bis zwei Jahre zu prüfen, bevor sie einen Namen erhält.

Eine weitere Hilfe, die man der Pflanze bieten kann, die Samen ansetzen soll, ist es, ein Stäbchen neben den Stengel zu stecken und diesen daran festzubinden. Wenn die Bestäubung erfolgreich war, wird der Fruchtknoten anschwellen und sich nach dem Verdorren der Blüte aufrichten. Auch wenn es anfänglich so aussah, als ob die Bestäubung geklappt hat, so kann es doch passieren, daß die Samenkapsel ebenfalls verwelkt und dann abfällt. Möglicherweise hat ein starker Regenguß die Pollen von der Narbe abgewaschen. Es kann aber auch sein, daß keine Befruchtung stattgefunden hat. Denn Bestäubung und Befruchtung sind zweierlei!

Was ist der Unterschied? Sie können zwar auf die Narbe der Pflanze die Pollen auftragen, alles andere aber müssen Sie der Pflanze selbst überlassen. Aus dem Pollenkorn wächst nämlich ein Pollenschlauch durch den Griffel bis hinab zum Fruchtknoten. In diesem befindet sich die Samenanlage mit den Eizellen, aus denen später einmal der Samen entstehen soll. Aber erst, wenn der Zellkern des Pollens mit dem der Eizelle verschmolzen ist, kann das Samenkorn tatsächlich wachsen. Die Gründe, warum eine Befruchtung nicht stattfindet, können mannigfach sein. Zum Beispiel kann der Pollenschlauch nicht bis zur Samenanlage durchdringen. Man kann dann unter Umständen den Griffel einkürzen. Oder die beiden Chromosomensätze, von denen sich einer im Pollenkern, der zweite in der Eizelle befindet, passen absolut nicht zusammen. Da man nicht davon ausgehen kann, daß ein haploider Chromosomensatz immer sieben Chromosomen enthält, ergibt sich oft ein ganz anderer Wert als $2n = 14$. Ebensowenig sind die Nachkommen stets diploid, denn Kreuzungen von diploiden und tetraploiden Sorten ergeben meist triploide, sterile Nachkommen. An eine Weiterzucht ist dann nicht zu denken.

Bis Mitte Juli, also etwa zehn Wochen nach der Bestäubung, sollte der Samen reif sein. Sie merken dies daran, daß sich die grüne Samenkapsel zuerst gelb und dann braun verfärbt. Wenn man die geschlossenen Samenkapseln zu diesem Zeitpunkt leicht schüttelt, kann man sogar die Samenkörner in ihnen rasseln hören. Es wird dann nicht mehr lange dauern, bis die Kapsel aufspringt, und sich die Samen über dem Erdboden verstreuen. Dem muß man natürlich zuvorkommen, denn sonst war all Ihre Mühe umsonst. Es wird also nötig sein, daß Sie täglich Ihre Stiele kontrollieren und, falls erforderlich, abernten. Ein Ausfallen der Samen ist eigentlich nur erwünscht bei den Species, die nicht gekreuzt wurden, und die sich direkt am Standort vermehren sollen. Es können in der Samenkapsel 20 oder mehr Körner vorhanden sein, aber auch nur eines. Aber vielleicht kann aus diesem Samenkorn genau die Pflanze entstehen, von der Sie schon lange geträumt haben!

Aussaat und Aufzucht

Nach der Ernte sollten die Samen baldmöglichst ausgesät werden. Verwenden Sie hierzu genügend tiefe Töpfe (17 oder 20 cm), um den Pflanzen ein gutes Wurzelwachstum zu ermöglichen. Als Aussaatsubstrat ist TKS 1 geeignet, das alle notwendigen Nährstoffe in ausreichendem Maß enthält. Damit sich das Substrat besser durchfeuchten läßt, vermengen Sie es mit scharfem Kiessand im Verhältnis von zwei Teilen Torf und einem Teil Sand. Mit diesem Gemenge füllen Sie die Töpfe bis etwa 3cm unter den Rand und drücken es leicht fest. Nach dem Einstreuen der Samen decken Sie diese mit einer dünnen Schicht des Substrates ab. Danach wässern Sie den Topf.

Er bedarf in der Anfangsphase keiner weiteren Pflege, wenn Sie nun folgenden Kniff verwenden: Spannen Sie über den Rand des Containers ein Stück Frischhaltefolie, das Sie mit einem Ringgummi befestigen können. Dies verhindert ein Austrocknen der Erde und hält die Samen gleichmäßig feucht. Macht man dies nicht, darf das regelmäßige Gießen auf gar keinen Fall unterbleiben. Außerdem hält die Folie Schnecken fern, durch die man großen Schaden erleiden kann. Stellen Sie die Töpfe an einem geschützten Platz auf, es empfiehlt sich ein kalter Kasten, und vermeiden Sie zu starke Sonneneinstrahlung. Nach drei bis vier Monaten, also mitten im Winter, rührt sich etwas: Ein einziges, rundes Keimblatt erscheint, welches bis zum nächsten Sommer bleibt und dann einzieht, um ein Zwiebelchen zu bilden. Die Keimquote liegt im besten Fall bei 95 Prozent, meist darunter. Wenn Sie keine Möglichkeit haben, die Pflanzen frostfrei zu überwintern, können Sie mit der Aussaat auch bis zum Februar warten, allerdings müssen Sie dann damit rechnen, daß die Keimquote niedriger ist.

Wenn die erste Saison vorüber ist, hat sich das Substrat vermutlich etwas gesetzt oder ging beim Entfernen des Unkrautes, das mitunter in den Töpfen anfliegt, verloren. Achten Sie beim Jäten darauf, daß Sie die winzigen Pflanzen nicht schädigen oder die Zwiebelchen mit herausreißen! Füllen Sie in den Töpfen nach dem Einziehen die fehlende Erde mit dem oben beschriebenen Gemisch auf. Dies bringt die Zwiebeln etwas tiefer ins Erdreich und schützt ebenfalls wieder vor Schneckenfraß. Nach einer Ruheperiode, die den ganzen Herbst dauert, regt sich die Pflanze erneut.

Diesmal sind es bereits zwei Laubblätter, die mitten im Winter aus der Erde spitzen, und die diesmal die typische Form des Narzissenlaubes haben. Man darf nun auf keinen Fall das Gießen mehr vergessen und kann das Zwiebelwachstum unterstützen, indem man während des Frühjahrs allmonatlich mit geringen Gaben Flüssigdünger nachhilft. Etwa zur gleichen Zeit, wenn im Garten die ausgewachsenen Narzissen ihr Laub einziehen, werden dies auch die Sämlinge tun. Die Zwiebelchen bereiten sich auf ihre Ruheperiode vor. Wenn das Laub bereits braun, aber noch sichtbar ist, sollten Sie den Container vorsichtig leeren. Die Zwiebeln werden gereinigt und genau wie ihre großen Schwestern gelagert (siehe Seite 57). Wenn Sie die abgestorbenen Wurzeln entfernen, müssen Sie unbedingt darauf achten, daß Sie den winzigen Zwiebelboden nicht beschädigen! Die Zwiebeln sollten mit einem Fungizid und bei Verdacht auf Schädlingsbefall auch mit einem Insektizid gebeizt werden, sie dürfen aber noch nicht der Warmwasserbehandlung unterzogen werden.

Im Spätsommer werden die kleinen Zwiebeln ins Freiland ausgepflanzt. Selbstverständlich muß dieser Boden etwas sorgfältiger vorbereitet werden als ein normales Gartenbeet. Hierzu gehört vor allem tiefgründiges Lockern und die Einarbeitung von schwachen Düngergaben. Auf Kompost ist zu verzichten, denn dieser enthält meist soviel Unkrautsamen, daß man im Frühjahr die schwachen Narzissenblätter kaum von den aufgehenden Gräsern unterscheiden kann. Da die Narzissen für die nächsten drei Jahre auf diesem Beet verbleiben, ist bereits jetzt auf den nötigen Pflanzabstand zu achten. Etwa 10 bis 15 cm in jede Richtung sind optimal. Vor allem sollte man daran denken, daß später einmal der eine oder andere Sämling herausgenommen werden soll, ohne daß man die Nachbarn beschädigt.

Sie benötigen für Ihre Sämlingsbeete viel Sorgfalt und Geduld. Sie müssen gejätet, gewässert und gedüngt werden, um den Zwiebeln ein optimales Wachstum zu ermöglichen. Und frühestens nach vier Jahren sehen Sie, ob sich der Aufwand auch gelohnt hat, denn früher kommen die Neuzüchtungen nicht zum Blühen, oft sogar erst ein Jahr später. Auch sagt diese erste Blüte noch gar nichts über die Qualität der neuen Sorte aus, denn sie entspricht selten der tatsächlich endgültigen Form und Farbe. Dennoch wird man bereits jetzt entscheiden können, ob etwas Außergewöhnliches dabei ist.

Species kann man ebenfalls aus Samen ziehen, oft fallen diese artentreu aus. Wer sicher gehen will, kann die Blüten natürlich von Hand bestäuben und erntet die Samen, damit die wahllos aufgehenden Sämlinge nicht beim Unkrautjäten verloren gehen. Da die Zwiebeln der Arten oft noch viel kleiner sind als die der Hybriden, ist bei der Kultur doppelte Sorgfalt geboten.

Registrierung neuer Sorten

Leider befindet sich in Deutschland keine Sichtungsstelle für Narzissen. Taglilien- oder Iriszüchter haben es hier leichter. Zugegebenermaßen wäre diese aber auch völlig überflüssig, denn es gibt im Moment gar keine Züchter in Deutschland. Vielleicht ist dies eine zukünftige Aufgabe der im Jahre 1990 neu gebildeten Fachgruppe »Zwiebel- und Knollengewächse« der Gesellschaft der Staudenfreunde.

Sie müssen also selbst den Mut aufbringen, zu entscheiden, welche Sorten letztendlich registriert werden sollen. Eines kann hierzu gesagt werden: Züchten ist leicht, Sichten sehr viel schwerer! Achten Sie nicht nur auf neue Farbkombinationen der Blüten, achten Sie vor allem auch auf deren schöne Form, Wetterfestigkeit und guten Stand! Da es in Deutschland auch keine Ausstellungen und keine Richter für Narzissen gibt, laden Sie kritische Freunde in Ihren Garten ein! Und vor allem gehen Sie mit sich selbst ins Gericht, ob Sie nicht der Vater- oder Mutterstolz übermannt hat. Ist die neue Sorte tatsächlich so gut, wie Sie glauben?

Wenn Sie dann zu dem Entschluß gekommen sind, daß die eine oder andere Sorte registriert werden sollte, so können Sie diese bei der Royal Horticultural Society (RHS) in London anmelden, denn dies ist die internationale Registrierungsstelle für Narzissen. Eine Liste aller bisher eingetragenen Hybriden, und das sind über 24 000 (!), erhalten Sie bei der American Daffodil Society. Sie ist stets aktuell, da sie als Computerausdruck geliefert wird. Dieser erfolgt in alphabetischer Reihenfolge, es besteht aber auch die Möglichkeit, Selektionen vornehmen zu lassen. Sammelbände in Buchform, die im Abstand von wenigen Jahren herausgegeben werden, veröffentlicht die Royal Horticultural Society. Zur Zeit kommen im Jahr über 200 Neuzugänge hinzu.

Es ist also zu überlegen, ob sich die eigenen Kreuzungen aus diesen herausheben. Denn wenn man züchtet, so geschieht dies zwar auch aus Spaß an der Sache, aber bei den meisten Züchtern stehen natürlich handfeste kommerzielle Interessen dahinter. Deshalb sind viele Anmelder auch professionelle Anbauer, die ihre Sorten selbst vermarkten können. Oder man hat als engagierter Hobbyzüchter bereits einen so guten Namen, daß sich die Vermehrungsbetriebe um die Neuzüchtungen reißen. Dem Anfänger, und dies gilt vor allem in Deutschland, bleibt nichts anderes übrig, als seine Kleinmengen von Zwiebeln selbst an den Mann zu bringen. Berichte über die Erfolge im Mitteilungsblatt der Gesellschaft der Staudenfreunde sind so ziemlich die einzige Möglichkeit, auf sich aufmerksam zu machen.

Zuchtziele

Bis zum heutigen Tag ist die Narzissenzucht schon sehr weit vorangekommen. Die einzelnen Schritte hierbei und die wichtigsten Züchter, die die Meilensteine setzten, werden im nächsten großen Kapitel genannt. Daß dieses mit den englischen und nordirischen Vertretern beginnt, ist kein Zufall, denn diese waren und sind die eifrigsten Verbesserer der Narzissensorten. Holland mag zwar das größte Anbauland für Blumenzwiebeln sein, die Neuheiten kommen jedoch meist aus England.

Sollen diese auf dem Markt bestehen und vielleicht sogar einmal im Großen angebaut werden, müssen sie schon herausragende Eigenschaften haben. Sehen wir uns als erstes die Marktsorten an. Diese müssen vor allem zum Schnitt geeignet sein. Das bedeutet, daß die Stiellänge 30 cm nicht unterschreiten darf. Da die Sorten vom Anbauland Holland bis in alle Winkel Europas verschickt werden, muß gewährleistet sein, daß die knospig geschnittenen Blüten nach einigen Tagen auch tatsächlich aufgehen. Wenn dann auch noch die Blütezeit so früh liegt, daß auf das Treiben verzichtet werden kann, so ist dies natürlich ein zusätzlicher finanzieller Gewinn für die Blumenproduzenten.

Wer den Sammlern etwas Neues bieten will, der muß auf reine Farben oder neue Farbkombinationen sowie auf eine perfekte Blütenform achten. Aber genauso wichtig ist das Gesamtbild der Pflanze: Diese muß standfest sein, und das Laub darf keine Mängel aufweisen. Ebenso ausschlaggebend ist, daß die Zwiebel alljährlich trotz regelmäßigen Zuwachses eine kräftige Mutterzwiebel ausbildet, damit keine Unterbrechung in der Blühfolge eintritt. Da der Hobbygärtner kaum Sorten treibt, aber dennoch eine lange Blühperiode seiner Lieblinge erwartet, sollte man das Augenmerk auch auf die Zucht besonders früher und später Narzissen legen.

Vieles wurde erreicht, aber noch nicht alles. Rosafarbene Nebenkronen gibt es mittlerweile bei fast allen Divisionen (selbstverständlich nicht bei der Division 9), aber bei der Division 1 ist die Form der Trompeten noch nicht perfekt. Hier könnten Sie ansetzen. Ein weiteres Beispiel sind die Hybriden der Tazetten, die kein Blut einer anderen Division abbekommen haben und nicht winterhart sind. Die bisherige Züchtung versuchte meist Kreuzungen mit Dichternarzissen, was zu positiven Ergebnissen führte. Aber auch die Einkreuzung von Engelstränennarzissen oder die Rückkreuzung mit härteren, aber verwandten Species kann zu Verbesserungen führen.

Gefüllte Narzissen werden von vielen pauschal mit der Begründung abgelehnt, sie seien nicht standfest. Man kann also auch in dieser Richtung weiterarbeiten, denn ein Grundstock von Hybriden der Division 4, die auch bei Regen nicht umfallen, ist vorhanden. Eine sehr moderne Zuchtrichtung sind die Split-Corona-Narzissen. Hier einzusteigen lohnt sich, weil einem die anderen nicht schon um Jahre voraus sind. Auch kann man sich der etwas vernachlässigten Engelstränennarzissen annehmen, bei denen es meist nur reinweiße oder reingelbe Sorten gibt. Kaum Eintragungen gibt es in der Division 12: Sonstige. D. Blanchard hat zum Beispiel mit *N. cantabricus* und *N. romieuxii* gearbeitet und wunderschöne Ergebnisse erzielt. Allerdings findet man solche Raritäten kaum auf dem Markt, so daß hier schon ein besonderer züchterischer Ehrgeiz notwendig ist, um sich einem solchen Aufgabengebiet zuzuwenden.

Doch gerade für den Neuling kann es den Durchbruch bedeuten, mit den etwas vernachlässigten Divisionen zu arbeiten, denn eine wirkliche Neuschöpfung einer großkronigen Narzisse herauszubringen ist beim jetzigen Stand der Dinge gar nicht so einfach. Es nützt auch nichts, die allerneuesten Züchtungen zusammenzukaufen und wild daraufloszukreuzen, denn die Profis sind Ihnen ja um mindestens fünf Jahre voraus. Solange dauert es erfahrungsgemäß, bis eine Sorte, die das erste Mal blühte, auch tatsächlich eingeführt wird. Und wenn sie gut war, hat der Züchter bestimmt schon wieder mit ihr weitergekreuzt. Es spricht aber auch gar nichts dagegen, einfach nur aus Spaß zu züchten!

Die Entwicklung der modernen Narzissen

England und Nordirland

Im Jahre 1884 veranstaltete die Royal Horticultural Society das erste Mal eine spezielle Narzissenkonferenz, um das, was bisher an Erfahrungen zusammengetragen worden war, auszuwerten. Das Zentrum der Zucht lag zu dieser Zeit im englischen Teil Großbritanniens, denn wie Michael Jefferson-Brown ausführte, »hatten die Waliser zu dieser Zeit noch einige Schwierigkeiten, Osterglocken vom Lauch zu unterscheiden, die Iren beharrten in ihrem Streben nach Unabhängigkeit darauf, keinen Kontakt zu Engländern zu haben, und die Schotten waren zu dieser Zeit mehr damit beschäftigt, ihr Land mit Straßen und Eisenbahnen zu erschließen, anstatt sich der Narzissen zu widmen.«[7]

14 Jahre später wurde in Birmingham die Midland Daffodil Society gegründet, der Vorläufer der jetzigen Daffodil Society. Ihr Zweck war es, durch alljährliche Ausstellungen und Preisvergaben das Interesse an den Narzissen zu wecken und die Bemühungen in der Zucht zu steigern. Viele dieser Auszeichnungen tragen die Namen der Pioniere, wie etwa der Peter Barr Memorial Cup. Begonnen hatte jedoch alles mit:

Herbert. Als in der Mitte des letzten Jahrhunderts Dean (nicht William!) Herbert zu züchten begann, tat er das eigentlich nur, weil er nachweisen wollte, daß viele der in der Natur vorkommenden Narzissen, die den Status einer Art hatten, eigentlich Naturhybriden waren. Ihm verdanken wir schon früh die Kenntnis über die Unterscheidung von Arten und Arthybriden.

Barr. Ein anderer Züchter, Edward Leeds, der eine große Anzahl früher Narzissen gezüchtet hatte, war 1874 gezwungen, aus gesundheitlichen Gründen aufzugeben. Peter Barr übernahm seine Kollektion und bewahrte auch die Hybriden von William Backhouse, die dieser zwischen 1856 und 1886 gezüchtet hatte, als einen Grundstock für neue Züchtungen. Zu diesen gehörten 'Emperor', 'Empress', 'Barrii Conspicuus' und 'Weardale Perfection'. Das größte Verdienst Barrs war jedoch die Organisation der oben erwähnten Konferenz von 1884. Den Narzissenliebhabern teilte er sein Wissen in einem Büchlein mit, dessen Titel fast größer als sein Umfang mit 48 Seiten war. Es heißt »Ye Narcissus or Daffodil Flowre, and hys Roots, with hys Historie and Culture, &c, &c, with a Complete List of all the Kindes grown in Englishe Gardins«.

Engleheart. Der Reverend Georg H. Engleheart war der erste Züchter, der ganz bewußt auf die Perfektion der Form hinzüchtete, die wir bei den heutigen Gartenformen erwarten dürfen. Von seinen zwischen 1882 und 1936 gezüchteten Sorten sind immer noch viele im Handel, was für deren gute Qualität spricht. Aus 'Will Scarlett', einer großkronigen roten Sorte, gingen eine Unzahl anderer Sämlinge hervor, und mit 'Beersheba' begann die Zucht der großkronigen weißen Narzissen. Auch den Dichternarzissen widmete er sich mit Hingabe, 'Red Rim' und 'Sea Green' sind auch heute noch in vielen Katalogen zu finden.

---

7 Jefferson-Brown, M.: Daffodils in the British Isles. In: Daffodil Handbook. The American Horticultural Magazine, Washington, 1966.

Williams. P.D. Williams besaß nie 'Will Scarlett' und die meisten seiner Sämlinge sind aus einem Gemisch von mehreren Pollen entstanden. Aber sie haben stets feste, ausgewogene Blüten, die auf langen Stielen sitzen und kräftige Zwiebeln mit gutem Zuwachs. Seine Methode bestand darin, eine Blüte im Knopfloch zu tragen und alles, was ihm gefiel, bei seinem Rundgang durch den Garten damit zu bestäuben. Auch von Williams sind noch eine ganze Menge Sorten im Handel, wie 'Carlton', 'Scarlet Elegance' und 'Peeping Tom'. Da der Züchter im günstigen Klima des englischen Südwestens wohnte, nahm er sich auch der Engelstränennarzissen ('Tresamble'), der Jonquillen ('Trevithian') und der Tazetten ('Cragford') an.

Backhouse. Mr. und Mrs. R.O. Backhouse versuchten sich vor allem in der Zucht rosafarbener Sorten, doch auch rote Schalen-und Trompetennarzissen schwebten ihnen vor. Obwohl ihnen letzteres nicht gelang, schufen sie mit 'Mrs. R.O. Backhouse' bereits 1923 die erste wirklich rosa Narzisse, als die sie auch heute noch zu Recht in den Versandkatalogen gepriesen wird. Mehr Erfolg als mit den Trompetennarzissen war den beiden mit den Großkronigen beschieden, 'Hades' mit der kräftig roten Schale ist ein Beispiel dafür. Ihren Rang als Handelssorte hat die gefüllte, gelb-orange 'Texas' bis in die heutige Zeit behalten.

Brodie. Der Brodie von Brodie auf Brodie Castle war ein Perfektionist. Über seine zahlreichen Kreuzungen und Selektionen führte er gewissenhaft Buch. Auch wenn heute viele seiner Sorten in Vergessenheit geraten sind, so brachte er doch die Zucht der Narzissen weit voran. Seine Sorten 'Mitylene' und 'White Sentinentel' brachten nicht nur eine Unzahl von guten rosafarbigen Hybriden hervor, sondern halfen außerdem auch, die Qualität vieler weißer und roter Narzissen zu verbessern.

Wilson, A.M. Was soeben gesagt wurde, gilt auch für die vor 1945 entstandenen Narzissen von A.M. Wilson. Viele sind vergessen, aber unzählige Nachkommen basieren auf seinen Erfolgen. Der größte war zweifelsohne 'Carbineer', eine gelb-rote großkronige Hybride. Die Wuchskraft und das genetische Potential, die in dieser Sorte steckten, machten sie zu einem »Muß« für alle Züchter.

Wilson, G.L. Mit Guy L. Wilson und J. Lionel Richardson begann die Ära der modernen Narzissen. Es mag sein, daß die freundschaftliche Konkurrenz, die beide verband, sie zu gegenseitigen Höchstleistungen anspornte. Guy L. Wilson wuchs von Kindheit an mit Narzissen auf, sie standen in dem lieblichen Tal in Ballymena in Nordirland, wo er zu Hause war. Schon früh verließ er die elterliche Fabrik, um kommerziell Narzissen zu züchten und anzubauen. Erfolge stellten sich bald ein, seine 1913 gezüchtete und 1922 registrierte 'White Dame' erregte nicht nur Aufsehen, sondern begründete seinen Ruf als Züchter weißer Narzissen. 'Cantatrice' wurde zum Standard bei den Trompetennarzissen, keine andere weiße Sorte hatte mehr eine Chance, wenn sie in Substanz und Form nicht ebenbürtig war. Später wurde sie durch 'Vigil', 'Empress of Ireland' und 'Ulster Queen' nochmals verbessert. Die unermüdlichen Anstrengungen Wilsons zahlten sich aber auch finanziell aus, für die weiße Supersorte 'Broughshane' erhielt er bei der Einführung 1938 für jede Zwiebel 50£. Auch in den anderen Divisionen konnte er mit hervorragenden weißen Sorten aufwarten, bei den Großkronigen sind zu nennen: 'Slemish', 'Ave', 'Easter Moon' und 'Homage'; bei den Kleinkronigen: 'Chinese White'. Die immer noch beliebte rosa Sorte 'Passionale' stammt ebenfalls von diesem begnadeten Züchter.

Richardson. J. Lionel Richardson, der ebenfalls Ire war, hatten es vor allem die farbigen Narzissen angetan, und er ließ bei seinen züchterischen Bemühungen keine Division aus. Viele seiner Hybriden bildeten nicht nur die Grundlage für die Erfolge anderer Züchter, sondern sie sind selbst immer noch im Handel erhältlich. Besonders typisch für Züchtungen mit kräftigen Farben sind 'Kilworth', 'Avenger', Arbar', 'Hotspur' und 'Orion'. Alle gehören zur Division 2 und haben ein weißes Perianth und rote oder orangefarbene Schalen. Aber auch die reingelben Trompetennarzissen verbesserte er mit 'Kingscourt', 'Arctic Gold' und 'Viking'. In der Division 3 wurden seine weißen Zuchterfolge etwas von G.L. Wilsons Sorten überschattet. Richardsons 'Verona' und 'Snowcrest' errangen keine so große Berühmtheit. Dafür sind seine gefüllten Züchtungen umso bekannter, 'Fiji', 'Tahiti', 'Hawaii' sowie 'Acropolis' und 'Gay Challenger' sind für jeden Liebhaber ein Begriff. Aber auch mit der Zucht rosafarbener Narzissen war Richardson außerordentlich erfolgreich, 'Salmon Trout' ist wohl die bekannteste seiner Züchtungen. Doch ebenso sollten genannt werden: 'Rainbow', 'Fair Prospect' und 'Gracious Lady'. Man müßte eigentlich Hunderte von Sorten aufzählen, wenn man darlegen wollte, wie erfolgreich dieser Mann war. Als er 1961 starb, gingen seine Sämlinge nicht verloren. Seine überaus charmante Frau setzte seine züchterische Arbeit, bei der sie ihn schon lange unterstützt hatte, konsequent bis zu ihrem Tod im Jahre 1978 fort.

Lea. John S.B. Lea hatte in seinem Garten in Worcestershire nie große Mengen von Sämlingen stehen, doch wählte er die Elternsorten mit großem Bedacht aus. Aufgrund dieser Selektion verfügten die Nachkommen meist über sehr gute Substanz und schöne Farbkombinationen, und er errang mit ihnen viele Auszeichnungen. Man kann diesen Züchter auch nicht auf eine bestimmte Richtung festlegen, weiße Trompetennarzissen wie 'Silver Convention' und 'White Convention' zu züchten lag ihm genauso wie farbenprächtige groß- und kleinkronige. Als Beispiele seien genannt: 'Stourbridge', 'Liverpool Festival', 'Loch Hope', 'Dailmanach', 'Colley Gate' und 'Loch Coire'.

de Navarro. J.M. de Navarro beschäftigte sich vor allem mit den ersten drei Divisionen und damit, die roten Sorten sonnenfest zu machen. Bekannter hingegen wurden seine Sämlinge, die aus Kreuzungen mit 'Chinese White' und 'Green Island' hervorgingen. Die perfekteste Weiße, die so entstand, ist 'Sacramento'; de Navarro benannte sie nach der Heimatstadt seiner Mutter.

Blanchard. Sowohl der Vater, David Blanchard, als auch der Sohn, John W. Blanchard, haben sich vor allem mit den etwas ins Hintertreffen geratenen Divisionen unter den Narzissen befaßt. Während David von 1934 bis 1968 züchtete, begann John damit im Jahre 1954. Neben Engelstränennarzissen wie 'Icicle', 'Arish Mell' und 'Tuesday's Child' hatten es den beiden stets die Miniatursorten angetan. John entwickelte sich zudem zum Spezialisten für Species (siehe Seite 12). Eigentlich verwundert dies nicht, denn bereits sein Vater versuchte Kreuzungen mit Arten, die man in Division 12 einreihen muß, wie 'Jessamy', die aus *N. romieuxii* × *N. cantabricus* var. *foliosus* entstand.

Board. Was hätte Fred E. Board alles erreicht, wenn ihm mehr Zeit für seine Bemühungen geblieben wären. 1948 hatte er in Derbyshire mit dem Kreuzen begonnen. Gerade als seine großen Erfolge einsetzten, starb er im Jahre 1965. Dennoch hinterließ er eine ganze Reihe sehr beachtlicher Hybriden wie 'Golden Vale', 'Shining Light', 'Strines' und 'Altruist'. Da der Züchter auch sehr engen Kontakt zu Guy L. Wilson hatte, bekam er von diesem gute weiße Elternsorten. Deshalb müssen Boards großkronige weiße Hybriden wie 'Broomhill', 'Dover Cliffs' und 'Misty Glen' besonders hervorgehoben werden.

Gray. Wer kennt eigentlich nicht 'Tête-à-Tête'? Dabei ist dies nicht die einzige Sorte, die Alec Grays herausragenden Ruf als Züchter von kleinen Narzissen untermauert. Mindestens genauso berühmt sind 'April Tears' und 'Bobbysoxer'. Weniger bekannt, aber nicht minder schön sind die kleinkronigen Sorten 'Xit' und 'Segovia'.

Dunlop. William J. Dunlop lebte genau am anderen Ende des Tals, in dem Guy Wilson seine Narzissen stehen hatte. Allerdings war er klimatisch etwas benachteiligt, so daß wegen der späten Blütezeit die Narzissen zur Zeit der Shows in London oft nicht richtig blühten. Erst als seine Neuzüchtungen weiter verbreitet waren, erntete er den eigentlichen

Erfolg. Wenn sich Dunlop auch in allen drei großen Divisionen betätigte, so sind doch vor allem die zweifarbigen, weiß-gelben Trompetennarzissen wie 'Newcastle' und 'Downpatrick' hervorzuheben. Aber auch die gelb-roten Schalennarzissen 'Elmwood', 'Craigwarren', 'Holly Berry' und 'Moneymore' sind zu nennen.

Coleman. Cyril Colemans Name könnte als Synonym für die Züchtung von Alpenveilchennarzissen stehen. In seinem Garten in Kent pflanzte er vor allem Miniatursorten für den Steingarten. Am bekanntesten sind seine Hybriden 'Dove Wings', 'Jenny' und 'Charity May'. Keine so weite Verbreitung haben 'Glown', eine cremefarbig-gelbe Sorte, sowie 'Kitten' und 'Andalusia', beide sind gelb-orange, gefunden, doch der Steingartenliebhaber wird auch sie schätzen.

Smith. Die Engländerin Jocelyn Abel Smith ist die erste Frau in dieser Runde, sie beschäftigt sich vor allem mit den Divisionen 1 bis 3. Hierbei kommt es ihr gar nicht so sehr darauf an, Sorten zu züchten, die für den Massenanbau geeignet sind, sondern sie will ausgesprochene »Showpflanzen« schaffen. Ein typisches Beispiel ist die weiße Trompetennarzisse 'April Love', die sowohl eine gute Gartenpflanze als auch eine hervorragende Topfsorte abgibt. Ein regelrechter »Abstauber« bei Shows ist die kleinkronige weiße Sorte 'Park Springs' mit ihrem gelbem Rändchen, die regelmäßig Preise erringt. Ausgezeichnete rosa Sorten der Division 2 sind 'Pink Panther' und 'Upper Broughton'.

Noton. Als echter Amateur versetzt Tony Noton die Profis bei Ausstellungen immer wieder in Erstaunen. Bei uns sind seine Sorten noch ziemlich unbekannt. Nennen könnte man 'Pearly King', eine weiße Trompetennarzisse, 'Rutland Water', ebenfalls weiß, aber großkronig, sowie 'Citronita', kleinkronig und gelb.

Jefferson-Brown. Als Michael Jefferson-Brown 1951 sein Narzissenbuch veröffentlichte, schrieb Guy Wilson im Vorwort: »Obwohl Michael Jefferson-Brown noch sehr jung ist, ... mag dieses Vorhaben vielleicht weniger erstaunen, wenn man weiß, daß er ein geborener Narzissenliebhaber, ein glühender Enthusiast und ein rastloser Arbeiter ist.« Seit 1944 ist dieser Mann eng mit der Züchtung der modernen Narzissen verbunden. Er setzt die Tradition von Backhouse fort, perfekte, sonnenfeste rote Trompetennarzissen zu züchten und widmet sich auch den rosafarbenen Hybriden. Aber auch die anderen Divisionen vernachlässigt er nicht: Auf seinen Sämlingsbeeten stehen Jonquillen ebenso wie Cyclamineus-Hybriden. Besonders hervorzuheben sind seine zweifarbigen Trompetennarzissen 'Hero', orange-gelb, und 'Tradition', weiß-orange. Zudem ist Jefferson-Brown ein hervorragender Techniker, was die Steuerung der Blütezeit betrifft. Wenn es die Notwendigkeit erfordert, Blüten für Shows zu präsentieren, gelingt es ihm, diese für vier Wochen zu verschieben, was ihm keiner so leicht nachmacht.

Postles. F. Clive Postles züchtet erst seit 1973, doch konnte er sofort einen sehr hohen Standard vorweisen, weil seine Neuzüchtungen auf das Erbe von John Lea zurückgehen, von dem er eine Reihe ganz bedeutender Sämlinge übernahm. Er setzt auch dessen Tradition fort, nur mit ausgewählten Elternsorten zu arbeiten, was ihm fortlaufende Erfolge bei Ausstellungen garantiert. Bemerkenswerte Züchtungen sind 'China Doll', eine weiße Schalennarzisse mit rosa Rand, und 'Heslington', eine kleinkronige Narzisse mit weißem Perianth und gelb-roter Nebenkrone.

Bloomer. Alle jetzt noch genannten Züchter sind in Nordirland zu Hause. Seit 1950 hat Tom Bloomer mehr als 1500 Sämlinge großgezogen. Diese waren nicht nur von hoher Qualität, sondern wurden auch sehr oft große kommerzielle Erfolge. So gibt es in den ersten drei Divisionen jeweils mindestens eine Sorte, die inzwischen zum Standardsortiment gehört. Bei den Trompetennarzissen sind dies die weißen Sorten 'White Star', 'Silent Valley' und 'Majestic Star', bei den großkronigen müssen wir die gelben Sorten 'Golden Joy' und 'Golden Jewel' dazu rechnen, und als kleinkronige gefällt besonders 'Silent Cheer', eine weiße Sorte mit gelber Nebenkrone und einem roten Rändchen. Bis zum Jahre 1988 vertrieb Bloomer seine Narzissen unter dem Namen Rathowen Daffodils. Inzwischen wurde der Bestand seiner Gärtnerei übernommen von Desmond Campel unter der Bezeichnung Tyrone Daffodils und von Brian Duncan, der einen Katalog unter eigenem Namen herausgibt.

Duncan. Ihn müssen wir zugleich als den züchterischen Erben von Bloomer ansehen, doch beschränkt sich Brian S. Duncans Interesse nicht auf die ersten drei Divisionen. Berühmt sind auch seine Einführungen aus den Divisionen 4, 6 und 9. Besonders schätze ich seine Alpenveilchennarzissen, die mit ihrem runden, leicht zurückgeschlagenen Perigon das typische Aussehen dieser Division vermitteln. Hier sind die rosafarbenen Sorten wie ‘Delta Wings’, ‘Lavender Lass’ und ‘Snoopy’ besonders auffallend. Aber auch seine gefüllten Sorten ‘Smokey Bear’ und ‘Pink Pageant’ werden wohl dazu beitragen, das Image dieser Division zu heben.

Reade. Wenn auch Kate Reade die Gärtnerei Carncairn Daffodils zusammen mit ihrem Mann Robin betreibt, so ist es doch sie, die hinter den züchterischen Neueinführungen steht. Auch Kate Reade beschäftigt sich nicht ausschließlich mit den Gartensorten, eine ihrer reizendsten Einführungen ist die rosa Cyclamineus-Hybride ‘Foundling’, die mittlerweile sogar auf einer irischen Briefmarke abgebildet ist. Eine ihrer berühmtesten Züchtungen ist die gelb-weiße Trompetennarzisse ‘Gin and Lime’. Ebenfalls bicolor ist ‘Boudoir’, und zwar in einer weiß-rosa Kombination. Interessant sind auch die Sorten mit orangefarbenem Perianth und ebensolcher Krone, was einen völlig neuen Farbeffekt ergibt, augenscheinlich vor allem bei ‘Rory’s Glen’. Eine der besten gefüllten rosafarbenen Sorten ist ‘Apricot Sundae’.

Harrison. Lord und Lady Harrison sind die Besitzer der Ballydorn Bulb Farm, sie gründeten die Gärtnerei im Jahre 1944. Der erste Bestand war eine Sendung von Richardson, bestehend aus 1000 ‘Porthilly’, 500 ‘Fortune’ und 500 ‘Alight’. Nicht lange, und Sir Frank begann selbst zu züchten. Um den Bedarf der Floristen an frühen Sorten zu decken, beschäftigte er sich eine Zeitlang vor allem mit diesen. Ein weiteres Zuchtziel von ihm sind grüne »Augen«, vielleicht wird er eines Tages sogar eine grüne Nebenkrone präsentieren. Solch typische, kleinkronige weiße Sorten mit grüner Mitte, gelber Schale und rotem Rand sind ‘Fairmile’, Favour Royal’, ‘Capisco’ und die neue Sorte ‘Ballynichol’. Eine seiner gelungensten Züchtungen ist die großkronige, gelbe Narzisse ‘Golden Amber’, aus der inzwischen eine weitere bemerkenwerte Sorte hervorging, die gelb-rote ‘Kilmood’. Sir Frank’s große Liebe ist die Divison 9, sehr auffallend sind seine beiden Neuzüchtungen ‘Torr Head’ und ‘Greenpark’.

Niederlande

Der Handel mit Narzissen begann in Holland ähnlich früh wie der mit Tulpen, auch wenn er nicht gleichermaßen in eine »Narzissomanie« ausartete. So wurden im frühen 16. Jahrhundert vor allem die Trompetennarzissen, *N. poeticus* und *N. bulbocodium* angebaut und verkauft. Im Jahre 1561 importierte Mathias de Lobel (Lobelius) aus Südfrankreich *N. tazetta*. Aus Konstantinopel wurde eine gefüllte Form, die dort in großen Mengen angebaut wurde, unter dem Namen ‘Roman’ nach Holland gebracht. Zur gleichen Zeit tauchte im Blumenzwiebelhandel die ‘Paper White’-Narzisse unter der Bezeichnung *totus albus* auf. So zählte der Katalog von Dirk und Pieter Voorhehn aus dem Jahre 1739 dann immerhin schon 50 Sorten auf, darunter ‘Bazelman jaune’, Bazelman major’ und die bis heute erhalten gebliebene ‘Soleil d’Or’.

Im Gegensatz zu den Tulpen waren dies natürlich keine bedeutenden Zahlen, und von diesen Sorten waren im Jahre 1788 auch nur noch neun im Handel, allesamt Tazetten. Diese wurden im Katalog von Voorhelm & Schneevogt durch 45 andere Sorten ergänzt. Ebenso wie die gefüllte ‘Roman’ konnten sie nicht im Freien gehalten werden, und so bestand der Anbau von Narzissen im 17. und 18. Jahrhundert vor allem in der Haltung von Topfpflanzen. Dies geht auch aus dem Katalog von Simon Groenewoud aus dem Jahre 1779 hervor, in dem angepriesen werden: »Neue gefüllte Marseiller Narzissen, saubere Zwiebeln, bekannt für ihren lieblichen Duft, sehr geeignet für Gläser und Töpfe, jede 6 Stuiver."

Welche Ausmaße der Anbau von Tazetten annahm, kann man daraus ersehen, daß zu Beginn des 20. Jahrhunderts 50000000 'Paper White' Narzissen allein in die USA exportiert wurden. Die vorhin erwähnte Narzissenkonferenz im Jahre 1884 hatte aber auch Auswirkungen nach Holland, denn nun merkten die Blumenzwiebelhändler, daß es auch noch etwas anderes gab als Tazetten. Die erste Firma, die sich darauf einstellte, war Krelage & Sohn, sie kaufte etwa um diese Zeit durch Vermittlung von Peter Barr die Hälfte des Bestands von Edward Leeds (die andere Hälfte übernahm, wie schon erwähnt, Barr selbst). So konnten Krelage & Sohn bereits 1889 einen Katalog ausschließlich für Narzissen herausgeben. Überhaupt scheint Barr sehr geschäftstüchtig gewesen zu sein, denn er verkaufte auch seine eigenen Züchtungen zu Vermehrungszwecken nach Holland, und zwar an die Gebrüder de Graaf. Mit diesen begann Anfang dieses Jahrhunderts dann die Züchtung auch in Holland, die aber mit der in England kaum zu vergleichen ist.

de Graaf. Gemeint sind hier die Gebrüder de Graaf, die das Stammhaus in den Niederlanden besaßen. Von den beiden stammt eine Einführung aus dem Jahre 1923, die immer noch im Handel ist, nämlich die Alpenveilchennarzisse 'February Gold'. Auch zwei namhafte, inzwischen verlorengegangene Engelstränennarzissen züchteten sie, 'Moonshine' und 'Kentucky'. Als im Jahre 1926 die USA gegen holländische Zwiebeln ein Embargo verhängten, wanderte Jan de Graaf aus und gründete die Oregon Bulb Farm.

van Waveren. Auch die Gärtnerei M. van Waveren & Sohn wurde berühmt mit einer Triandrus-Hybride. Die im Jahre 1916 registrierte Sorte 'Thaila' wird auch heute noch im Handel angeboten.

van der Schoot. Der Ruhm von R.A. van der Schoot rührt von einer einzigen Sorte her, nämlich der kleinen, gefüllten 'Cheerfulness'. J.B. van der Schoots Leistung dagegen besteht darin, 'Geranium' gezüchtet zu haben, die ausdauerndste Tazette, die sie auch 60 Jahre nach der Einführung noch ist.

Lubbe. Stehen in einem Garten Dichternarzissen, so handelt es sich meist um die Züchtung 'Actaea'. Lubbe & Sohn ließen diese Sorte im Jahre 1927 registrieren.

de Mol. Mit Dr. W.E. de Mol begann nicht nur die Züchtung der modernen holländischen Narzissen, sondern eine ganz neue Zuchtrichtung, die der Split-Coronas. Im Jahre 1910 hatte ein holländischer Blumenzwiebelanbauer in einer Partie der Trompetennarzisse 'Victoria' ein Exemplar mit geschlitzter Krone entdeckt. Dies war der Ausgangspunkt für Dr. de Mols Werk, der dieser Sorte den Namen 'Orchid' gab, ihn aber später in 'Buttonhole' umänderte. Der züchterische Erfolg blieb zunächst aus, da die Nachkommen oft nicht geschlitzt waren oder ihr Aussehen von Jahr zu Jahr änderten. Erst die Einkreuzung von 'King Alfred' brachte bessere Resultate. Während der Kriegsjahre von 1940 bis 1945 lag der Garten de Mols im Sperrgebiet, so daß fast die gesamte Sammlung verlorenging. Dies ist auch der Grund, warum heute keine von de Mols »orchideenblütigen« Narzissen mehr erhalten sind.

Lefeber. J.W.A. Lefeber gelang es, einige Zwiebeln de Mols zu retten und mit diesen weiterzuarbeiten. Deshalb wissen wir auch heute noch, wie der »Orchideentyp« aussah. Der Züchter schuf daraus eine neue, vollere Form, den »Harlekintyp«. Diesem entsprechen die Sorten 'Dolly Molinger', weiß mit orangefarbenen Streifen, 'Papillon Blanc', reinweiß, 'Brilliant Star', gelb mit roten Streifen, 'Lemon Beauty', weiß mit gelben Streifen, und 'Broadway Star', weiß mit orangefarbenen Streifen. Alle diese Hybriden wurden erst in den letzten 30 Jahren eingeführt, und oft stießen sie auf große Ablehnung, so daß sie bis heute nicht weit verbreitet sind.

Gerritsen. Jack P. Gerritsen ist der wahre Meister der Split-Coronas. Dieser große alte Mann erntete die Früchte seiner mühevollen züchterischen Arbeit erst vor wenigen Jahren, denn sein Leben lang wurden seine Narzissen belächelt oder abgelehnt. Doch stellt sein Halskrausentyp eine solche Verbesserung der oben genannten Typen dar, daß man nun selbst in England dazu übergeht, diese in den Katalogen anzubieten. Im Jahre 1978, also vor nicht allzu langer Zeit, erhielten die Split-Corona-Narzissen dann sogar von der RHS ihre eigene Division. Auf die einzelnen Sorten wie 'Cassata', 'Canasta', 'Chanterelle', 'Orangery' oder 'Rusticana', um nur einige zu nennen, braucht nicht eingegangen zu werden, da fast alle aus Division 11 aufgelisteten Hybriden von diesem Mann stammen.

USA

Alles, was wir zu Beginn des 20. Jahrhunderts in Amerika an Narzissen finden, stammt aus Holland. Erst die Quarantänebestimmungen Nr. 37 aus dem Jahre 1919 verhinderten, daß weiter in großem Maße Pflanzen in die USA eingeführt wurden. Die Narzissen waren zu diesem Zeitpunkt noch nicht betroffen, deren Import wurde erst von 1926 bis 1931 verboten. Dies hatte zur Folge, daß viele holländische Anbauer in die neue Welt auswanderten oder Zweigniederlassungen gründeten und noch rechtzeitig große Mengen von Zwiebeln mitbrachten. Diese bildeten den Grundstock für amerikanische Züchtungen. Die meisten der bereits vorher gezüchteten Hybriden sind längst vergessen, nicht jedoch die Namen der Züchter.

Hunt. Chester J. Hunt, ein Lehrer aus New Jersey, hatte 1914 große Mengen von Zwiebeln aus England importiert und eine Sammlung angelegt. Viele Leute waren ganz begierig auf seine Zwiebeln, so daß er nach dem Krieg seinen Beruf aufgab und sich ganz den Narzissen widmete. Getreu dem Motto »Klappern gehört zum Handwerk« legte er für seine Importfirma auch einen Schaugarten an, in dem junge, hübsche Mädchen den Besuchern Tee servierten, während diese die Blumen inspizierten.

Scheepers. Einer der Holländer, der dem Embargo entging, indem er nach Long Island übersiedelte, war John Scheepers. Alljährlich zeigte er in New York auf den dortigen Ausstellungen Unmengen von holländischen und englischen Narzissen. Sein Verdienst sind nicht so sehr eigene Züchtungen, sondern die Tatsache, daß er viele Amateure dieser Zeit zum Kreuzen angeregt hat.

Morrison. Einer dieser Amateuer-Züchter war Benajmin Y. Morrison, der 1920 bei der Anlage seines Gartens in Takoma Park etliche dieser Sorten pflanzte. Mit ihnen begann er zu kreuzen, und er kann als der erste Narzissenzüchter Amerikas bezeichnet werden, auch wenn er nie einen seiner Sämlinge registrieren ließ, weshalb wir heute nicht einmal mehr ihre Namen kennen.

Powell. Edwin C. Powell begann mit der Zucht von Narzissen im Jahre 1925. Bis 1940 zog er mehr als 65 000 Sämlinge auf, von denen er dann lediglich 50 einführte und verkaufte. Die interessantesten davon sind 'Cheyenne', eine weiße Jonquille, 'Hiawassee', eine Tazette, die aus 'Paper White' hervorging, 'Nakota', eine großkronige weiße Sorte, und 'Oconee', eine gelbe Triandrus-Hybride.

Foote. Florence Edna Foote brachte von der Narzissenkonferenz im Jahre 1935 einige Neuheiten aus London mit in ihre Heimat und begann diese zu kreuzen. In den frühen 40er Jahren ließ sie fast 50 Züchtungen registrieren, die jedoch nie kommerziell eingeführt wurden. Dies erstaunt um so mehr, wenn man weiß, wie weit 'Arctic Snow' heute verbreitet ist. Weitere Sorten von ihr, die man in keiner Liste mehr findet, waren 'Happy Day', Pink Butterfly', 'Pink Symphony' und 'Sweetbriar'.

Davis. Für Mrs. Paul Davis schien Geld keine große Rolle gespielt zu haben, denn sie hatte in den 30er Jahren die größte Sammlung von Neuheiten in Amerika. Auch sie züchtete nur zum Spaß, ohne ihre Sorten jemals einzuführen, sie sind also nur vereinzelt irgendwo aufzuspüren. Namen wie 'Alpine King', 'Happy Miss' und 'Stargazer' kennt heute kaum mehr jemand.

de Graaf. Ehe Jan de Graaf seine Narzissenproduktion im Jahre 1959 aufgab, um sich von da an voll auf die Lilienzucht zu spezialisieren, hatte er etwa 50 Sorten bereits registrieren lassen und auch vermehrt. Diese sind heute noch weit verbreitet, selbst in Europa. So wurden von der Oregon Bulb Farm unter anderem eingeführt: die weiße Trompetennarzisse 'High Sierra', die sehr farbenprächtigen Schalennarzissen 'Azalea', 'Bounty', 'Bravo', 'Circus Clown', 'Troubadour' und 'Western Star', und die ausdauernden Tazetten 'Golden Dawn' und 'Matador'.

Mitsch. Grant E. Mitsch darf man ruhig als den führenden Züchter der USA bezeichnen, der in den letzten 50 Jahren eine große Anzahl sehr populär gewordener Narzissen einführte. Auch er ist in Oregon zu Hause und züchtet schon seit 1934, wobei sein Interesse allen Divisionen gleichermaßen gilt. Es gibt jedoch immer wieder einzelne Schwerpunkte oder Zuchtziele: Bei der Division 1 waren dies Sorten mit Trompeten, die dunkler waren als das Perianth, wie bei den weiß-gelben Sorten 'Honeybird', 'Nampa' und 'Lunar Sea' oder der weiß-rosafarbenen 'Rima'. Ebenso gibt es in der Division 2 eine Reihe von zweifarbigen Sorten, gelb-weiß sind 'Daydream', 'Chiloquin' und 'Charter', weiß-gelb ist 'Bethany'. Die bekanntesten Sorten der Division 3 sind sicherlich die weiße 'Cool Crystal' und die weiß-gelben Sorten 'Aircastle' und 'Pure Joy'. Von der Division 4 eroberte sich 'Grebe' einen internationalen Spitzenplatz, von der Division 6 'Jet Fire' und von der Division 7 sind zu nennen 'Dickcissel' und 'Stratosphere'. Selbst bei der Divison 9 gibt es eine herausragende Sorte, nämlich 'Seraph'.

Throckmorton. Dr. Tom D. Throckmorton verwaltet, seit es Computer gibt, die Datenbank der American Daffodil Society. Auch verdanken wir ihm das revidierte System der Klassifikation mit den Buchstabenkombinationen. Obwohl dieser Narzissenliebhaber lediglich Amateur ist, wenn auch ein sehr enthusiastischer, so bestechen seine Züchtungsvorhaben durch ihren ausgesprochen wissenschaftlichen Charakter. Auch hier half ihm der Computer, denn bei der Erforschung der Vererbung von Farbtönen untersuchte er die Stammbäume der verschiedenen Zuchtsorten. Besonders interessierten ihn hierbei Pflanzen, die im Laufe ihrer Blütezeit die Blütenfarbe veränderten, was ihm zum erstenmal bei 'Aircastle' auffiel. Denn diese bereiten einem Registrateur bekanntlich Schwierigkeiten, während sie dem Bewunderer im Garten jeden Tag eine andere Ansicht bieten. Inzwischen hat Dr. Throckmorton über 50 Sorten registrieren lassen, die Hälfte davon sind gelbe Sorten der Division 3, wie etwa 'Suave' oder 'Johnnie Walker'. Eine weiße kleinkronige Hybride ist 'White Tie'.

Evans. Im Jahre 1965 ließ Murray Evans seine ersten drei Sorten registrieren, heute ist er der aktivste Züchter in den USA. Zugute kam ihm hierbei die Nachbarschaft zu G. E. Mitsch, von dem er hervorragendes Zuchtmaterial erhielt. Evans Sorten zeichnen sich allesamt durch gute Formen und klare Farben aus, wie etwa die weiß-gelbe Trompetennarzisse 'Descanso', die gelb-rote Schalennarzisse 'Replete' und die gelbe, kleinkronige 'Sunapee', deren Nebenkrone ein orangefarbenes Rändchen besitzt.

Pannill. William G. (Bill) Pannill ist inzwischen einer der erfolgreichsten Amateur-Züchter in den Vereinigten Staaten. Er begann vor über 20 Jahren in Virginia mit der Zucht von Narzissen, die mittlerweile viele Preise gewonnen haben. Dies ist nicht verwunderlich, denn das Ziel des Züchters sind sehr farbenkräftige Showsorten, wobei das Ausgangsmaterial meist nordische Sorten waren. Hierbei läßt er keine Divison außer acht. Bekannt sind die weiß-gelbe Trompetennarzisse 'Apostle' und die reinweiße Schalennarzisse 'Crystal Blanc', und die rosa Trompetennarzisse 'Park Lane'.

Australien und Neuseeland

Vielleicht hat sich die Zucht von Narzissen bei unseren Antipoden deshalb so kräftig entwikkelt, weil der Import von Zwiebeln aus dem ehemaligen Mutterland doch recht teuer ist. Allerdings sind keineswegs alle Australier begeisterte Narzissenliebhaber, dazu ist das Klima an manchen Orten doch zu ungeeignet. So findet man größere Sammlungen oder Gärtnereien eigentlich nur in den Provinzen Victoria und Tasmanien sowie in Neuseeland. Allerdings wurden dort bereits um 1930 Narzissen angebaut: Für Wilsons 'Carbineer' verlangte die Gärtnerei Swanley immerhin £6. Aber auch eine Menge eigener Sämlinge entstanden wie 'Swanley Peerless', 'Renown', 'Mortlake' oder 'David West'.

In Neuseeland wurden Narzissen sogar schon im letzten Jahrhundert angebaut, das Klima ist ja dort auch sehr viel günstiger. Dennoch ist es erstaunlich, welchen Aufschwung der Anbau von Zwiebeln nahm, wenn man weiß, wie langwierig der Transport von Ware aus England war. Die Begeisterung mag natürlich noch gewachsen sein, als Guy Wilson im Jahre 1929 Neuseeland einen Besuch abstattete. Frühe Züchter in Neuseeland waren Robert Gibson, von dem zwei schöne gelbe Trompetennarzissen stammen, 'Milson' und 'Harewood', sowie J.T. Gray und George Lewis. Von letzterem berichtet man, »daß er zwei große Daumen hatte, und wenn er die auf das Perianth einer Narzisse legte, drückte er es platt und es blieb so.«[8] Dies soll heißen, seine Züchtungen zeichneten sich durch runde, flache Formen aus. 1943 verkaufte Lewis seinen Bestand zum großen Teil an David S. Bell.

In der Nachkriegszeit fanden viele irische Narzissen den Weg nach Australien und Neuseeland, so daß den Züchtern dort stets hervorragendes Zuchtmaterial zur Verfügung stand. Die Narzissenliebhaber schufen auch ganz eindrucksvolle neue Hybriden, die aber meist nach Amerika verkauft wurden und seltener nach Europa.

Brown. H.A. Brown war ein kommerzieller Blumenzwiebelanbauer, der sich ganz den Narzissen verschrieben hatte. Seine bekanntesten Züchtungen waren die Trompetennarzissen 'Lord Melbourne' und Lady Melbourne' und die rosa Schalennarzisse 'Pink-a-dell'. Über Austalien hinaus wurde er bekannt mit der weiß-roten Sorte 'Rubra' aus der Division 2.

Hancock. Als Brown sein Geschäft aufgab, übernahmen die Hancocks dieses, hauptsächlich um Schnittblumen zu erzeugen. Inzwischen steht Sohn Bob seiner Mutter zur Seite, sein Katalog umfaßt über 1000 Sorten. Darunter sind auch einige sehr schöne Eigenzüchtungen von Schalennarzissen: 'Isobella', 'First Frost' und 'Shiralee'.

Clark. Alister Clark aus Victoria züchtete viele hervorragende rosafarbene Sorten, die erste davon war 'Maiden's Blush'. Weitere weiß-rosa Sorten sind 'Better Half', 'Hugh Dettman', 'Shot Tower' und 'Mabel Taylor'.

Phillips. Phil Phillips züchtete bis 1984 Narzissen in Neuseeland, mittlerweile setzt sein Sohn Graham, der selbst schon über 50 Sorten registrieren ließ, die Tradition fort. Von den beiden stammen eine Reihe guter Sorten der Divisionen 1 bis 3, aber auch sehr schöne Cyclamineus-Hybriden. Darunter sind die weiß-gelbe Trompetennarzisse 'Bar None', die weiß-rosafarbenene, großkronige 'Sedate', die weiß-rote, kleinkronige 'Crimplene' sowie die gelbe Alpenveilchennarzisse 'Backchat'.

Bell. David S. Bell hat einen sehr eindrucksvollen Schaugarten in Christchurch. Seine Zwiebeln haben noch nie Mineraldünger erhalten, dennoch sind die Blüten groß und von guter Qualität. 'Anacapri' ist eine kleinkronige weiß-orangefarbene Sorte mit einem roten Rand, 'City Lights' ist ein ähnliches großkroniges Gegenstück. Viel Beachtung verdient auch die weiß-gelbe Trompetennarzisse 'Stormy Weather'.

[8] Phillips, P.: Daffodils in New Zealand. In: Daffodil Handbook, The American Horticultural Magazine, Washington, 1966.

Jackson. William J. Jackson war im Jahre 1898 nach Tasmanien ausgewandert und konnte bereits 1924 eine hervorragende Sammlung neuester Narzissensorten vorweisen. Seine züchterische Arbeit wurde später fortgesetzt von seinem Sohn William, der sich vor allem auf rosa gefüllte Sorten spezialisierte. Bei uns sind die Trompetennarzissen der beiden, wie die gelben Sorten 'Comal' und 'Ristin', sowie die weiß-gelbe 'Cyros' mehr bekannt.

Radcliff. C.E. Radcliff war der Motor der australischen Narzissengesellschaft, während der Blühsaison gab er ein wöchentliches Bulletin heraus. Seine weiß-gelbe Trompetennarzisse 'Bonnington' stellte für lange Zeit den Standard in Australien dar. Besonders angetan hatten es ihm aber die rosafarbenen Sorten, von ihm stammen 'Dawnglow', 'Rosario', 'Roselip', 'Roselands', 'Rosebowl' und 'Karanja'. Für diese Trompetennarzisse erhielt Radcliff bei der Einführung im Jahre 1950 pro Zwiebel £50, ein Preis, der zu dieser Zeit noch keineswegs üblich war.

Mott. Auch H.R. Mott sollte man erwähnen, obwohl bei uns nur eine einzige seiner Sorten Berühmtheit erlangte: die weitverbreitete gelbe Tazette 'Highfield Beauty'.

Vegetative Vermehrung

Typen und Größen der Zwiebeln

Wir haben ja bereits im Kapitel »Verbreitung und Morphologie« erfahren, daß sich die Zwiebeln alljährlich von innen heraus erneuern und dabei zugleich Tochterzwiebeln bilden. Diese sind irgendwann zu einer Größe herangewachsen, daß man sie von der Mutterzwiebel abtrennen kann. Da dieser Prozeß mehrere Jahre in Anspruch nehmen kann, ist es leider unmöglich, auf diese Art innerhalb kürzester Zeit Tausende von Zwiebeln für den Verkauf einer neuen Sorte zu erhalten. Mit einem Trick kann man die Narzissen jedoch überlisten und zur Bildung neuer Zwiebeln veranlassen.

Doch schauen wir uns zunächst den regulären Weg der Vermehrung an. Eine normal entwickelte Zwiebel enthält eine Haupt- und eine Nebenknospe. Die Hauptknospe beinhaltet die Blätter und die Blüte für das kommende Jahr und zusätzlich eine Erneuerungsknospe, die das Weiterwachsen der Mutterzwiebel gewährleistet. Die Nebenknospe hingegen steht in der Blattachsel einer Zwiebelschale. Dieses verdickte Zwiebelblatt besteht aus dem Meristem und den Blattanlagen für Speicher-, Hüll- und Laubblätter. Beim Absterben der äußeren Speicherblätter rückt die Nebenknospe langsam nach außen und ergibt die Tochterzwiebel. Sie stellt somit einen Seitentrieb der stark gestauchten Sproßachse, das heißt des Zwiebelbodens, dar.

Die Tochterzwiebel wird zwar im kommenden Jahr noch nicht blühen, aber Blätter austreiben. Wenn das Laub im Sommer einzieht und wir die Mutterzwiebel ausgraben, sehen wir, daß sie nun nicht mehr nur eine Nase hat, sondern zwei. Als »Nasen« bezeichnet man die Zwiebelenden, an denen die Laubblätter entsprangen. Die anhaftende Tochterzwiebel wird zugleich mit der Anlage der Hauptknospe beginnen, eine Nebenknospe zu bilden, so daß sich dieser Prozeß immer weiter fortsetzt: Man erhält eine Zwiebel mit drei Nasen. Sie können sicher ermessen, was passiert, wenn eine Zwiebel nie aufgenommen wird, sie produziert immer mehr kleine Zwiebeln, bis sie zum Schluß nur noch aus Zwiebelscheiben besteht. Diese sind nicht mehr blühfähig, weil sie sich gegenseitig behindern. Spätestens jetzt ist der Zeitpunkt erreicht, an dem die Zwiebel ausgegraben und geteilt werden muß. Seit der Pflanzung sind aber sicher schon fünf bis sieben Jahre vergangen. Sie brauchen aber dennoch die Pflanzen nicht alle ein bis zwei Jahre auszugraben.

Fangen wir bei der Beschreibung der Zwiebelgrößen mit der kleinsten an, indem wir eine solche Mutterzwiebel in ihre Einzelteile zerlegen:

Zwiebelscheiben. Da eine junge Tochterzwiebel erst wenige Speicherblätter gebildet hat, ist sie nicht rund, sondern flach und abgeplattet. Solange sie noch von intakten Speicherblättern der Mutterzwiebel umgeben ist, ist sie noch fest mit dieser verbunden. Erst wenn diese ausgelaugt sind, lockert sich der Sitz. Diese Scheiben oder Spanen brauchen drei bis vier Jahre, um zur Blüte zu gelangen. Der Hobbygärtner, der Wert auf blühfähiges Material legt, wird sie möglicherweise wegwerfen, wenn es sich um eine alltägliche Sorte handelt. Bei Neuheiten und Raritäten jedoch pflanzt man sie sorgfältig wieder ein, um auf diese Art die Vermehrung voranzutreiben.

Ableger. Diese entsprechen einer Zwiebelform, wie man sie als Anhängsel bei den Dreifachnasen findet. Wenn man sie von dort abtrennt, muß man nur darauf achten, daß der Ableger auch sein eigenes Stück Bodenplatte erhält, damit er Wurzeln treiben kann. Auch die Ableger haben noch keine typisch runde Zwiebelform, trotzdem können sie, wenn sie groß genug sind, schon eine Blüte treiben. Wenn nicht, folgt diese im Jahr darauf, denn dann hat die Zwiebel die Form einer Rundnase.

Rundnasen. Der Name sagt eigentlich schon alles: Die Zwiebel ist rund und hat nur eine Nase, das heißt, sie produziert eine einzige Gruppe von Laubblättern. Vor allem aber ist sie blühfähig. Wer Ausstellungsstücke in Töpfen kultivieren will, der sollte vor allem zu dieser Zwiebelgröße greifen. Die Divisionen 3 und 9 gelangen meist in dieser Form in den Handel, auch wenn man bei letzterer nicht von Rundnasen sondern eher von »Langnasen« sprechen müßte. Man sollte sich nicht ärgern, wenn man von einer Neuheit nur Rundnasen bekommt. Diese sind qualitativ nicht schlechter als Doppelnasen, auf die hätte man aber noch ein Jahr länger warten müssen.

Doppelnasen. Dies ist normalerweise die Handelsform, in der die Narzissen angeboten werden. Ob die Zwiebeln länglich gestreckt sind, oder als Doppelnasen mehr in die Breite gehen wie bei den Tazetten, hängt von den einzelnen Divisionen ab. Dabei gibt es jedoch für jede von ihnen bestimmte Kriterien für den Verkauf. Denn die Größe ist ausschlaggebend, ob die Pflanze im kommenden Jahr blühen wird. Der Handel unterscheidet zwischen DN1, DN2 und DN3, und zwar weltweit. (Analog heißen die Zwiebelgrößen auf englisch *double-nosed*, also ebenfalls DN). Sie sollten die Handelsgröße DN1 bevorzugen, denn diese hat auf jeden Fall eine blühfähige Zwiebel, was bei DN3 nicht unbedingt so ist. Diese sollte eigentlich zu Vermehrungszwekken zurückbehalten werden und gar nicht in den Handel gelangen.

Dreifachnasen. Ein Züchter, der seine Neuheiten rasch vermehren will, wird vorher den Ableger abnehmen und Ihnen eine Doppelnase verkaufen. War er jedoch sehr generös und hat die dritte Scheibe an der Mutterzwiebel belassen, so können sie diese vor dem Pflanzen selbst abnehmen und getrennt einpflanzen. Wie oben beschrieben, ist hierbei auf die Bodenplatte zu achten! Wer die Dreifachnasen so beläßt, muß sie eventuell umso früher wieder aufnehmen und teilen. Dennoch ist das Abtrennen des Ablegers selbstverständlich kein Muß!

Mutterzwiebeln. Man könnte diese auch »Vielfachnasen« nennen, denn oft sitzen vier Zwiebelscheiben oder mehr auf einer Bodenplatte. Eine solche Zwiebel ist überaltert und darf nicht in den Handel gelangen. Wie jedoch bereits erwähnt, kann man die Zwiebelscheiben voneinander trennen. Der Zwiebel-

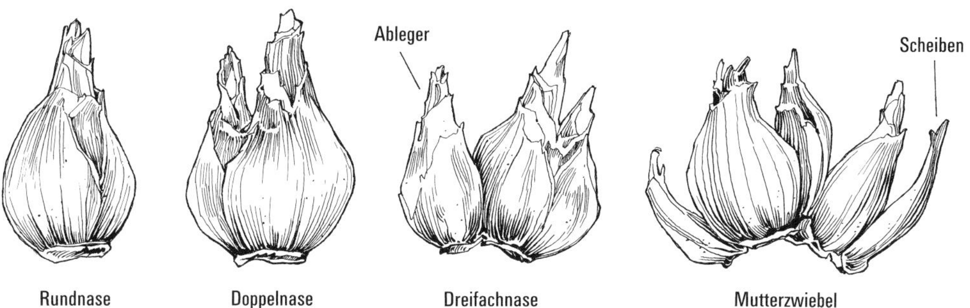

Zwiebelgrößen sind die Grundlagen der Handelsformen.

teil, der der Form einer Rundnase am ähnlichsten kommt, wird an Ort und Stelle wieder gepflanzt, um mit seiner hoffentlich nicht ausbleibenden Blüte im nächsten Frühjahr zu erfreuen. Alles was scheibenförmig gewachsen ist, kommt zur Vermehrung auf ein Beet oder wird weggeworfen.

Besondere Methoden der Vermehrung

Es könnte ja sein, daß Sie inzwischen ganz den Mut zum Züchten verloren haben, wenn Sie nachrechnen, daß Sie nach fünf Jahren die erste Blüte sehen und dann die gleiche Zeit später lediglich über vier bis sechs Zwiebeln verfügen. Daß dennoch in relativ kurzer Zeit von Neuheiten sehr viele Zwiebeln angeboten werden können, liegt an einem Trick, der aber nicht schwer zu erlernen ist: der Schalenteilung. Da hierzu immer zwei Zwiebelschalen nötig sind, nennt man diese Methode auf englisch »Twin-scaling« (=Doppel-Schuppen). Bevor ich diese beschreibe, will ich Sie zuerst mit dem Resultat verblüffen. Wenn man jeweils eine Zwiebel herkömmlich und nach der Twin-scaling-Methode vermehrt, so sieht dies so aus:

	Normale Vermehrungsrate	**»Twin-scaling«**
4 Jahre	4	30
8 Jahre	16	900
16 Jahre	256	810000
24 Jahre	4000	729000000

Da die Methode der Zwiebelteilung unkompliziert ist, bleibt sie nicht nur den großen Vermehrungsbetrieben vorbehalten, sondern kann auch vom Amateur problemlos durchgeführt werden. Wenn Sie sich an folgende Reihenfolge halten, kann eigentlich nichts schiefgehen. Säubern Sie als erstes eine Rundnase von allen Wurzeln und loser, brauner Haut. Achten Sie darauf, daß sie eine Zwiebel auswählen, bei der die Nase und der Zwiebelboden in einer geraden Achse sitzen. Desinfizieren Sie diese in Chinosol-Lösung, die entsprechenden Tabletten bekommen Sie in jeder Drogerie. Schneiden Sie mit einem scharfen Messer die Spitze der Zwiebel ab und teilen diese dann einmal längs und einmal quer, so daß Viertel entstehen.

Diese Viertel stecken Sie in einen Beutel mit angefeuchtetem Vermiculite oder einem anderen wasserspeichernden Material. Die Plastiktütchen werden verschlossen und bei etwa 20°C gelagert. Nach etwa zwölf Wochen entwickeln sich zwischen den Schalen kleine Zwiebelchen, die abgenommen und in Töpfe gepflanzt werden, die mit Aussaatsubstrat gefüllt sind. Sie werden frostfrei weiterkultiviert, bis die Zwiebeln zu einer Größe herangewachsen sind, daß sie im Freien ausgepflanzt werden können. Nach drei bis vier Jahren werden diese Narzissen das erstemal blühen, jede gleicht dabei der Mutterpflanze aufs Haar.

Kommerzielle Vermehrungsbetriebe werden sich mit diesem Resultat nicht zufrieden geben. Sie teilen die Zwiebeln nicht etwa nur in Viertel oder Achtel, sondern in Sechzehntel oder noch kleinere Teile. Diese »Tortenstückchen« sind am Rand gerade noch 1 cm breit. Man legt sie nun flach auf den Tisch und schneidet aus den Scheiben immer zwei nebeneinanderliegende Zwiebelschalen so ab, daß sie mit einem winzigen Stückchen Zwiebelboden einander verbunden bleiben. Diese Zwillingsscheiben sind natürlich viel empfindlicher als die weitaus größeren »Brocken« des Amateurs. Sie werden daher nochmals desinfiziert, und zwar in zweiprozentiger Benomyl-Lösung. Auch gibt man sie nicht in Plastiktüten, sondern legt sie wie bei der Gewebekultur auf spezielle Nährböden.[9] Diese setzt man 16 Stunden am Tag einer tageslichtähnlichen Lichtquelle aus.

[9] Murashige-Skoog Nährmedium mit 0,4 mg Thiamin, 100 mg Inositol, 0,1 mg Naphthyl-Essigsäure, 1 mg Benzyladenin, 30 g Saccharose und 7 g Agar pro Liter. pH-Wert = 6.

Eine einfache und effektive Vermehrungsmethode ist die Zwiebelschalenteilung (siehe Text).

So erhält man zwischen 25 und 35 neue Pflanzen von einer einzigen Mutterzwiebel, in der obigen Tabelle wurde ein Mittelwert angenommen. Bei sorgfältigem, sauberem Arbeiten braucht man auch keine Bedenken zu haben, daß sich die Zwiebeln für immer verabschieden. Im Gegenteil, dieses Verfahren wurde ursprünglich vom Glasshouse Crops Research Institute entwickelt, um virusfreie Zwiebeln von 'Grand Soleil d'Or' zu erhalten. Allerdings hat sich herausgestellt, daß eine vorherige Heißwasserbehandlung von 54°C die Ergebnisse deutlich verbessert. Moderne Vermehrungsbetriebe, die von bestimmten, einzelnen Sorten Tausende von Exemplaren benötigen, werden ihre Pflanzen von darauf spezialisierten Labors durch Gewebekultur vermehren lassen. Dies ist nur sinnvoll, wenn auch ein entsprechender Bedarf besteht, bei Neuheiten ist dieses Verfahren oft nicht kostendeckend, vor allem, wenn sich diese als Sternschnuppen erweisen, die bald verblassen. Für den Amateur kommt dieses Verfahren nicht in Frage.

Ernte der Zwiebeln

Narzissen sind ausgesprochen harte und ausdauernde Pflanzen, die nur selten aufgenommen und verpflanzt werden müssen. Eine feste Regel gibt es nicht, denn die Teilung hängt, wie wir bereits wissen, mit der Größe der gepflanzten Zwiebeln zusammen. Als grobe Regel könnte man ansetzen, daß Narzissen nach der Pflanzung etwa vier bis fünf Jahre an der gleichen Stelle verbleiben können.[10] Das ist sehr viel länger als bei Tulpen. Ein Kennzeichen wäre das Nachlassen der Blüte, ein anderes, daß sehr viele Büschel von Laubblättern an einer Stelle stehen. Am besten ist es, mit dem Aufnehmen nicht zu warten, bis diese vollkommen vertrocknet sind,

[10] Verschiedene englische Gartenbücher gehen von einem ein- bis zweijährigen Turnus aus, der aber nur angebracht ist, wenn man Wert auf ausgesprochene Schaupflanzen legt.

denn solange sie noch fest an der Zwiebel sitzen, ist es leichter, diese zu lokalisieren.

Man nimmt zum Ausgraben anstelle des Spatens, mit dem man Zwiebeln leicht zersticht, lieber eine Grabegabel. Dennoch arbeitet man in einigermaßen sicherer Entfernung von den unsichtbar im Boden verborgenen Zwiebeln. Wenn der Boden genügend gelockert ist und das Laub wirklich noch fest sitzt, kann man mit diesem die Zwiebel herausziehen. Ist es schon regelrecht verdorrt oder der Boden sehr lehmig und fest, müssen die Pflanzen ausgegraben werden.

Da dies irgendwann im Juli geschieht, also mitten im Sommer, sollten die Zwiebeln nicht der prallen Sonne ausgesetzt werden. Es entstehen sonst Sonnenbrand oder schadhafte Flecken auf den Zwiebeln. Arbeiten Sie partienweise, so daß die geernteten Exemplare im Schatten gelagert werden können. Am besten eignen sich dazu Kistchen oder Netze, da ja die Sorten getrennt voneinander und gut etikettiert gelagert werden müssen. An diesem Platz läßt man sie zunächst einmal abtrocknen, um dann anhaftende Erde, Wurzelreste oder lose Haut zu entfernen. Auch kann man locker sitzende Ableger von Dreifachnasen abnehmen oder Mutterzwiebeln teilen.

Zwiebeln, die sich weich und matschig anfühlen oder andere deutlich sichtbare Zeichen von Krankheits- oder Schädlingsbefall aufweisen, sollten Sie sofort aussortieren. Werfen Sie diese aber nicht auf den Kompost, Sie stecken damit nur andere Pflanzen an. Verdächtige Exemplare gehören stattdessen in die Mülltonne. Alles, was in Ordnung zu sein scheint, muß es nicht unbedingt auch sein. Es ist daher zu empfehlen, die Zwiebeln zu beizen. Da die Heißwasserbehandlung für den Amateur zu umständlich ist, können Sie meiner Methode folgen.

Ich setze meine Beize in einem Eimer mit Wasser so an, daß sie etwa halb so stark wie die entsprechende Spritzbrühe ist. Die Beize ist eine Mischung aus einem Fungizid und einem Insektizid. Im Garten verwende ich letzteres nicht, denn ich habe noch keine Schädlinge an den Narzissen entdeckt, bei denen dies nötig wäre. Von der Narzissenfliege geschädigte Pflanzen (siehe Seite 70) kann man auch ausgraben und vernichten. Lassen Sie sich vom Verkäufer beraten, welche Mittel miteinander harmonieren und besonders für Narzissen geeignet sind.

Die Zwiebeln befinden sich in einem entsprechend großen Blumentopf, wenn ich sie in die Brühe tauche. Dort belasse ich jede Sorte etwa 20 Minuten, danach breite ich die Zwiebeln auf einer Zeitung aus, damit sie schneller trocknen. Wenn man sie in den Töpfen beläßt, dauert dies weitaus länger. Die Lagerung erfolgt in Steigen. Wenn ich Narzissen verschicken will, so verwende ich dazu Netze. In diesen sind die Narzissen geliefert worden. Man kann sie ruhig aufheben, da es sich bei Handelsware stets um gebeizte Zwiebeln handelt und demzufolge die Plastiknetze keine Krankheiten übertragen.

Die Heißwasserbehandlung

In den holländischen Anbaubetrieben muß die Ernte rasch und reibungslos vor sich gehen. Dies ist besonders wichtig, da Narzissen bei feuchtem Wetter schnell wieder anfangen zu wurzeln. Sind die neuen Wurzeln erst einmal ausgetrieben und werden sie bei der Ernte beschädigt, so erneuern sie sich nicht, eine Qualitätseinbuße wäre die Folge. Außerdem sind bei später Ernte die Doppelnasen weniger fest geschlossen, sie fallen leicht auseinander. Im Gegensatz zu den Tulpen müssen die Zwiebeln nicht geputzt sondern lediglich sortiert werden. Die Sortierung erstreckt sich auf DN1, 2, 3 und Rundnasen. Bestimmte Maße wie bei den Tulpen gibt es hierbei nicht, da, wie vorhin erwähnt, eine Doppelnase je nach Sorte, Division oder Kulturjahr unterschiedlich ausfallen kann. Nimmt man zum Beispiel eine Tonne der Sorte 'Cragford', so sind dies 17000 Zwiebeln der Größe DN1, von der Sorte 'Flower Record' hingegen 25000.

Wichtig für den Verkauf ist, daß keine kranken oder mit Schädlingen befallenen

Zwiebeln in den Verkauf gelangen. Um dies zu verhindern, werden die Narzissenzwiebeln der sogenannten Heißwasserbehandlung unterzogen. Diese dient vor allem der Bekämpfung der Großen Narzissenfliege (siehe Seite 70), ist zugleich aber auch ein wirksames Mittel gegen Älchen. Lediglich die Dauer der Behandlung ist hier maßgebend. Etwa zwei bis drei Wochen nach der Ernte werden die Zwiebeln für zwei Stunden in ein Wasserbad von 43,5°C getaucht. Dies tötet die Große Narzissenfliege. Bei Befall mit Älchen muß die gleiche Behandlung auf die doppelte Zeit ausgedehnt werden. Um zugleich der Ausbreitung der Zwiebelfäule entgegenzuwirken, wird dem Heißwasserbad ein Beizmittel zugefügt. Wenn die Behandlung zwei Jahre nacheinander erfolgte, kann ein Jahr damit ausgesetzt werden.

Für diese Prozedur hat man in Holland Spezialkessel mit Drahthorden zum Einsetzen der Zwiebeln. Für den Amateur dürfte es recht schwierig sein, die angegebene Temperatur über Stunden hinweg genau einzuhalten. Außerdem müssen die Zwiebeln bei relativ hoher Temperatur wieder getrocknet werden. Es empfiehlt sich auch nicht, diese Behandlung kurz vor dem Pflanzen durchzuführen. Ebenso hat man festgestellt, daß die Heißwasserbehandlung zu plötzlicher Sterilität der Pflanzen führen kann. Dies mußte bereits Dr. de Mol feststellen, als er bei der Zucht der Split-Coronas auf einmal nur noch Mißerfolge hatte. Andererseits verbessert aber die Behandlung den Wuchs der Pflanzen, sie ist also ein zweischneidiges Schwert.

Lagerung der Narzissen

Dichternarzissen haben eine sehr kurze Ruhezeit. Wenn hier Ende Juli die alten Wurzeln

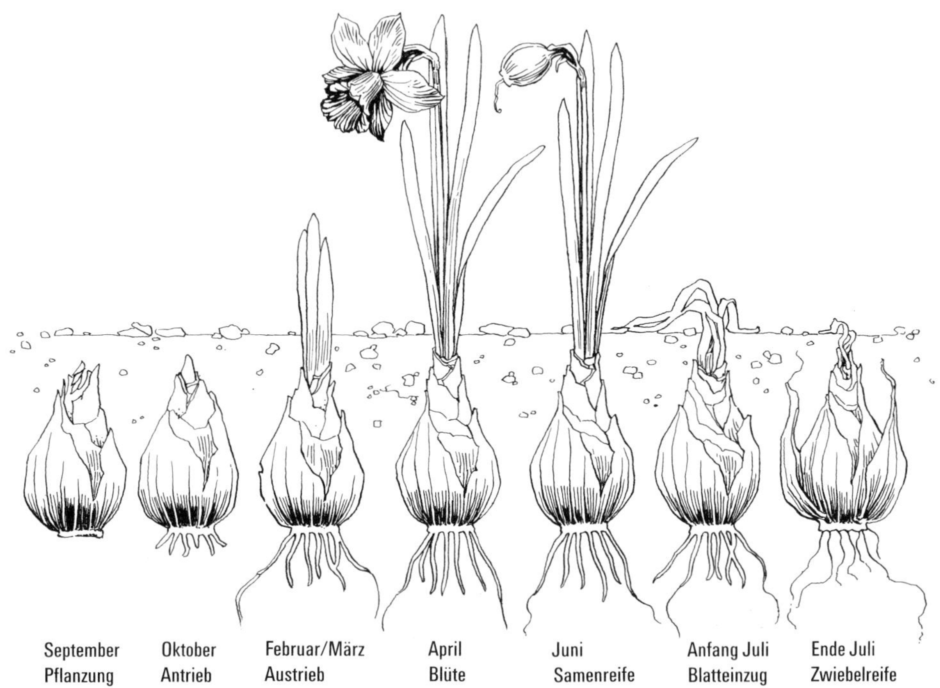

Entwicklung einer Narzissenzwiebel von der Pflanzung bis zur Zwiebelreife.

absterben, so bilden sich bereits nach zwei Wochen die neuen. Solche Sorten müssen also schon im August gepflanzt werden. Alle anderen Hybriden können bis September oder Anfang Oktober gelagert werden, Species hingegen so kurz wie möglich. Hierzu eignen sich entweder Obstkistchen, wie sie jeder Supermarkt massenweise wegwirft, oder spezielle Netze, die es als Meterware gibt, und die man sich in entsprechender Länge zurechtschneidet. In diesen kann man seine Zwiebeln dann hängend aufbewahren, so daß die Luft gut von allen Seiten an sie herankommt. Bei Kistenlagerung hingegen müssen die Zwiebeln absolut trocken sein, damit sich kein Schimmel bildet.

Die Lagertemperatur ist oft ein kritischer Punkt, denn lediglich große Betriebe haben spezielle Lagerschuppen, in denen eine konstante Temperatur von 15,5°C herrscht. Beim Lagern im Freien können trotz eines abgeschatteten Platzes in den Sommermonaten die Temperaturen zwischen 10°C nachts und 35°C am Tag schwanken. Bei hoher Luftfeuchtigkeit in Verbindung mit hohen Temperaturen breiten sich dann Krankheiten leicht aus. Kühle, trockene Lagerung ist am besten, hinzu kommen sollte auch eine gute Lüftung!

Mehr ist beim Lagern der Zwiebeln eigentlich nicht zu beachten. Während der Ruheperiode kann sich der Hobbygärtner allenfalls seine Zwiebeln genau durchsehen und überlegen, welche er zur Vermehrung, zum Auspflanzen oder zum Topfen verwendet. In England, wo Narzissen auf Ausstellungen gezeigt werden, ist letzteres besonders wichtig. Denn nur die kräftigsten, erfolgversprechendsten Rundnasen kommen in Töpfe, alles andere ins Freiland. Auch empfehlen englische Gartenbücher das nochmalige Pudern der Zwiebeln mit einem Fungizid vor dem Pflanzen. Verfahren Sie lieber nach dem Motto: Soviel wie nötig, so wenig wie möglich. Denn auch eine chemische Behandlung kann Mißerfolge nicht immer verhindern, dagegen ersetzt ein gesunder Gartenboden sie oftmals völlig.

Narzissenanbau in Holland

Im Anbau von Blumenzwiebeln nehmen die Niederlande weltweit eine Sonderstellung ein. Dabei hat die Kultur von Blumenzwiebeln nur einen Anteil von 3,5 Prozent an der Gesamtproduktion von Agrarerzeugnissen. Dies entspricht einem Anbau von etwa 8,5 Milliarden Zwiebeln im Jahr, von denen zwei Drittel in den Export gehen. Sie bringen den Exporteuren Einnahmen im Wert von einer Milliarde Gulden. Wichtigstes Absatzgebiet für diese Ware ist die Bundesrepublik Deutschland mit etwa 1,1 Milliarden Stück, gefolgt von den USA, die 0,9 Milliarden Stück ihrer jährlichen Importe aus Holland beziehen. Sogar England, das selbst stolze Zahlen bei der Produktion von Narzissen vorweisen kann, steht mit dem Import von 0,7 Milliarden Blumenzwiebeln, Tulpen und andere Kleinzwiebeln mit eingerechnet, an fünfter Stelle der Liste.

Betrachtet man speziell den Verkauf von Narzissen, so muß man zugeben, daß Holland nach wie vor das Land der Tulpen ist, denn von diesen werden über sechsmal soviel angebaut wie Narzissen. In Zahlen ausgedrückt sind dies 1,7 Milliarden Tulpen, aber lediglich 0,26 Milliarden Narzissen. Sie stehen somit erst an sechster Stelle der Produktpalette, denn den Tulpen folgen Gladiolen (1,4 Mrd.), Iris (0,46 Mrd.), Krokusse (0,37 Mrd.) und Lilien (0,35 Mrd.).[11] Von den 260 Millionen Narzissen entfällt ein sehr großer Prozentsatz auf einige wenige Sorten, die in großen Mengen angebaut werden (siehe hierzu Tabelle rechts).

Den 4 000 holländischen Anbaubetrieben steht für Blumenzwiebeln eine Fläche von 16658 ha zur Verfügung, hiervon entfallen 1763 ha auf Narzissen. Vergleicht man obige Liste mit den insgesamt in den Niederlanden produzierten Narzissen, so entfallen allein auf diese 20 Hybriden zwei Drittel der Anbaufläche (66,09%). Zwei Dinge stechen bei genau-

[11] Alle Zahlen basieren auf den Erhebungen des Internationalen Blumenzwiebelzentrums von 1988/1989.

Division	Sorte	Jahr der Einführung	Anbau in ha	Fläche in Prozent
2 Y-Y	'Carlton'	1927	353,64	20,06
2 W-W	'Ice Follies'	1953	176,06	9,99
1 Y-Y	'Dutch Master'	1948	151,16	8,57
1 Y-Y	'Golden Harvest'	1927	144,23	8,18
6 Y-Y	'Tête-à-Tête'	1949	139,18	7,89
4 Y-Y	'Dick Wilden'	1962	44,50	2,52
2 W-PPY	'Salome'	1958	34,67	1,97
2 Y-Y	'Yellow Sun'	1940	33,84	1,92
2 W-OOR	'Flower Record'	1943	27,26	1,55
3 W-WRR	'Barret Browning'	1945	26,31	1,49
6 Y-Y	'February Gold'	1923	23,71	1,34
8 Y-Y	'Minnow'	1962	22,29	1,26
2 Y-Y	'Gigantic Star'	1960	20,69	1,17
4 W-O	'Flower Drift'	1966	19,67	1,12
4 Y-Y	'Van Sion'		18,22	1,03
1 Y-Y	'Unsurpassable'	1929	17,82	1,01
2 Y-O	'Fortune'	1923	15,36	0,87
1 W-W	'Mount Hood'	1938	14,92	0,85
4 Y-R	'Tahiti'	1956	13,82	0,78
2 W-R	'Prof. Einstein'	1946	12,28	0,70

erer Betrachtung der Liste ins Auge: Zum einen sind die Sorten, die die Spitze halten, alle ältere, erprobte Hybriden. Zum anderen eignen sie sich hervorragend zum Treiben oder Topfen, denn sie bereichern im Winter das Angebot an Schnittblumen und Topfpflanzen. Die Renner in unseren Blumengeschäften sind 'Dutch Master' und 'Ice Follies'. Achten Sie bei letzterer darauf, daß die Nebenkrone noch nicht völlig weiß ausgefärbt ist, denn dann ist die Ware noch frisch. In Töpfen werden vor allem 'Tête-à-Tête' und 'Van Sion', eine kleine, gefüllte Form von *N. pseudonarcissus*, angeboten.Zwiebeln werden in sogenannten »Termingeschäften« verkauft, das heißt, sie werden bereits vor der Ernte lediglich auf dem Papier gehandelt. Dabei kann keiner voraussagen, wie Ernte und Preisverlauf ausfallen werden, so daß dieses Geschäft sowohl für Anbieter als auch für Einkäufer ein Risiko ist. Früher wurden die Zwiebeln noch vor der Ernte bei »grünen Veilings« verkauft. Hierbei trafen sich die Kunden auf den Feldern zwischen den blühenden Pflanzen und ersteigerten ganze Flächen. Sie kauften also nicht die Katze im Sack. Heutzutage werden die Zwiebeln von den Vermarktungsbüros an den Mann gebracht, diese koordinieren Angebot und Nachfrage. Sie beraten ihre Mitglieder, welche Sorten gefragt sind und angebaut werden sollten.

Damit jedoch niemand blind einkaufen muß, wurden inzwischen auch Sichtungsgärten eingerichtet. Der bekannteste ist wohl der Keukenhof in Lisse, allerdings informiert er letztendlich mehr den Endverbraucher speziell über Neuheiten als den Händler über das vorhandene Angebot. Andererseits kann sich natürlich auch der Liebhaber in den Sichtungsgärten umschauen, die speziell für die Aufkäufer eingerichtet wurden. Zu kaufen gibt es dort aber nichts, denn welcher Kleingärtner benötigt schon mehrere Zentner einer einzigen Sorte? Da jedoch zwei dieser Schaupflanzungen genau auf dem Weg zum Keukenhof liegen, sollten Sie bei einem Hollandbesuch im Frühjahr einen Abstecher zu diesen machen.

Wenn Sie von Amsterdam kommend über Haarlem nach Lisse fahren und hierbei immer dem Wegweiser zum Keukenhof folgen, so finden Sie kurz nach dem Ortsende von Haarlem an der rechten Straßenseite einen Sichtungsgarten des CNB. Auch wenn Sie weit und breit niemand sehen, ist der Garten frei zugänglich. Weniger erwünscht sind Bustouristen. Gleiches gilt für den Garten von Hobaho direkt in Lisse, weil dort auch entsprechende Parkplätze fehlen. Sie erreichen den Schaugarten, wenn Sie vom Keukenhof kommend in Richtung Sassenheim weiterfahren. Außer Narzissen sehen Sie in beiden Anpflanzungen auch Tulpen, Hyazinthen und andere Zwiebelgewächse.

Den größten dieser Schaugärten, speziell für Narzissen, erreichen Sie, wenn Sie auf der A9 nach Alkmaar und von hier aus 16 km nördlich am Nordholland-Kanal entlang bis nach Burgervlotburg fahren. Um zum Schaugarten zu kommen, muß man Richtung Petten abbiegen, er befindet sich im Belkmerweg. Angelegt wurde er im Jahre 1979 von K.J. van der Veek, der hinter seinem Haus 25 Sorten von Split-Coronas ausgepflanzt hatte, um diese einem breiteren Publikum bekannt zu machen. Trotz der geringen Zahl von Hybriden besuchten im Frühjahr 1980 über hundert Interessenten den Garten, so daß er rasch erweitert wurde. Viele Anbau- und Zuchtbetriebe wie Leenen, Lemmers und Lefeber stellten kostenlos Kollektionen zur Verfügung. Nicht weniger als 450 Branchenangehörige besuchten im Folgejahr den Garten. Heute stehen etwa 1600 Sorten im Sichtungsgarten, aufgelistet in einer Broschüre, die von CNB herausgegeben wird. Dies ist weitaus mehr als die 100 verschiedenen Hybriden, die alljährlich im Keukenhof ausgepflanzt werden. Ziel der Sichtungsgärten ist es, Neuzüchtungen bekannt zu machen und Vergleiche zwischen den Sorten zu ermöglichen. Ebenso können hier leicht Fotos für Kataloge aufgenommen werden, es gibt kein Fotografierverbot!

Kultur der Narzissen

Kulturbedingungen der einzelnen Divisionen

Auf die Kultur der Narzissen wird zwar nachfolgend noch genauer eingegangen, doch um von vornherein die Unterschiede zwischen den einzelnen Divisionen aufzuzeigen, soll die nachfolgende Übersicht Aufschluß über Standortwahl und Winterhärte geben. Wie ersichtlich ist, machen vor allem die Divisionen 1 bis 4 und 11 die wenigsten Probleme, während die meisten Species dem engagierten Sammler, der über ein Gewächshaus verfügt, vorbehalten sind.

Division	Standort	Winterschutz
1	Normaler Gartenboden, vollsonniger bis halbschattiger Platz, keine besonderen Ansprüche.	nicht notwendig
2	wie Division 1	nicht notwendig
3	wie Division 1	nicht notwendig
4	Wie Division 1, auf Winterschutz achten oder nicht standfeste Sorten hochbinden.	nicht notwendig
5	Liebt Sommertrockenheit, hervorragend für Steingärten geeignet.	Geschützter Standort oder leichter Winterschutz wird bevorzugt.
6	Humoser, leicht saurer Boden, der auch im Sommer etwas feucht gehalten wird.	nicht notwendig
7	Liebt Sommertrockenheit, steht bei mir auf einem Hochbeet mit humoser Erde.	nicht notwendig
8	Bei reinen Tazetten ist nur Topfkultur möglich, Poetaz-Hybriden können zum Teil ausgepflanzt werden wie Division 1.	Richtet sich nach der Art: Reine Tazetten sind nicht winterhart, Poetaz-Hybriden teilweise.
9	Wie Division 1, gut geeignet zum Verwildern in Rasenflächen.	Nicht notwendig, aber früh pflanzen (kurze Ruheperiode).
10	Sehr unterschiedlich, deshalb Angaben über Naturstandorte im Kapitel 9 beachten.	Richtet sich nach der Herkunft und der Sektion, zum Teil ist nur Gewächshauskultur möglich.
11	wie Division 1	nicht notwendig

Bodenvorbereitung

Mit Ausnahme der Tazetten und einiger Species sind Narzissen sehr anspruchslose Gartenpflanzen. Sie stellen keine allzu große Anforderungen an die Kultur und fast gar keine an den Standplatz. Natürlich wird man in den Steingarten keine gefüllten Sorten oder gar Split-Coronas setzen, sondern eher kleine Hybriden. Diese sind in großer Auswahl vorhanden. Lediglich im tiefen Schatten von Gehölzen wird man auf die Pflanzung von Narzissen verzichten, da sie dort nicht befriedigend blühen. Doch selbst in der naturnahen Wiese, weniger jedoch im gepflegten Rasen, kann man Zwiebeln stecken.

Doch wie steht es mit der Bodenbeschaffenheit? Man unterscheidet ja zum einen kalkhaltige, neutrale und sauere Böden, zum anderen teilt man in sehr durchlässige, sandige und wasserspeichernde, lehmige Böden ein. Bei letzteren ist es nötig, für einen guten Wasserabzug zu sorgen, was man durch Beimengen von Sand oder Styromull beim Umgraben der Erde erreicht. Ansonsten spielt es absolut keine Rolle, auf welcher Art von Boden Sie Narzissen kultivieren wollen. Sie sind weder kalkliebend noch kalkfliehend, gleiches gilt für sauere Böden. Am besten scheint ein neutraler Boden zu sein (pH 7), während Züchter oft einen etwas saueren (pH 6,5) bevorzugen. Nur wenn sich die Erde als zu sauer erweist und mehr für Moorbeetpflanzen geeignet ist, sollte man sie kalken.

Während Sie also mit einem humosen, sandigen oder sandig-lehmigen Boden keine Probleme haben sollten, ist bei schweren, fetten Böden etwas mehr Vorbereitung nötig. Dazu gehört zum einen, wie schon gesagt, das Durchlässigmachen der Erde. Auch sollte das Beet nicht nur flach umgearbeitet werden, wie dies der neuzeitliche Gartenbau vorsieht, sondern es muß tiefgründig gelockert werden, weil die Zwiebeln sehr tiefreichende Wurzeln treiben. Deshalb werden auch kleinere Steine im Boden nicht entfernt, da diese die Wasserdurchlässigkeit erhöhen. Wenn sie wegen ihrer Größe aber ein gutes Wurzelwachstum verhindern, muß man die Plage auf sich nehmen, sie zu entfernen.

Bei sehr hohem Grundwasserstand wird man eine Dränage im Garten verlegen. Obwohl ich auf sehr sandigem Boden kultiviere, war dies auch bei mir angebracht, da die Zwiebeln im Frühjahr wegen des hohen Grundwasserspiegels oft zu naß standen. Staunässe führt zu Fäule des Zwiebelbodens! Ist dieser erst einmal geschädigt, ist die ganze Pflanze verloren. Andererseits liest man oft, daß Narzissen im Sommer sehr trocken stehen sollen. Dies ist zwar richtig, kann aber nicht pauschal gelten. Alle Gartensorten leiden in nassen, verregneten Sommern. Doch muß der Boden auch nicht austrocknen, um den Zwiebeln optimale Kulturbedingungen zu geben. Richtige Partnerwahl wie zum Beispiel die Pflanzung von Taglilien, die mit ihrem Laub starke Regengüsse mildern, ist eine große Hilfe.

Wirklich »knochentrocken« können die Tazetten in den Sommermonaten gehalten werden. Wo diese durch Nässe bedroht sind, ist zu empfehlen, sie alljährlich aufzunehmen und, wie im vorhergehenden Kapitel beschrieben, zu lagern. Alpenveilchennarzissen stehen bei mir im Steingarten zwischen Zwergiris und anderen Pflanzen, die nicht gegossen werden müßten. Dies mögen nun leider die Narzissen dieser Division gar nicht. Mißerfolge rühren oft daher, daß man die Cyclamineus-Hybriden der allgemeinen Empfehlung zufolge völlig sommertrocken hält. Ganz im Gegenteil: Ein humoser, durchlässiger, aber stets feuchter Boden bringt hier bessere Ergebnisse. Ebenso wird in der deutschen Blumenzwiebelliteratur oft die Meinung vertreten, daß Jonquillen nicht sehr ausdauernd sind. Bei mir stehen sie, mehr durch Zufall, auf einem Hochbeet und blühen seit Jahren ohne Ausfälle. Auch dies sollten Sie als Empfehlung annehmen!

Wenn man sowohl aus Holland als auch aus England Zwiebeln bekommt, so fällt auf, daß holländische Zwiebeln bei gleicher Qualität in der Regel etwas größer sind. Bei einem Besuch in Holland ist mir sogar aufgefallen, daß die gleichen Sorten, die auch bei mir stehen, höher werden. (Größenangaben sollten also relativ gesehen werden!) Dies mag viele Ursachen haben, es kann natürlich auch damit zusammenhängen, wie die Narzissen in den Niederlanden abgebaut werden: in einer Mischung aus Sand und Mist. Wer einmal auf den Zwiebelfeldern um Lisse spazierenging, dem knirschten danach die Zähne. Da in diesen »Strandböden« Mineraldünger sofort ausgeschwemmt würde, hilft man sich mit dem Naturprodukt holländischer Rinder. Auch dies sollte wieder als Tip für den heimischen Boden verstanden werden, je durchlässiger der Boden, desto langsamer sollte der Dünger wasserlöslich und damit pflanzenverfügbar werden. Mineraldünger wirkt rasch, Naturdünger hält länger nach.

Pflanzung

Man könnte also sagen, nicht das Wo der Pflanzung ist wichtig, sonder das Wie. Doch auch hier kann man nicht verallgemeinern. Dies fängt schon mit der Pflanztiefe an. Wenn man in lehmigem Boden die Zwiebeln sehr tief setzt, haben es die Pflanzen schwer, ans Licht zu kommen. Setzt man die Narzissen aber zu flach, sind sie nicht ausreichend vor den Temperaturschwankungen wechselnder Frost- und Tauperioden geschützt. Außerdem fallen die Zwiebeln, wenn sich die Tochterzwiebeln entwickeln, leicht auseinander. Dieser Effekt ist allenfalls bei der Vermehrung erwünscht, keinesfalls aber zur Erzeugung blühstarker Gartenpflanzen. Die Zwiebeln von Species wiederum sind sehr viel kleiner als die von Hybriden, so daß als Pflanztiefe keine Zahl in cm angegeben werden soll. Ich empfehle Ihnen stattdessen, die Zwiebel so tief zu setzen, daß ihre Spitze mit doppelt so viel Erde bedeckt ist, wie jene hoch ist. Wenn Sie sehr viel Unkraut im Garten jäten müssen oder die Narzissen mit Sommerblumen überpflanzen, setzen Sie die Zwiebeln lieber ein bißchen tiefer, um sie nicht bei den anfallenden Pflegearbeiten zu schädigen. Sollten Sie einen sogenannten »Zwiebelpflanzer« verwenden, also ein nach unten verengtes Rohr mit einem Handgriff, so sollte dieses wirklich bis zum Griff in den Boden gedreht werden, um die nötige Tiefe zu erreichen. Außerdem hat die Erfahrung gezeigt, daß der Durchmesser eines solchen Pflanzlochs für Doppelnasen zu klein ist.

Den doppelten Zwiebeldurchmesser als Pflanzabstand zu verwenden ist ebenfalls eine gute Methode, denn Species haben mitunter sehr kleine Zwiebeln und wirken verloren, wenn sie nicht als Tuff gepflanzt werden. Ebenso unschön schaut es aus, wenn die Gartenformen der Narzissen zu weit voneinander stehen. Auch sollte man die Methode, die viele Gärtner beim Setzen von Tulpen anwenden, sein lassen. Sie schlagen von unten gegen die Hand, in der die Zwiebeln liegen und pflanzen sie dort, wo sie hinfallen. Dies ergibt zwar einen natürlichen Effekt, schadet aber den Narzissenzwiebeln, die im Gegensatz zu Tulpenzwiebeln leicht auseinanderfallen.

Völlig Ihnen überlassen bleibt es, ob Sie ein breites Loch ausheben und alle Zwiebeln darin verteilen, ober ob Sie jede Zwiebel einzeln pflanzen. Ersteres empfiehlt sich, wenn der Boden sehr lehmig ist und Sie die Pflanzen lieber auf eine Schicht Sand zum besseren Wasserabzug setzen sollten. Vollkommen überflüssig sind die sogenannten »Blumenzwiebel-Pflanzschalen«, die vor Wühlmausfraß schützen, denn Narzissen werden sowieso nicht von diesen Nagern angeknabbert. Englische Gärtner pflanzen Ihre Narzissen auch in Plastiknetzen, die denen ähneln, in denen die Zwiebeln verschickt werden. Dies hat den Vorteil, daß man die Pflanzen leichter zum Teilen aufnehmen kann, und trennt verschiedene Sorten, die man eng zusammenpflanzt, voneinander. Ich muß aber gestehen, daß ich diese Methode noch nie probiert habe.

Pflanzen Sie Ihre Neuerwerbungen, sobald Sie diese zugeschickt bekommen. Je früher die Zwiebeln im Herbst in den Boden kommen, desto besser. Der geeignetste Monat ist der September. Kommen die Narzissen später in die Erde, werden sie zwar genauso gut blühen, da aber das Wurzelwachstum im Spätherbst nicht mehr so kräftig ist, wird sich die Tochterzwiebel im kommenden Jahr nicht so stark entwickeln. Zu spätes Auspflanzen hat also Folgen, die Sie erst zwei Jahre später merken, nämlich dann, wenn eventuell die Blüte aussetzt. Ganz besonderes Augenmerk brauchen die herbstblühenden Species, sie müssen bereits im Sommer getopft werden und kommen nur für das Kalthaus in Frage.

Ob Sie die Zwiebeln in Trupps auspflanzen oder auf Beeten, bleibt ganz Ihnen überlassen und dem Verwendungszweck, dem die Narzissen dienen sollen. Mehr hierzu erfahren Sie im übernächsten Kapitel. In einer Staudenrabatte oder im Steingarten sieht es immer gut aus, wenn etwa fünf bis zehn Pflanzen der gleichen Sorte beisammenstehen. Wer aber Raritäten sammelt, der weiß auch, daß es sehr kostspielig sein kann, zehn Zwiebeln einer Neueinführung zu kaufen, von der eine Zwiebel mitunter 10 bis 20 £ kostet. Hier empfiehlt es sich, einzelne Zwiebeln erst auf ein Vermehrungsbeet zu geben, diese alljährlich aufzunehmen und auf raschen Zuwachs zu achten.

In Holland ist der Anbau von Blumenzwiebeln eine Kombination von Maschinen- und Handarbeit. Dies heißt, die Beete werden mit speziellen Maschinen gefräst und nach dem Pflanzen auch wieder mit Erde abgedeckt, doch das Setzen der Zwiebeln geschieht mit der Hand. Pflanzmaschinen bringen die Zwiebeln mitunter schräg oder waagrecht in den Boden, was zwar der Blütenbildung nicht schadet, aber die Regeneration der Pflanze erschwert. Aus diesem Grund sollten auch Sie zu Hause darauf achten, daß der Zwiebelhals beim Pflanzen immer senkrecht nach oben zeigt!

Eine Frage, die einem immer wieder gestellt wird, ist die nach der Etikettierung. Da bekanntlich »die Geschmäcke verschieden sind«, will ich Ihnen keine Vorschriften machen, sondern Ihnen lediglich verraten, was ich verwende. Dies sind 20 cm lange und 3 cm breite Kunststoffetiketten, die man tief genug in den Boden schieben kann, damit sie im Winter nicht herausfrieren. Noch mehr Augenmerk sollte man aber dem Etikettierstift schenken, denn es gibt welche, die überdauern nicht einmal den nächsten Regenguß, geschweige denn starke Sonneneinstrahlung. Bei mir hält der auf Rußbasis aufgebaute EDDING 750 oft länger als das Etikett, und das sind Jahre!

Pflegearbeiten

Da Zwiebeln Speicherorgane und bei weitem nicht so empfindlich wie manche Stauden sind, ist ein Angießen nach dem Setzen völlig überflüssig. Die im Herbst im Boden vorhandene Feuchtigkeit reicht völlig aus, um das Wurzelwachstum anzuregen. Etwas anderes ist es natürlich, wenn Sie Tazetten oder bestimmte Species in Container pflanzen und ins Kalthaus stellen. Diese müssen sehr wohl gegossen werden – auch im Winter, wenn die Erde auszutrocknen droht. Bei langanhaltender Trockenheit im Herbst kann man dem Wurzelwachstum nachhelfen, indem man für einige Stunden den Regner aufstellt. Ansonsten reichen die durchschnittlichen west- und mitteleuropäischen Niederschläge völlig, die Pflanze mit Wasser zu versorgen. In einem gemischten Staudenbeet wird man im Sommer sowieso gießen, und dann ist es eher von Nutzen, wenn die Zwiebeln nicht zu viel Feuchtigkeit abbekommen. Wenn Sie also in einer Gegend mit reichlich Sommerniederschlägen wohnen, hilft nur zweierlei: entweder das Aufnehmen der Zwiebeln oder die richtige Partnerwahl. Viele Großstauden dekken mit ihrem Laub den Boden so ab, daß daneben gepflanzte Narzissen weniger Regen erhalten.

Man könnte nun meinen, der optimale Pflanzplatz wäre demnach gleich der unter Bäumen, aber dem ist nicht so. Auch wenn es optisch sehr gut aussieht, so sind doch an einem solchen Standort unbedingt zusätzliche Wasser- und Düngergaben notwendig. Außerdem empfiehlt es sich, nur unter Laubbäumen zu pflanzen, die im Frühjahr den Pflanzen viel Licht zukommen lassen. Denn dies ist ebenfalls ein Faktor, den Sie nicht vernachlässigen sollten: je sonniger der Standort, desto besser für die Narzissen. Lediglich manche rotkronigen Sorten wie etwa 'Prof. Einstein', die bei starker Sonneneinstrahlung an den Rändern der Schalen verbrennen, bevorzugen Halbschatten. Zudem habe ich auch schon festgestellt, daß sich die Kronen nach dem Licht richten. Pflanzt man Narzissen vor Hauswände, so werden sie ihre schönste Seite dem Betrachter zuwenden. Auf unserem Grundstück stehen eine Menge Narzissen an einem Zaun im Süden. Der Nachbar hat hier mehr von den Pflanzen als ich, denn viele Blüten schauen zu ihm (und zur Sonne).

Wer viel mit Kompost in seinem Garten arbeitet und einen sehr humosen Boden hat, könnte für die Narzissen eigentlich völlig auf mineralische Düngergaben verzichten. Da vor allem Kalium dafür sorgt, daß die Zwiebeln kräftig werden und gut ausreifen, würde das Einstreuen von Holzasche auf den Gartenbeeten genügen. Doch da man diese kaum mehr zur Verfügung hat, greift man eben zu einem handelsüblichen Mineraldünger. Hier sollten Sie darauf achten, daß der Stickstoffanteil möglichst gering ist. Stickstoff fördert zwar ein gutes Wachstum der Blätter, was beim Einziehen des Laubes der Zwiebel wieder zugute kommt, doch zuviel Stickstoff ergibt weiche, krankheitsanfällige Zwiebeln. Phosphor dagegen verhilft zu gutem Wurzelwachstum und gibt kräftige Pflanzen, während Kalium für eine gute Blüte verantwortlich ist. Damit diese auch leuchtend und farbenkräftig ausfällt, sind Spurenelemente, wie sie in fast allen Flüssigdüngern vorhanden sind, nötig.

Werden mehrere Zwiebeln eng zusammen in ein Pflanzloch gesetzt, kann man den Dünger gleich mit in die Erde einarbeiten, mit der die Zwiebeln abgedeckt werden. Ansonsten wird er nach dem Pflanzen aufgebracht und anschließend kräftig gewässert, vorausgesetzt man verwendet nicht sowieso einen Flüssigdünger. Möglich ist aber auch eine Düngung im Frühjahr, wenn der Schnee geschmolzen ist. Um Humus zu erzeugen, kann man den Boden natürlich auch mulchen. Torf ist das ungeeignetste Material. Rindenkompost ist besser als Rindenmulch, da dieser beim Zersetzen dem Boden sehr viele Nährstoffe entzieht. Ansonsten bieten sich alle teilweise oder ganz verrotteten organischen Materialien wie Mist oder Kompost an. Bei letzterem ist es allerdings unvermeidlich, daß Unkraut aufgeht.

Gegen dieses sollte man nicht mit Spritzmitteln vorgehen, sondern mechanisch. Hier hilft weiter nichts, als sich zu bücken und zu jäten. Während man auf Herbizide also verzichten sollte, kann es mitunter nötig sein, Insektizide oder Fungizide einzusetzen. Wann und wie erfahren Sie ab Seite 68. Jeder Einsatz von Spritzmitteln sollte in Maßen und mit Verantwortungsgefühl für die Umwelt erfolgen!

Zu den Pflegearbeiten kann es mitunter auch gehören, daß man seine Narzissen hochbindet. Dies ist aber nur in Ausnahmefällen nötig, da Neuzüchtungen auch im Hinblick auf ihre Standfestigkeit ausgelesen werden. Dennoch gibt es Pflanzen, die lange, schwache Stiele haben wie die Trompetennarzisse 'Bravoure', die großkronige 'Sealing Wax' oder die kleinkronige 'Altruist'. Besonders kann sich das Festbinden an Stäben bei den gefüllten Sorten, die nach Regengüssen ihr Haupt auf der Erde betten, als notwendig erweisen. Beispiele sind 'Eastertide', 'Unique' und 'Manly'. Es gibt aber auch standfeste Narzissen der Division 4 wie 'Petit Four' oder 'Ice King'. Verwenden Sie dünne Stäbe, die der Gärtner zum Hochbinden von Zimmerpflanzen benutzt und nicht Bambusstäbe oder gar »Pflöcke«, die stärker sind als die Blütenstiele!

Wenn die Blütezeit vorüber ist, wird man sehen, daß etliche Pflanzen Samen angesetzt haben und die Fruchtknoten zu schwellen beginnen. Solche Zufallskreuzungen sollte man nicht reifen lassen, da sie nur die Zwiebel schwächen und keine züchterischen Fortschritte bringen. Fallen die Samen möglicherweise auch noch unkontrolliert aus und gehen

Ablagern von Treibnarzissen.

auf, ist das Chaos perfekt. Es empfiehlt sich also, alle Samenkapseln am Ende der Blütezeit zu entfernen, es bildet sich sowieso nicht an jeder Pflanze eine. Hierbei genügt es völlig, den verdickten Fruchtknoten zu entfernen, der Blütenstiel kann stehenbleiben, so daß seine Reservestoffe beim Einziehen der Pflanze ebenfalls der Zwiebel zugute kommen.

Völlig falsch wäre es, nach der Blüte das Laub abzuschneiden. Es muß stehenbleiben, bis es von selbst braun und verwelkt ist! Dann allerdings sollte man es entfernen, vor allem, wenn der Sommer sehr feucht ist und sich Pilze auf dem abgestorbenen Material bilden. Wenn man im Frühling Narzissensträuße schneidet, ist es sinnvoll, auf das Abschneiden von Laubblättern zu verzichten. Die vier bis fünf Blätter, die die ausgewachsene Pflanze hat, können von dieser nicht erneuert werden. Im Gegenteil, jedes verlorengegangene Laubblatt verringert den Zuwachs der Zwiebel in der kommenden Saison um fast 20 Prozent.

Die Narzissentreiberei

Selbst wird man sich wohl kaum die Mühe machen, für den Winter Narzissen zu treiben, es sei denn, man möchte jemand zum Fest mit »Weihnachtsnarzissen« überraschen. Da aber sowieso nur die 'Paperwhite'-Tazetten zur Topfkultur geeignet sind, wurden ihre Zwiebeln bereits in den Lagerhäusern vorbehandelt, indem sie einige Wochen auf 9°C heruntergekühlt wurden. Alle anderen Divisionen kommen nicht vorbehandelt in den Handel, die Anbaubetriebe müssen selbst für einen entsprechenden Temperaturverlauf sorgen, was nur mit Kühl- und Gewächs- oder Rollhäusern möglich ist. Werden die Pflanzen in Gewächshäusern großgezogen, so kommen die Zwiebeln dicht an dicht in Obststeigen, die mit magerer Komposterde gefüllt werden. Rollhäuser sind Folienhäuser, mit denen man die in Freilandkultur ausgepflanzten Narzissen überdeckt.

Der Pflanztermin richtet sich nach dem

Treibbeginn, wichtig ist, daß die Kälteperiode von 9°C genau eingehalten wird. Man nennt solche Narzissen deshalb auch »gekühlte Narzissen«. Sollen diese ins Freiland gepflanzt werden, so geschieht das Kühlen bereits vorher in Kühlhäusern. Narzissenzwiebeln, die im Dezember blühen sollen, müssen Mitte Juni gerodet werden. Sie werden dann rasch getrocknet und nun folgenden Temperaturen ausgesetzt: 4 Tage 34°C, 2 Wochen 30°C, 2 Wochen 17°C und bis Ende September konstant 9°C. Für die Treiberei ab Januar entfallen die vorherigen hohen Temperaturen, die Zwiebeln werden bei 17°C gelagert und im September auf 9°C heruntergekühlt. Je nach Sorte kommen die Pflanzen dann rasch zur Blüte, geschnitten und zum Verkauf gebracht werden sie bereits im knospigen Zustand. Die nachfolgende Übersicht informiert über Dauer der Kälteperiode und des Heranwachsens bei Pflanzung zu verschiedenen Zeitpunkten.

Termine zur Narzissentreiberei

		Pflanzung											
		bis 17.12.			bis 24.1.			bis 24.2.			bis 24.3.		
Sorte	**Division**	A	B	C	A	B	C	A	B	C	A	B	C
'Barret Browning'	3 W-WRR	15	19	30	15	19	20	14	17	20	14	16	16
'Brighton'	1 Y-Y	15	24	–	15	21	–	14	19	–	14	18	–
'Carlton'	2 Y-Y	16	24	35	15	24	26	14	22	22	14	20	22
'Cragford'	8 W-R	15	21	–	14	20	–	14	19	–	14	18	–
'Dick Wilden'	4 Y-Y	–	–	–	16	30	35	16	28	28	16	25	25
'Dutch Master'	1 Y-Y	17	28	40	17	25	28	16	21	24	16	19	22
'Explorer'	1 Y-Y	18	28	40	17	22	28	16	22	24	16	20	22
'Flower Drift'	4 W-O	18	25	35	17	22	28	16	21	25	15	20	22
'Flower Record'	2 W-OOR	18	22	32	17	20	25	16	19	23	15	18	20
'Fortune'	2 Y-O	15	21	35	–	–	–	–	–	–	–	–	–
'Geranium'	8 W-O	–	–	–	–	–	–	18	25	–	17	23	–
'Gigantic Star'	2 Y-Y	16	22	32	15	20	23	14	19	21	14	19	20
'Golden Harvest'	1 Y-Y	15	24	35	15	22	25	14	19	21	14	19	20
'Ice Follies'	2 W-W	16	20	30	15	20	20	15	18	20	14	16	16
'Magnet'	1 W-Y	17	27	–	16	25	–	16	23	–	15	20	–
'Mount Hood'	1 W-W	–	–	–	–	–	–	16	24	–	16	22	–
'Paper White 'Ziva''	8 W-W'	–	–	–	–	30	–	–	28	–	–	27	–
'Prof. Einstein'	2 W-R	17	30	40	16	26	30	16	24	24	15	22	22
'Salome'	2 W-PPY	–	–	–	–	–	–	17	28	–	17	22	–
'Tahiti'	4 Y-R	–	–	–	–	–	–	18	25	–	17	23	–
'Texas'	4 Y-O	–	–	–	16	30	–	16	28	–	15	25	–
'Yellow Cheerfulness'	4 Y-Y	–	–	–	–	–	–	18	25	–	17	25	–
'Yellow Sun'	2 Y-Y	15	22	32	15	20	22	–	–	–	–	–	–
als Topfpflanzen:													
'Bridal Crown'	4 W-Y	–	–	–	14	25	–	14	17	–	14	13	–
'Gold Medal'	1 Y-Y	–	–	–	14	25	–	14	19	–	14	14	–
'Tête-à-Tête'	6 Y-Y	–	–	–	14	25	–	14	19	–	14	15	–

A = Kälteperiode in Wochen
B = Gewächshausperiode (in Kisten) in Tagen
C = Freilandkultur im Rollhaus in Tagen

Krankheiten und Schädlinge

Viruskrankheiten

Virosen gibt es bei Narzissen eine ganze Menge, in Holland werden sie unter dem Namen *grijs* zusammengefaßt. Im einzelnen unterscheidet man: Narzissen-Mosaik, Narzissen-Grauvirus, Braunfleckigkeit, Silberblättrigkeit. Je nach Art der Erkrankung zeigt das Laub gelbliche, bräunliche, graue oder silbrig schimmernde Flecken, Streifen oder Zeichnungen. Die Blätter krümmen sich und ihre Oberfläche wird rauh. Allgemeine Wachstumshemmungen sind die Folge.

Die Viren werden auf unterschiedliche Art und Weise übertragen, in der Hauptsache durch Blattläuse. Da diese aber an Narzissenpflanzen ausgesprochen selten zu finden sind, werden eigentlich nur Monokulturen, speziell in Holland, von den Krankheiten befallen. Schaden entsteht nicht nur durch die beim Schnitt fehlenden Blüten, die betreffenden Zwiebeln müssen ausgestochen und vernichtet werden. Zur Vorbeugung werden feldmäßig angebaute Narzissen periodisch auf Läusebefall kontrolliert und, falls nötig, gespritzt.

Pilzkrankheiten

Zwiebelbasalfäule

Die Zwiebelbasalfäule, die die Holländer *bolrot* nennen, wird verursacht durch den Pilz *Fusarium bulbigenum*. Sie ist ein weltweites Problem, da der Pilz im Boden über Jahre hinweg lebensfähig bleibt. Zudem wird die Krankheit durch die Zwiebeln selbst verschleppt, da die rosa Sporen mitsamt dem weißlichen Pilzbelag zwischen den Zwiebelschuppen sitzen und oft nicht erkannt werden. Kühle Witterung bremst das Wachstum des Pilzes, warme Lagerung der Zwiebeln führt zu ungehemmter Vermehrung. Vor allem weiße und zweifarbige Trompetennarzissen können leicht von dieser Krankheit befallen werden. Auch zwischen den Sorten gibt es Unterschiede. Während 'Golden Harvest' sehr leicht befallen sein kann, ist dies bei der alten Sorte 'King Alfred' kaum der Fall. Jonquillen, Tazetten und Engelstränennarzissen sind resistent gegen den Pilz.

Hat man die Zwiebelbasalfäule eingeschleppt, und sie bei der Kontrolle der Zwiebeln während der Lagerung übersehen, merkt man dies erst im Frühjahr, wenn die Blätter vergilben, absterben und die Blüte steckenbleibt. Rasches Handeln ist geboten, denn wenn erst der untere Teil der Pflanze braun wird, hat sich die Zwiebel schon zersetzt. Diese wird, ausgehend von der Zwiebelbasis, ebenfalls braun und matschig. Befallene Pflanzen müssen unbedingt ausgemerzt und vernichtet werden, bevor der Pilz die Erde verseucht. Für fünf Jahre können an dieser Stelle dann keine Narzissen mehr gepflanzt werden.

Um eine Ausbreitung der Krankheit zu vermeiden, ist besonders beim Verpflanzen und Lagern Sorgfalt geboten. Verletzungen an den Zwiebeln sollten vermieden werden. Keinesfalls darf die Ernte in praller Sonne liegengelassen werden. Die Narzissen werden dann, wie auf Seite 56 beschrieben, gebeizt und kühl gelagert. Durch das Beizen werden jedoch meist nur die äußerlich anhaftenden

Sporen abgetötet, so daß kommerzielle Betriebe die Heißwasserbehandlung vorziehen. Doch auch im häuslichen Bereich braucht man keine übertriebene Angst vor der Krankheit zu haben. Wenn unter guten hygienischen Bedingungen gearbeitet wird, sind Ausfälle nur selten gegeben.

Auch entsprechende Kulturbedingungen verhindern das Schlimmste. Narzissen pflanzt man an kühlen Tagen. Wenn man Mist verwendet, darf dieser nicht frisch sein, sondern bereits verrottet. Mineraldünger mit hohem Stickstoffanteil sollte man meiden, ein hoher Kalianteil hingegen bremst die Krankheit.

Narzissenfeuer

Das *vuur*, wie die Holländer sagen, ist eine Krankheit, mit der sich vor allem kommerzielle Anbauer herumplagen müssen; in Hausgärten ist sie selten. Verursacht wird sie durch den Pilz *Sclerotinia polyblastis*. Die ersten Anzeichen sind kleine, wäßrige oder braune Flecken auf den Blütenknospen der schnittreifen Stiele. Wenn zu dieser Zeit feuchte Witterung herrscht, sind die Folgen verheerend: Die Blüten werden ruiniert, was enorme finanzielle Verluste für den Gärtner bedeutet. Die Krankheit greift wie ein Brand um sich, die Blätter werden gelb mit länglichen, rotbraunen Flecken. An diesen Stellen werden die Sporen des Pilzes produziert.

Die Zwiebeln werden nicht angegriffen und die Krankheit auch nicht durch diese verschleppt. Wenn aber das Laub nicht rechtzeitig abgemäht und verbrannt wird, bilden sich Pilzkörper, die den Winter überdauern und im kommenden Jahr ebensoviel Schaden anrichten. Besonders anfällig sind Trompetennarzissen und die Tazette ‘Grand Soleil d’Or’. Die Zwiebeln kann man retten, wenn man sie nach der Ernte schnell trocknet und luftig lagert. Anschließend wäre anzuraten, sie der Heißwasserbehandlung zu unterziehen. Zur Vorbeugung werden die feldmäßig angebauten Bestände mit einem kupfersulfathaltigen Mittel gespritzt, wie man es auch gegen Grauschimmel verwendet.

Grauschimmel

Wir kennen diesen Schimmel als *Botrytis cinerea* auch von unseren Lebensmitteln, doch gibt es für die Narzissen eine eigene Art namens *B. narcissicola*, in Holland heißt die Krankheit *smeul*. Man findet sie zwar hauptsächlich bei der Lagerung, bei ungünstiger Witterung aber auch beim Anbau. Werden Zwiebeln mit noch grünem Laub aufgenommen und dann feucht gelagert, kann der Pilz, der vorher auf nicht einmal einem Prozent der Pflanzen zu finden war, auf 50 Prozent der Ernte übergreifen. Deshalb sollte man als erstes auch die äußeren, papierhäutigen Schalen kontrollieren, denn dort sitzen die kleinen, flachen, schwarzen Pilzkörper. Rechtzeitiges Beizen verhindert das Schlimmste.

Hat sich der Pilz erst einmal vermehrt, greift er auch den Zwiebelboden an und zerstört ihn. Er wird dann oft fälschlicherweise als Zwiebelbodenfäule diagnostiziert. Dichternarzissen und die Trompetennarzisse ‘Golden Harvest’ sind sehr anfällig, speziell wenn sie lange Zeit bei 36 °C gelagert wurden. Stark befallene Zwiebeln sollten vernichtet werden, denn sie treiben sowieso keine oder nur mißgebildete, gelbliche Blätter aus. Bei kühlem Wetter zeigt das kranke Laub graue Sporen, wie sie für *Botrytis* typisch sind, und die der Wind verbreitet. In diesem Fall ist das Spritzen mit einem kupfersulfathaltigen Mittel unerläßlich, stark infizierte Pflanzen sind auszustechen und zu verbrennen.

Weißer Schimmel

Neben dem Grauschimmel gibt es auch noch den Weißen Schimmel, der durch den Pilz *Ramularia vallisumbrosae* verursacht wird. Er spielt in Holland und Nordirland keine Rolle, da er auf wärmere Gebiete begrenzt bleibt. Schäden durch diesen Pilz entstehen in bestimmten Anbaugebieten der USA, Frankreichs, Italiens, des Cornwall und der Scilly Inseln, wo viele Tazetten herkommen. Zunächst bemerkt man nur gräuliche oder gelbliche, eingefallene Flecken auf dem Laub. Bei feuchtem Wetter, wenn sich der Pilz ungehemmt vermehrt, werden diese braun und bedecken sich mit weißen, puderigen Sporen. Der Pilz greift die Zwiebeln nicht an und hält sich auch nicht länger als ein Jahr im Boden. Spritzmittel auf Natriumchloratbasis sind deshalb ausreichend, befallene Blätter werden verbrannt. Der Anbau kann im kommenden Jahr auf der gleichen Fläche erfolgen.

Blattbrand

Diese Krankheit ist weitverbreitet, aber kaum von Bedeutung, sie wird durch den Pilz *Stagonospora curtisii* verursacht. Die Spitzen der Blätter werden braun, oder das Laub zeigt brandartige Flecken. Oft denkt man, die Pflanzen hätten Spätfrost abbekommen, und man schenkt den Symptomen keine besondere Aufmerksamkeit. Auch halten viele sie für einen ganz normalen Vorgang beim Einziehen des Laubes. Allerdings welkt befallenes Laub sehr viel schneller als pilzfreies. Blüten und Zwiebeln werden nicht geschädigt. Deshalb ist es auch nicht so schlimm, daß der Pilz mit den braunen Blättern, die am Zwiebelhals übrig bleiben, verschleppt wird. Sollen die Pflanzen zum Verkauf gelangen, ist Beizen mit einem speziellen Pilzmittel unerläßlich. Befallen werden vor allem Dichternarzissen und Poetaz-Hybriden.

Tierische Schädlinge

Narzissenfliege

Es spielt eigentlich gar keine Rolle, ob Sie es nun mit der Großen Narzissenfliege *Merodon equestris* (syn. *Lampetia equestris*) oder der Kleinen Narzissenfliege *Eumerus tuberculatus* und *E. strigatus* zu tun haben, die Folgen sind in jedem Fall katastrophal. Kein anderer Schädling macht den Narzissen dermaßen den Garaus wie die Maden dieser Fliegen, die mehr kleinen Hummeln ähneln. Wenn die Zwiebeln im Frühjahr nur kümmerlich oder gar nicht austreiben, sollte man sie sofort ausgraben. Anhand des Etikettes müßte man den Standort eigentlich finden.

Narzissenfliege und Zwiebel mit Larve der Narzissenfliege.

Die Zwiebel fühlt sich meist weich an. Wenn der Boden noch nicht matschig ist, schabt man vorsichtig mit dem Fingernagel oder einem Messer an der Basalplatte. Findet man dort ein rostfarbenes Bohrloch, sitzt der Schädling in der Zwiebel. Allerdings verläßt die Made diese im April, um sich im Boden zu verpuppen. Mitte Mai schlüpft dann die stark behaarte Fliege aus der Puppe, die bis Ende Juni ihre Eier einzeln am Grunde der Narzisse ablegt. Die junge Made bohrt sich durch den Boden, frißt die Zwiebel von innen hohl und hinterläßt ihren braunen, krümeligen Kot. Bis zum Herbst ist der Schädling erwachsen und überwintert in der Zwiebel, die nun nicht mehr zu retten ist. Das Aufnehmen hat nur noch den Zweck, den Schädling an seiner Ausbreitung zu hindern, denn ein Weibchen legt bis zu fünfzig Eier!

Im Hausgarten wird man vor allem präventiv vorgehen und alle verdächtigen Zwiebeln gar nicht erst pflanzen. Frisch gekaufte Zwiebeln müssen fest sein! Sobald sie jeglichem Druck nachgeben, sofort nach einem möglichen Bohrloch suchen oder die Zwiebel durchschneiden! Ebenso ausbleibende oder schlecht wachsende Pflanzen ausgraben! Kommerzielle Anbauer müssen allerdings zu anderen Mitteln greifen. Einerseits bleibt der Griff zur Giftspritze. Einzelne Mittel sollen hier nicht empfohlen werden, fragen Sie stattdessen ihr zuständiges Landwirtschaftsamt. Zum anderen kann man die Zwiebeln mit noch grünem Laub aufnehmen und beim Lagern nachreifen lassen. Alljährlich sollte man diese Methode aber nicht anwenden, da sie dem Zuwachs schadet. Schließlich ist auch die Heißwasserbehandlung ein sehr wirksames Mittel gegen dieses Insekt.

Milben

Wie sollte es anders sein, auch von den Zwiebelschalenmilben gibt es eine Große (*Rhizoglyphus echinops*) und eine Kleine (*Tarsonemus laticeps*). Da die Kleine Zwiebelschalenmilbe so winzig ist, daß man sie beim Feldanbau gar nicht und im Lager nur schwer erkennt, muß man vor allem auf die Fraßspuren achten. Dies sind kleine, braune Winkel auf den Zwiebelschalen. Die Große Zwiebelschalenmilbe hingegen kann man gut mit bloßem Auge erkennen: Es sind kugelförmige, gelblichweiße Insekten, die sich langsam bewegen, und zwar von einer Zwiebel zur anderen. Auf diese Art wird bald der gesamte Bestand gefährdet sein, auch wenn der Schädling mit nur einer Zwiebel ins Lager eingeschleppt wurde. Besonders bei hohen Temperaturen entwikkeln sich die Eier rasch. Außerdem erkennt man diesen Schädling am Geruch, denn er sondert ein süßlich riechendes Sekret ab.

Die Insekten sind durch die Heißwasserbehandlung oder mit einem Insektizid leicht zu bekämpfen. Es ist aber darauf zu achten, daß dies geschieht, bevor die Zwiebeln einen längeren Transport vor sich haben, auf dem sich die Milben ungehindert vermehren könnten. Auch wenn die Ware verpackt wird, dürfen sich keine einzelnen, befallenen Zwiebeln mehr darin befinden, denn Kaufhäuser und Supermärkte sind ideale Brutstätten. Da sich die Insekten vor allem in den Lagerräumen vermehren, können sie hier am leichtesten bekämpft werden. Beim Anbau braucht man den Zwiebelschalenmilben keine besondere Beachtung schenken, da sie im Freiland keinen nennenswerten Schaden anrichten.

Stengel- und Zwiebelälchen

Nematoden sind in jedem Boden vorhanden, doch wenn es nicht die richtige Art für eine bestimmte Pflanze ist, entsteht kein Schaden. Bei den Narzissen wird dieser durch das Älchen *Ditylenchus dipsaci* verursacht, das auch *Allium*, *Stellaria*, *Plantago* und *Hieracium* angreift. Man kann es mit bloßem Auge nicht erkennen, sondern benötigt hierzu ein Mikroskop. Erst wenn sich die Nematoden so vermehren, daß sie ganze Klumpen bilden, erkennt man die »Älchen-Wolle«. Normalerweise können sie bei gesunden Pflanzen nichts anrichten, erst durch Beschädigungen der Wurzeln oder der Zwiebelschalen gelangen sie in das Leitungssystem der Pflanze, wo sie die Leitungsbahnen verstopfen. Dies führt dazu, daß am Laub, das langsam verkrüppelt oder vergilbt, höckerige Ausbuchtungen sichtbar werden. Sind die Zwiebeln stark befallen, werden sie matschig und müssen vernichtet werden. Im Anfangsstadium treten dunkle Ringe hervor, daher nennt man den Befall mit Älchen auch »Ringelkrankheit«. Die Blüte verkrüppelt oder bleibt ganz aus.

Man bekämpft die Älchen, indem man Pflanzen, die eindeutige Symptome zeigen, im Frühjahr aufnimmt und vernichtet. Ist der Boden regelrecht verseucht, muß er tief umgegraben werden, damit keine Unkräuter und vor allem kein Wegerich mehr aufgeht. Auf dem Feld dürfen dann fünf Jahre lang weder Narzissen noch andere Zwiebelgewächse, vor allem kein Lauch oder Speisezwiebeln, angebaut werden. Eine Ausbreitung des Schädlings kann durch die Heißwasserbehandlung verhindert werden. Ein wirksames Rezept gegen Nematoden im Hausgarten ist das Bepflanzen von verseuchten Flächen mit Tagetes.

Schnecken

Schnecken sind vor allem das Problem der Hobbygärtner, denn in ökologisch gesunden Hausgärten fühlen sich diese Weichtiere wohl. Doch schädigen sie weder die Zwiebeln noch das Laub, einzig und allein auf die Blüten haben sie es abgesehen. Je seltener die rosa Narzisse ist, die Sie kultivieren, mit desto größerer Wahrscheinlichkeit wird sie abgefressen. Ob Sie mit Hausmitteln oder Schneckenkorn etwas dagegen unternehmen, sei Ihnen überlassen. Wichtig ist jedoch, überhaupt etwas gegen die Schädlinge zu tun, besonders bei den Sämlingen. Wenn hier das zarte Laub abgefressen wird, führt dies zu Totalverlust, erst bei kräftigen Pflanzen wird es von Schnecken verschont.

Schlüssel zu den Schäden an Narzissen

Beschreibung	Ursache
Bei der Lagerung	
Zwiebeln weich, besonders am Hals. Im Innern konzentrische, braune Ringe.	Stengel- und Zwiebelälchen
Zwiebeln etwas weich. Auf den Zwiebelschalen winkelförmige, braune Markierungen.	Kleine Zwiebelschalenmilben
Runde, weißlichgelbe Tierchen, die sich langsam bewegen. Die Zwiebeln riechen süßlich.	Große Zwiebelschalenmilben
Schwarze Flecken oder Verhärtungen an den äußeren Zwiebelschalen, mit oder ohne fauler Zwiebelbasis.	Grauschimmel
Braune Verfärbung der Zwiebelbasis, die einen Monat nach der Zwiebelernte anfängt zu faulen. Weiße, rosa überhauchte Pilzkörper zwischen den Zwiebelschalen.	Zwiebelbasalfäule
Weiche Zwiebel ohne auffällige Verfärbung.	Überhitzung bei der Heißwasserbehandlung
Bei der Kultur	
Die Zwiebeln treiben nicht aus und sind im Ganzen weich.	Überhitzung bei der Heißwasserbehandlung
Schwellungen oder spitze Erhebungen am Laub.	Stengel- und Zwiebelälchen
Grasähnliches, viel zu schmales Laub.	Narzissenfliege
Welkes, verformtes, gelbes Laub.	Narzissenfliege
Wäßrige Flecken auf den Knospen. Gelbliche oder dunkle, längliche Pusteln mit Schimmel auf den Blättern.	Narzissenfliege
Kleine, graue oder gelbliche, eingesunkene Flecken an den Spitzen der Laubblätter, oft mit Schimmelüberzug.	Weißer Schimmel
Die Spitzen des Laubes sind rotbraun, ähnliche Brandflecken findet man verteilt über die ganzen Blätter, die allmählich welken.	Blattbrand

Beschreibung	Ursache
Grüngelbe Streifen oder Flecken auf dem Laub vor der Blüte, später graue. Die Blattoberfläche wird uneben.	Mosaikvirus
Schokoladenbraune Flecken auf den Blättern gegen Ende der Saison.	Mosaikvirus
Auffällige Schwäche in der Wüchsigkeit.	Möglicherweise Mosaikvirus oder Zwiebelschalenmilben
Runde oder längliche Flecken im oberen Drittel der Laubblätter, mißgebildete Blüten.	Fehler bei der Heißwasserbehandlung
Die Wurzeln treiben nicht aus.	Fehler bei der Heißwasserbehandlung
Schräge, gelbe Streifen auf den Laubspitzen.	Frostschäden
Totalverlust oder nur ganz schwacher Austrieb von gelblichem Laub.	Narzissenfliege
Abgefressene Blüten.	Schnecken
Beim Treiben	
Die Blüten bleiben zum Teil aus.	Zu frühes Vorkühlen der Zwiebeln
Blütenschneiden leer.	Zu kleine Zwiebeln zum Treiben verwendet
Langes, schlaffes Laub.	Vorgekühlte Zwiebeln wurden zu spät getrieben
Schwaches Wachstum des Laubes, das gelbliche Streifen und rauhe Ränder aufweist.	Zwiebelschalenmilben
Das Laub zeigt Schwellungen, der Blütenstiel bleibt stecken und wächst nicht weiter.	Stengel- und Zwiebelälchen.

Mit Narzissen gestalten

Narzissen in Garten und Park

Im Frühjahr ist es nicht ganz einfach, die Narzissen in passenden Kontrast zu ihrer Umgebung zu setzen, da hier ja bekanntlich nicht allzu viele Stauden blühen. Auf der Suche nach einem Hintergrund setzt man die Zwiebeln vor Hauswände, an Zäune oder vor Mauern. Doch um wieviel schöner sieht eine natürliche Umgebung aus. Narzissen wirken um so mehr, wenn sie vor Rhododendren, Kalmiasträuchern oder am Rand anderer immergrüner Gehölzkombinationen stehen. Es dürfen dies auch ruhig Nadelgehölze, wie etwa Hemlocktannen, sein. Aber auch Laubgehölze kann man in Betracht ziehen: Kornelkirschen, Quitten, Seidelbast und die im Frühjahr überreich gelb blühenden Forsythien, mit denen allerdings gelbe Osterglokken oft nicht konkurrieren können.

Hat man den Rahmen geschaffen, muß man diesen auch ausfüllen. Machen Sie es wie ein Maler: Hier ein Farbtupfer und dort einer ergibt kein schönes Bild! Pflanzen Sie die Narzissen stets in Trupps von sechs bis zwölf Zwiebeln einer Sorte. Wichtig ist es, auf die Höhenangaben und die Blütezeit zu achten. Niedrige Sorten gehören in den Vordergrund, ebenso die später blühenden. Auch sollte man entweder die Gartensorten in Kontrast zueinander setzen oder diejenigen mit Wildcharakter. Eine Split-Corona-Narzisse paßt einfach nicht zu einer Triandrus-Hybride. Doch soll dies keine Abwertung sein, wie man sie auch heute oft noch liest. Wenn Sie besondere Vorlieben haben, sei es für Narzissen mit gefüllten oder geschlitzten Kronen, so pflanzen Sie diese, denn jeder Kommentar hierzu, ob abwertend oder positiv, ist subjektiv.

Bereits bei der Gartenanlage müssen Sie sich überlegen, was eigentlich noch in der Staudenrabatte blühen soll. Denn sowohl die Stauden als auch die Zwiebeln müssen im Herbst in den Boden. Und selbst wenn Chrysanthemen, Rittersporne und Astern bereits vorhanden sind – keine Angst: Ein paar Narzissenzwiebeln passen immer noch dazwischen. Dies ist es, was manchen Leuten unverständlich erscheint: Daß ich in meinem übervollen Garten doch immer wieder Platz für neue Zwiebeln finde. Aber gerade so soll es sein, daß auf jedem Fleck des Gartens zu einer anderen Jahreszeit etwas blüht. Krokusse und Narzissen sollten den Anfang machen. Wie traurig ist doch ein Garten, bei dem die Saison erst im Mai mit den Iris anfängt.

Eine besonders gelungene Kombination sind Narzissen und Taglilien. Denn die *Hemerocallis* treiben gerade zu der Zeit aus, zu der die Narzissen in voller Blüte stehen. Keine einzige Blüte wird durch das Laub der Staude verdeckt, so daß keine Konkurrenzsituation entsteht. Wenn jedoch die Blüten verwelken und die Samenreife beginnt, setzt bei den Taglilien wie vorprogrammiert ein solcher Wachstumsschub ein, daß bald alles

Rechte Seite:
Oben: *Narcissus*-Hybride 'Peeping Tom' vor *Rhododendron*.
Mitte links: *Rhododendron* und Narzissen.
Unten links: Narzissen, Tulpen, Anemonen.
Unten rechts: Narzissen mit anderen Frühjahrsblühern.

Narzissenlaub, das nun zu welken beginnt, von den wuchtigen, grünen Blattschöpfen überdeckt wird. Bei den relativ feuchten Sommern, wie sie in Oberfranken die Regel sind, ist dies sogar ein Vorteil, denn die Zwiebeln erhalten dadurch Schutz vor zuviel Nässe, so daß sie nicht aufgenommen und trocken gelagert zu werden brauchen.

Da viele Osterglocken, Jonquillen und Tazetten gelb blühen, bilden besonders die blaublühenden Zwiebelgewächse des Frühlings einen guten Kontrast zu den Narzissen. *Muscari, Chinodoxa* und *Scilla* sind preiswerte Zwiebeln, die Sie in Massen pflanzen können. Andere Frühlingszwiebeln blühen in den verschiedensten Farben, wie etwa Zwiebeliris und Krokus, auch hier sind Blau, Lila und Lavendel stark vertreten. Unter den Stauden finden wir im April die Leberblümchen und die Buschwindröschen in überwiegend blauen Farbtönen. Aber auch das Lungenkraut, das Vergißmeinnicht und die Kissenprimeln passen gut zu den Zwiebelgewächsen.

Begleitpflanzen können empfohlen werden, nicht aber die für Sie richtigen Narzissen. Die Entscheidung, welche Sie pflanzen sollten, hängt von vielem ab: Von Ihrem Geschmack, Ihren Bezugsquellen und Ihrem Geldbeutel. Raritäten sollten Sie vielleicht erst gesondert pflanzen und vermehren, damit sie nicht verloren gehen. Doch kann man mit Narzissen nicht so viel falsch machen wie bei Staudenrabatten, die im Sommer blühen. Hier kann es durchaus passieren, daß einmal zwei Stauden nebeneinander stehen, deren Blütenfarben sich so widersprechen, daß man zum Spaten greift und sie umpflanzt. Bei Narzissen sind lediglich einige Grundstrukturen zu beachten: Sorten mit ausgesprochenem Showcharakter sind im Steingarten fehl am Platz, ebenso wie Miniaturen auf prachtvollen Staudenbeeten verloren wirken.

Parkanlagen

Am schönsten ist es, wenn man ein wahres Blütenmeer aus Narzissen schaffen kann. Landschaftsgärtner können im Gegensatz zu den Hobbygärtnern aus dem Vollen schöpfen. Doch während bei diesem die einzelne Blüte im Vordergrund des Interesses steht, ist es beim Gärtner die gesamte Pflanze. Ein Liebhaber wird also auch einmal eine gefüllte Sorte nur der schönen Blüte wegen pflanzen, selbst wenn sie nicht ganz standfest ist. In Parkanlagen wäre so etwas undenkbar. Hier ist das Gesamtbild der Narzisse das einzig entscheidende Kriterium. Hierzu gehören neben einer ansehnlichen Blüte, die auf jeden Fall sonnenfest sein muß, auch feste Stiele und ein kräftiges, gesundes Laub.

Oft werden in Parks die Pflanzen im Sommer einfach wieder aufgenommen, um die Beete anderweitig zu bepflanzen. In diesem Fall sind keine besonderen Maßnahmen zu ergreifen. Sollen die Zwiebeln jedoch für mehrere Jahre an Ort und Stelle bleiben, ist der Boden sehr tiefgründig zu lockern, damit auch in künftigen Jahren eine gute Dränage erhalten bleibt. Besonders ist auf diese zu achten, wenn Narzissen entlang von Bachläufen gepflanzt werden, was stets ein sehr gelungenes Bild ergibt. Die Zwiebeln dürfen dabei keinesfalls in einer feuchten Uferzone stehen! Solche Massenpflanzungen, die über mehrere Jahre am selben Platz ausharren sollen, brauchen ihr eigenes Düngeprogramm. Richten Sie sich hierbei nach den Anweisungen, die auch für Hausgärtner gelten, doch entnehmen Sie Bodenproben, um den tatsächlichen Nährstoffbedarf genau feststellen zu lassen. Ein besonderes Augenmerk gilt auch der Auswahl von Pflanzen. Der Hobbygärtner wird sich seltene, teure Raritäten zulegen, für einen öffentlichen Haushalt sind hier Grenzen gesetzt. Dies soll aber nicht heißen, daß es unter den bewährten Sorten nicht auch besonders empfehlenswerte gibt. Selbst rosa Schalennarzissen sind mittlerweile zu günstigen Preisen im Handel. Doch überlegen Sie sich, ob Sie wirklich weiße Narzissen pflanzen wollen. Keineswegs zu empfehlens ist dies an Wegrändern, denn bei Regen spritzt der Schmutz hoch und verunziert mit häßlichen Flecken die Blüten. Im Rasen ist diese Gefahr nicht so groß.

Wenn Sie jedoch das Angebot der deutschen Anbieter studieren, so werden vor allem die Sorten 'Dutch Master', 'Golden Harvest', 'Carlton' und 'Yellow Sun' für Massenpflanzungen angeboten. Man kauft diese Zwiebeln auch nicht einzeln, sondern in Säcken von 25 kg Rundnasen, was etwa 270 Stück entspricht. Alle soeben genannten Hybriden der Divisionen 1 und 2 sind gelb. Und in der Tat, besonders die einheitlich gelben Narzissen ergeben bei Massenpflanzungen einen gelungenen Effekt. Deshalb ist außer den oben genannten Sorten für Parks und Anlagen auch noch 'Kingscourt' besonders zu empfehlen.

Selbstverständlich kann auch hier mit den Farben variiert werden, eine sehr schöne, weiße Trompetennarzisse, die zuverlässig blüht, ist 'Mount Hood', eine preiswertere Alternative hierzu die Schalennarzisse 'Ice Follies'. Besonders farbenprächtig und reichblühend ist die Sorte 'Flower Record', eine weiße Narzisse der Division 2 mit rotem Rand. Nicht so sehr anzuraten ist 'Prof. Einstein', da die großen, roten Schalen bei sonnigem Standort leicht verbrennen. Für die Massenpflanzung von rosa Narzissen eignet sich die Sorte 'Passionale', da sie relativ preiswert zu bekommen ist. Typische Rabattenpflanzen sind die Sorten 'Cheerfulness' und 'Yellow Cheerfulness', die eigentlich Tazetten sind, jedoch wegen ihrer gefüllten Blüten zur Division 4 gerechnet werden. Wenn eine späte Blütezeit erwünscht ist, wird man auf die Dichternarzissen zurückgreifen, von denen vor allem die Sorte 'Actaea' angeboten wird.

Pflanzung im Rasen

Die zuletzt genannte Sorte ist eigentlich genau die, die man häufig in Parkanlagen an Stellen findet, in denen Gehölzgruppen in Rasenflächen übergehen. Pflanzt man Narzissen in Wiesen, so geht man nicht mehr nach dem gleichen Schema vor wie auf Beeten, wo man mehrere Zwiebeln einer Sorte in einem Trupp setzt. Die in der Natur vorkommenden Arten wachsen ja zum großen Teil im Gras, oft auf Magerrasen, so daß man auch bei öffentlichen Anlagen auf eine natürliche Wirkung abzielt. Diese erreicht man durch eine lockere, aber nicht zu weitläufige Bepflanzung. Selbstverständlich ist auch hier eine größere Anzahl von Zwiebeln einer Sorte notwendig.

Während man in Parks bei Massenpflanzungen oft frühe und späte Sorten kombiniert, um eine längere Blühperiode zu erzielen, wird man in Rasenflächen nur eine oder zwei Sorten auswählen. Hierzu in Betracht kommen selbstverständlich keineswegs nur die Dichternarzissen, sondern ebenso die Sorten aller anderen Divisionen. Je mehr deren Wildcharakter sichtbar ist, desto besser fügen sie sich dem Gesamtbild ein. Besonders eignen sich höhere Alpenveilchennarzissen wie 'Peeping Tom' oder 'February Gold', die keine allzu große Sommertrockenheit mögen. Bei einer Wiese ist ja stets eine Bedeckung des Bodens vorhanden!

Man kann natürlich auch gleich auf Species zurückgreifen wie *N. bulbocodium* und *N. cyclamineus*. Diese läßt man Samen ansetzen und erreicht, daß sie auf diese Art zweifachen Zuwachs bekommen, sowohl vegetativ als auch generativ. Möglich ist dies aber nur, wenn man die Samenkapseln ausreifen läßt, was bedeutet, daß das Gras vorher nicht geschnitten werden darf. Auch bei den Hybriden ist darauf zu achten, daß mit dem Rasenschnitt nicht zu früh in der Saison begonnen wird, da das einziehende Laub zum Aufbau der Tochterzwiebeln benötigt wird. Sollte dieses über Jahre hinweg völlig grün abgemäht werden, bekommen die Zwiebeln keinen Zuwachs, sondern werden immer weniger. Ein Minimum von sechs Wochen zwischen Blüte und Rasenmähen sollte eingehalten werden. Verwendet man frühe Sorten, entspricht dies fast dem normalen Mähbeginn.

Narzissen in Grasflächen sollten als Langzeitprojekt gesehen werden. Werden diese erst angelegt, ist es ein leichtes, den Untergrund vorzubereiten, die Zwiebeln zu setzen und anschließend das Gras zu säen. Ist es jedoch bereits vorhanden, muß es zunächst kurz gemäht werden. Sodann nimmt man einen

Gemischte Rabatte mit Zwiebelpflanzen.

Narzissen mit Wildkrokussen.

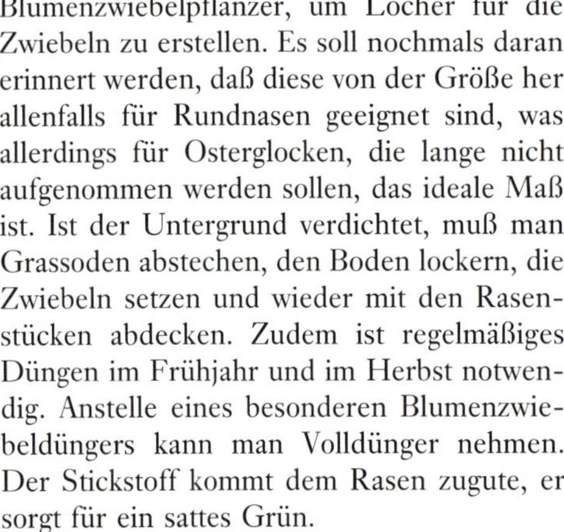

Blumenzwiebelpflanzer, um Löcher für die Zwiebeln zu erstellen. Es soll nochmals daran erinnert werden, daß diese von der Größe her allenfalls für Rundnasen geeignet sind, was allerdings für Osterglocken, die lange nicht aufgenommen werden sollen, das ideale Maß ist. Ist der Untergrund verdichtet, muß man Grassoden abstechen, den Boden lockern, die Zwiebeln setzen und wieder mit den Rasenstücken abdecken. Zudem ist regelmäßiges Düngen im Frühjahr und im Herbst notwendig. Anstelle eines besonderen Blumenzwiebeldüngers kann man Volldünger nehmen. Der Stickstoff kommt dem Rasen zugute, er sorgt für ein sattes Grün.

Ein Tip noch, wie Sie zu billigen Zwiebeln kommen, die sich hervorragend für Massenpflanzungen eignen: Viele Gärtnereien erhalten im Winter die Narzissen für Sträuße nicht als Schnittstiele, sondern in Treibkisten. Je nach Bedarf schneiden dann die Floristen ab, was sie brauchen. Sind alle Blütenstiele entfernt, landen die getriebenen Zwiebeln auf dem Kompost. Stammkunden können solche Kisten oft umsonst mit nach Hause nehmen. Die Zwiebeln sind zwar erschöpft und machen ein Jahr Blühpause, doch sind sie erst regeneriert, stehen sie den anderen Zwiebeln in der Blüte nicht mehr nach.

Verwendung im Steingarten

Das Alpinum ist die Domäne der Miniatursorten. Diese dürfen sogar gefüllt sein, wie die bereits seit dem Mittelalter bekannte Sorte 'Van Sion', eine solche Form von *N. pseudonarcissus*, niemals aber bombastisch. Moderne Narzissen der Divisionen 4 und 11 scheiden deshalb von vornherein aus, aber auch alle zu gerüschten und farbenprächtigen Hybriden der Gartenformen.

Um so besser gliedern sich alle Species und die von ihnen abstammenden Sorten in die Umgebung des Steingartens ein. Wird dieser trocken gehalten, finden Engelstränennarzissen, Jonquillen und Tazetten hier ihren Platz; ist auch in den Sommermonaten der Boden stets etwas feucht, gedeihen Alpenveilchennarzissen sicherlich gut an diesem Standort.

Die Zwiebeln werden bei weitem nicht so locker gesetzt wie in Rasenflächen, sondern hier wirken wiederum getrennt stehende Gruppen von fünf bis zehn Stielen am besten. Einen guten Effekt erzielt man, wenn man zum Beispiel die Cyclamineus-Hybride 'Dove Wings' mit *Scilla sibirica* umgibt. Ebenso eignen sich für die Unterpflanzung der Poetaz-Sorte 'Geranium' die Hybriden von *Tulipa forsteriana*. Aber auch Narzissen selbst kann man in Kontrast zueinander setzen, indem man eine Gruppe 'Charity May' mit den niedrigen Pflanzen der Sorte 'Tête-à-Tête' kombiniert. Beide Hybriden sind sehr standfest und gedeihen auch an windigen Stellen im Garten sehr gut. Eine höhere Gruppe ergibt sich durch die Verwendung der Trompetennarzisse 'Kingscourt', die man mit Vergißmeinnicht unterpflanzt.

Aber nicht nur in der Natur vorkommende Arten eigenen sich für eine Steingartenbepflanzung. In jeder Division gibt es eine ausreichende Anzahl von geeigneten Miniatursorten. Einige davon im Überblick:

Division 1: 'Little Beauty' (1 W-Y), 'Little Gem' (1 Y-Y), 'W.P. Milner' (1 W-W)
Division 2: 'Golden Aura' (2 Y-Y), 'Kilmood' (2 Y-R), 'Limeade' (2 Y-W), 'Rosebank' (2 W-YYP)
Division 3: 'Beige Beauty' (3 Y-Y), 'Grace Note' (3 W-GYY), 'La Riante' (3 W-GOO), 'Merlin' (3 W-YYR)
Division 4: 'Pencrebar' (4 Y-Y), 'Van Sion' (4 Y-Y)
Division 5: 'April Tears' (5 Y-Y), 'Hawera' (5 Y-Y), 'Ice Wings' (5 W-W), 'Puppet' (5 W-W)

Bodendeckender Efeu ist die Alternative zu Narzissen im Rasen.

Narzissen im Park.

Division 6: 'Foundling' (6 W-P), 'Jetfire' (6 Y-R), 'Jumblie' (6 Y-O), 'Lilac Charm' (6 W-GPP), 'Roger' (6 W-Y), 'Peeping Tom' (6 Y-Y), 'Tête-à-Tête' (6 Y-O)
Division 7: 'Baby Moon' (7 Y-Y), 'Bobbysoxer' (7 Y-YOO), 'Pipit' (7 Y-W), 'Sundial' (7 Y-Y), 'Sun Disk' (7 Y-Y)
Division 8: 'Canarybird' (8 Y-GOO), 'Hoopoe' (8 Y-O), 'Minnow' (8 W-Y)

Von den Species eignen sich vor allem diejenigen, die ohne besonderen Winterschutz auskommen. Bereits Ende Februar zeigt *N. asturiensis* ihre zartgelben Trompetenblüten. *N. minor* blüht im Kalthaus sogar schon im Dezember, im Freiland mit der Schneeschmelze. Ab März blüht *N. cyclamineus*, die feuchte Standorte liebt. Die von ihr abstammenden Hybriden der Divivsion 6 blühen dagegen erst im April, sind aber ausdauernder. Keinesfalls verzichten sollte man auf die blühwillige *N. obvallaris*, die den April einläutet.

Nun beginnt auch die Zeit der Trompetennarzissen, wenn man *N. moschatus* im Angebot sieht, sollte man zugreifen, denn sie ist von allen Arten dieser Sektion die dankbarste. Doch auch bei der variablen *N. pseudonarcissus* gibt es empfehlenswerte Formen. Zur gleichen

Bei richtiger Arten- und Sortenwahl sind Narzissen eine Bereicherung für jeden Steingarten.

Zeit blühen auch *N. triandrus* und ihre Varietäten. Man sollte den Engelstränennarzissen einen trockenen Standort geben, an dem im Sommer die Zwiebeln regelrecht ausbacken. Reifrocknarzissen sind relativ anspruchslos, wenn man ihnen einen leicht sauren, feuchten Boden zuweist. Von *N. bulbocodium* wird meist die Varietät *conspicuus* angeboten, die auch die größten Blüten besitzt. Den Abschluß unter diesen Arten bilden im Mai die Dichternarzissen. Zum einen sind hier die Sorte 'Actaea', zum anderen die Varietät *N. poeticus* var. *recurvus* im Handel.

Containerkultur

Es gibt drei Gründe, Narzissen in Containern zu halten. Zum einen kann man besonders wertvolle Sorten vor Verlust schützen, zum anderen erhält man einen mobilen Standort. Als drittes kommt noch hinzu, daß man in Töpfen kultivierte Pflanzen leicht vortreiben kann.

Narzissenzwiebeln werden von Wühlmäusen zwar nicht gefressen, aber sehr leicht von diesen verschleppt. Auch der Gärtner selbst kann in seinen Beeten sehr viel Unheil anrichten, wenn er Stauden aufnehmen und verpflanzen will. Wenn kein Narzissenlaub, ob grün oder verwelkt, aus dem Boden schaut, weiß nach einigen Jahren niemand mehr, wie weit Stauden und Zwiebeln bereits ineinander gewachsen sind. Setzt man dann den Spaten

Narzissen unter Laubgehölzen.

an, ist es schnell geschehen, daß man eine Zwiebel zersticht. Vor all dem kann man sich schützen, wenn man seine wertvollsten Sorten in Container pflanzt: nicht etwa in die im Handel angebotenen Zwiebelpflanzschalen mit den Gitterböden, sondern in richtige Töpfe von 25 bis 30 cm Durchmesser.

In diese gibt man zunächst eine 5 cm hohe Schicht groben Kies. Dann folgt Komposterde, auf die man die Zwiebeln setzt. Zum Schluß wird alles mit normaler, durchlässiger Gartenerde aufgefüllt. Der Kies verhindert das Durchwurzeln in den Boden, man gibt aber sicherheitshalber auch in das Loch, in den man den Topf einsenkt, noch eine Schicht Kies. Die Komposterde versorgt die Zwiebeln mit Nahrung, wo diese fehlt, mischt man dem Pflanzensubstrat mineralischen oder organischen Dünger unter. Dennoch empfiehlt es sich, alle zwei Jahre die Zwiebeln aufzunehmen und die Container neu zu füllen. Auf jeden Fall müssen die Töpfe ins Erdreich eingegraben werden. Läßt man sie im Winter im Freien stehen, so zerstören die wechselnden Frost- und Tauperioden die Zwiebeln.

Wo liegt eigentlich der Vorteil eines solchen Aufwands? Außer daß die Zwiebeln so vor Verschleppung durch Wühlmäuse oder vor Zerstörung durch Gärtnerspaten ge-

Narzissen im Steingarten.

Narzissen im Topf »auszupflanzen« ist ein guter Schutz für wertvolle Sorten und vereinfacht die Pflege. Achten Sie auf eine gute Dränage.

schützt sind, hat vor allem der Pflanzenfotograf einen Nutzen davon. Denn die Töpfe kann man jederzeit so positionieren, daß ein gefälliges Gesamtbild entsteht. Dies kann wichtig sein, wenn bestimmte Neuheiten für einen Katalog fotografiert werden sollen. Ebenso lassen sich in Gebieten mit sehr großen Niederschlägen im Sommer die Töpfe nach der Blüte rasch ausgraben und trocken lagern. Das Austropfen und Teilen der Zwiebeln kann in aller Ruhe erfolgen, wenn sich die Zeit hierzu findet.

Ein anderer Gesichtspunkt, Narzissen in Gefäßen zu kultivieren, besteht darin, einen Blumenschmuck für die Wohnung, den Wintergarten oder die Terrasse zu bekommen. Sie brauchen hierzu aber entweder ein Kalthaus oder ein Fensterbrett, wo Sie die Pflanzen vortreiben können. Denn, wie bereits gesagt, dürfen Töpfe im Winter nicht im Freien stehen! Der Vorteil bei diesen Blumen ist, daß sie sich leichter als viele andere zur Weihnachtszeit zur Blüte bringen lassen und dann Farbe in unser Haus bringen. Wie Sie die Zwiebeln treiben, steht auf Seite 66. Die Sorten, die sich am besten für Containerkultur eignen, sind:

Division 1: 'Arctic Gold' (1 Y-Y), 'Easter Joy' (1 Y-Y), 'Gold Medal' (1 Y-Y), 'Little Beauty' (1 W-Y), 'W.P. Millner' (1 W-W)

Division 2: 'Camelot' (2 Y-Y), 'Portnagolan' (2 W-GPP), 'Rainbow (2 W-WWP), 'Rose Caprice' (2 W-P), 'Rosy Wonder' (2 W-YYP)

Division 4: 'Double Fashion' (4 Y-O), 'Pencrebar' (4 Y-Y), 'Van Sion' (4 Y-Y)

Division 5: 'Ice Wings' (5 W-W), 'Petrel' (5 W-W)

Division 6: 'Dove Wings' (6 W-Y), 'February Gold' (6 Y-Y), 'February Silver'

(6 W-W), 'Jack Snipe' (6 W-Y), 'Jenny' (6 W-W), 'Jetfire' (6 Y-R), 'Jumblie' (6 Y-O), 'Peeping Tom' (6 Y-Y), 'Tête-à-Tête' (6 Y-O)
Division 7: 'Baby Moon' (7 Y-Y)
Division 8: 'Cragford' (8 W-R), 'Geranium' (8 W-O), 'Minnow' (8 W-Y), 'Paperwhite' (8 W-W)
Division 12: 'Nylon' (12 W-W)

Narzissen in der Floristik

Wie und wann man die Narzissen schneidet ist ausschlaggebend für ihr Aussehen in der Vase. So werden orangefarbene und rotblühende Sorten möglichst sofort nach dem Erblühen geschnitten, da die Farbe bei zu starker Sonneneinstrahlung ausbleichen kann. Umgekehrt wartet man bei rosafarbenen Blüten bis diese nach zwei bis drei Tagen ihre volle Färbung erreicht haben. So sind Farbveränderungen überhaupt ein Anzeichen für die Qualität von Schnittware. Wenn Sie sich beim Gärtner einen Strauß der häufig angebotenen Sorte 'Ice Follies' kaufen, sollten Sie wissen, daß die Nebenkronen kurz nach dem Erblühen gelblich sind. Reinweiße Blüten weisen darauf hin, daß die Stengel bereits vor einigen Tagen geschnitten wurden.

Man schneidet die Pflanzen im eigenen Garten am besten in der Nachmittagssonne. Hierbei achtet man gleich auf die entsprechende Stiellänge, denn ein Rest davon sollte an der Zwiebel verbleiben. Keinesfalls darf man den Stengel aus der Zwiebel ziehen, wie man es häufig bei *Muscari* macht, um längere Stiele zu erhalten. Vorteilhaft ist es, die Stengel schräg abzuschneiden, damit das Regenwasser ablaufen kann, was Fäulnis verhindert. Wenn Sie die Narzissen in einem Arrangement unterbringen wollen, benötigen sie etwas Geduld. Denn frisch geschnittene Osterglocken vertragen sich nicht mit Tulpen oder anderen Frühlingsblumen.

Geben Sie die Blütenstiele zunächst in ein Gefäß mit lauwarmem Wasser. Dies hat den Vorteil, daß sich die Poren weit öffnen und soviel Wasser wie nur möglich aufnehmen. Nach einigen Stunden stellt man die Narzissen dann in kaltes Wasser, wo man sie über Nacht ruhen läßt. Sie »bluten« jetzt aus, das heißt, die auf Seite 29 erwähnten giftigen Schleime gehen in das Wasser der Vase über. Befinden sich zu diesem Zeitpunkt bereits andere Blumen in derselben Vase, saugen diese das Gift auf und welken schneller. Anderntags kann man dann die so vorbehandelten Narzissen ohne Bedenken mit Tulpen oder anderen Frühlingsblumen kombinieren. Doch nicht nur diese kommen in Frage, auch alle zu dieser Zeit blühenden Gehölze wie Forsythien, Ginster oder Zierkirschen lassen sich verwenden.

Da das Laub der Narzissen zur Regeneration benötigt wird, sollte man es nicht mit abschneiden. Will man trotzdem nicht darauf verzichten, dann sollte man allenfalls ein Blatt pro Pflanze abschneiden. Man kann aber auch zu anderen Stauden greifen. So wächst in unserem Garten immer noch die unansehnliche *Hemerocallis fulva*, obwohl wir auch eine ganze Menge neuer Hybriden besitzen. Der Grund ist der, daß ein bis zwei Fächer dieser Taglilie einen wunderbaren Rahmen für Frühlingssträuße abgeben. Auch der heimische Aronstab hat sich in unserem Garten mittlerweile so vermehrt, daß man hier durchaus einmal ein paar Blätter entbehren kann. Sehr früh treibt auch das Laub von *Pieris japonica* aus.

Zum Schnitt können Sie Narzissen aller Divisionen verwenden. Für Vasen eignen sich vor allem Sorten mit langen Stengeln. Kurzstielige Sorten hingegen kann man in Gestekken unterbringen. Meine Frau holt sich sehr gerne gefüllte Sorten ins Haus, nicht nur da diese im Garten durch den Wind stets Gefahr laufen, umzuknicken, sondern auch weil sich lange Trompetenblüten schlechter arrangieren lassen als die kugeligen Blüten der Division 4. Daran denken sollte man auch, daß Jonquillen einen sehr starken Duft verströmen, mit dem man sich den Frühling ins Haus holt. Eine Auswahl besonders guter Schnittsorten:

Narzissen in der Vase bieten immer einen hübschen Anblick.

Division 1: 'April Love' (1 W-W), 'Empress of Ireland' (1 W-W), 'Gin and Lime' (1 Y-GWW), 'Honeybird' (1 Y-W), 'Newcastle' (1 W-Y), 'Viking' (1 Y-Y), 'White Convention' (1 W-W), 'White Star' (1 W-W)
Division 2: 'Avenger' (2 W-R), 'Brierglass' (2 W-W), 'Dailmanach' (2 W-P), 'Dromboe' (2 W-P), 'Golden Aura' (2 Y-Y), 'Loch Rimsdale' (2 Y-R), 'Mother Grullemans' (2 W-OOW)
Division 3: 'Achduart' (3 Y-R), 'Ferndown' (3 Y-Y), 'Purbeck' (3 W-YYO), 'Sabine Hay' (3 O-R), 'Verona' (3 W-W)
Division 4: 'Gay Kybo' (4 W-O), 'Unique' (4 W-Y)
Division 5: 'Arish Mell' (5 W-W), 'Tuesday's Child' (5 W-Y)
Division 6: 'Elizabeth Ann' (6 W-GWP), 'Jumblie' (6 Y-O), 'Snoopie' (6 W-GPP)
Division 7: 'Dickcissel' (7 W-Y), 'Stratosphere (7 Y-Y)
Division 8: 'Avalanche' (8 W-Y), 'Highfield Beauty' (8 Y-GYO)
Division 11: 'Cassata' (11 W-W), 'Collarosa' (11 W-YYO), 'Sancerre' (11 W-Y)

Wenig bekannt ist, daß Narzissen auch vorzügliche Trockenblumen liefern. Man verwendet hierzu Silicagel, das mit einem Farbstoff vermischt ist, der in feuchtem Zustand rosa, in trockenem hingegen blau ist. Wenn also das Gel nicht völlig entwässert ist, gibt man es zunächst bei mäßiger Temperatur in den Backofen, bis es sich blau färbt. Ist es zu grobkörnig, kann man es mit einer Kaffeemühle staubfein mahlen. Eine andere Mischung, die den Pflanzen die Feuchtigkeit entzieht, ist Borax und Aluminiumpulver vermischt mit Quarzsand.

Narzissen, die getrocknet werden sollen, müssen frisch erblüht geschnitten werden und dürfen nicht naß sein. Man legt die Blüten in eine Dose, die bereits zu einem Drittel mit Silicagel gefüllt ist. Danach füllt man das Gefäß mit dem Trockensubstrat vorsichtig auf, wobei man es mit einem Pinsel auch in das Innere der Nebenkrone streicht. Zum Schluß setzt man den Deckel auf und läßt den Behälter für 48 Stunden ruhen. Wenn man dann den Deckel öffnet, müßten sich die Kristalle eigentlich rosa verfärbt haben. Dies bedeutet, daß die Feuchtigkeit der Blüten auf das Silicagel übergegangen ist. Haben Sie die Borax-Sand-Mischung verwendet, dauert der Trokkenprozeß zehn Tage, in reinem Quarzsand einen Monat. Lassen Sie die Blüten aber nicht zu sehr austrocknen, da sie sonst brüchig werden!

Da diese Methode auch bei Tulpen gut funktioniert, lassen sich auf diese Art Gestecke von Frühlingsblumen arrangieren, die das ganze Jahr über haltbar sind. Im Sommer mag dies vielleicht ein etwas befremdlicher Anblick sein, doch welche Überraschung ist es, wenn kommende Weihnachten getrocknete Narzissen den Tischschmuck bilden.

Narzissen in der Floristik

Narzissen fotografieren

Es soll hier nicht über die Technik der Pflanzenfotografie gesprochen werden oder darüber, welche Ausrüstung man hierzu benötigt. Lediglich auf ein paar häufig zu beobachtende Fehler will ich Sie aufmerksam machen, die Sie leicht vermeiden können.

Hierzu gehört vor allem die Aufnahmerichtung, aus der Narzissenblüten fotografiert werden. Wenn Sie das Buch bis hierher gelesen haben, wissen Sie, daß es unter anderem großkronige und kleinkronige Narzissen gibt, manche haben schlanke Trompeten und andere breite Schalen. Man sieht davon aber nichts, wenn man die Blüten stets von vorn fotografiert, so daß man in ihr Inneres blickt. Es ist also dazu zu raten, Blüten schräg aufzunehmen, auch wenn dies an die Tiefenschärfe größere Anforderungen stellt. Der Fachmann weiß, das er durch größeres Abblenden Abhilfe schafft. Unterschreitet dann die Aufnahmezeit jedoch $^{1}/_{60}$ Sekunde, sollte man bereits bei leichtem Wind den Blütenstiel mit einem schräg in den Boden gesteckten Stab und etwas Bindedraht fixieren. Eine andere Möglichkeit ist es, nicht nur eine einzelne Blüte zu fotografieren, sondern mindestens zwei. Eine kann den Betrachter anblicken, die andere sieht er von der Seite.

Was tun, wenn nun die beiden Blüten nicht im gewünschten Winkel zueinander stehen? Sie sitzen ja nicht direkt auf den Stengeln, sondern sind mit kurzen Blütenstielen an diesen befestigt. Diese sind sehr biegsam, so daß man Blüten durch sanften, aber sehr gezielten Druck dazu bringen kann, ihre Richtung zu ändern. Sie werden sich zwar wieder in die Ausgangslage zurückbegeben, aber so langsam, daß kaum Verwacklungsgefahr besteht. Lediglich bei schweren, gefüllten Blüten kann dies ruckartig geschehen. Auch kann man die Richtung, in welche die Blüte zeigt, vorkalkulieren. Sie richten sich stets nach der größten Helligkeit, also weg von Mauern. Bei freiem Stand zeigen sie oft nach Süden. Im eigenen Garten kann man durchaus auch einmal ein Messer ansetzen und einige Stiele schneiden. Diese werden an dünnen Stäben befestigt oder in eine leere Flasche gestellt, die bei Blütenporträts ja nicht sichtbar ist.

Wenn einmal der Hintergrund nicht paßt, verwende ich diesen Trick lieber als Kartons. Denn Zäune, Gebäude oder vieles mehr können auf einem Pflanzenfoto sehr störend wirken. Der Profi blendet diesen Hintergrund einfach aus, indem er einen farbigen Karton hinter die Narzissen schiebt. Erdtöne oder bläuliche Farben wirken immer noch am natürlichsten, ein weißer oder schwarzer Karton läßt sofort an Studioaufnahmen denken. Auch ist hier besonders sorgfältige Belichtungsmessung des Objektes nötig, sonst richtet sich die Automatik Ihrer Kamera nach der Helligkeit des Hintergrundes. Die meiner Meinung nach bessere Methode ist es, sich einen anderen Blickwinkel zu suchen, aus dem kein störender Hintergrund zu sehen ist. Wenn die Blüten dann nicht mehr in die Kamera »lächeln«, setze ich das Gartenmesser an – meine Frau freut sich über jeden Strauß, der auf diese Weise zustandekommt.

Wer nicht nur zu dokumentarischen Zwekken fotografiert, sondern auch künstlerische Bilder gestalten will, der kann noch folgendes probieren: Ganz tolle Effekte ergeben sich bei Gegenlicht, wobei allerdings die Blende weiter zu öffnen ist, als der Belichtungsmesser zeigt. Die Tepalen werden durchscheinend und man erkennt, wie weit sie sich überlappen. Kleinkronige Sorten und Dichternarzissen eignen sich gut zu extremer Makrofotografie, bei der nur die Krone auf dem Bild sichtbar ist. Sehr leicht lassen sich auch Serien erstellen, denn die Knospe öffnet sich in einem überschaubaren Zeitraum, so daß man eine Sequenz über das Blühen und Verblühen der Narzisse erstellen kann.

Wer Frühlingssträuße fotografieren will, und dies gilt natürlich auch für alle anderen floristischen Arbeiten, benötigt Kunstlicht. Der Amateur verwendet in der Regel einen Elektronenblitz, der ein sehr grelles, hartes Licht ergibt. Es ist für diese Art des Stillebens ungeeignet. Wenn Sie also keine Fotolampen besitzen, was sowieso bedingen würde, daß Sie mit Kunstlichtfilm fotografieren müssen, sollten Sie den Blitz stets nur indirekt oder gedämpft einsetzen. Indirektes Aufhellen bedeutet, daß Sie gegen einen Karton oder die Decke blitzen, und das reflektierte Licht den Strauß beleuchtet. Oder man schwächt das Licht ab, indem man einen dünnen Stoff vor den Reflektor spannt. Diese Arten der Aufnahme bereiten Kameras mit automatischer Blitzbelichtungsmessung keine Probleme.

Beschreibung der Arten und Sorten

Ein Buch über eine bestimmte Pflanzengattung zeigt stets auch den Entwicklungsstand der Züchtung auf; so verhielt es sich schon in Barrs Monografie aus dem Jahre 1884. Die meisten dieser Sorten sind heute nicht einmal mehr dem Namen nach bekannt, und viele der hier aufgelisteten Sorten werden in einigen Jahrzehnten ebenfalls vom Markt verschwunden sein. Dennoch wäre es vermessen, die Sorten nach ihrem »Wert« auszulesen, denn dieser ist stets auch eine subjektive Angelegenheit. Entscheidend ist die Nachfrage der Kunden, und deshalb finden Sie nachfolgend das Angebot der Züchter und Vermehrungsbetriebe, wie es sich in den Katalogen widerspiegelt. Ältere Sorten, die nirgends mehr erhältlich sind, werden demnach auch nicht aufgeführt.

Da das Angebot in den einzelnen Ländern unterschiedlich ist, finden Sie bei der Kurzbeschreibung auch Angaben darüber, wo Sie bestimmte Sorten kaufen können. Solche, die Sie in nahezu jedem Angebot finden, werden als »handelsübliche Sorten« bezeichnet. Die entsprechenden Anbieter finden Sie am Ende des Buches.
Verwendet werden folgende Abkürzungen:

A	=	Australien und Neuseeland
D	=	Bundesrepublik Deutschland
E	=	England und Nordirland
NL	=	Niederlande
USA	=	Vereinigte Staaten von Amerika
hübl.	=	handelsübliche Sorte

Da von manchen Sorten nur das Jahr der Einführung bekannt ist, bei anderen dagegen die Registrierung schon lange vor dieser vorgenommen wurde, werden beide Angaben gemacht. Der Reihenfolge nach kommt nach dem Jahr der ersten Blüte das Jahr der Einführung, fehlende Angaben werden mit einem Strich gekennzeichnet.

Die Auszeichnungen der Royal Horticultural Society werden in folgender Wertigkeit vergeben, die Holländer verwenden zum Teil dieselben Bezeichnungen. Eine Unterscheidung wird nicht gemacht.

FCC	=	First Class Certificate (auch in Holland)
AM	=	Award of Merit (auch in Holland)
HC	=	Highly Commended
C	=	Commended
PC	=	Preliminary Commendation

Züchtern sei die »Checklist« der American Daffodil Society empfohlen, da man dort Angaben über die Samen- und Pollenfertilität der Pflanzen findet.

Division 1: Trompetennarzissen

'Akala' (Y-Y) W. Jackson -/1970. Sehr große, goldgelbe Blüte mit schlanker Trompete. (A, E)
'Alma French' (W-W) R.H. Glover -/-. Die Trompete erblüht zitronengelb und bleicht schnell weiß aus. (A)
'Alray' (Y-Y) J. O'More -/1968. Breite Perigonblätter und eine lange, gerüschte Trompete von kräftigem Gelb. (E)
'Apostle' (W-Y) W.G. Pannill -/1978. Große Blüte mit rundem, weißem Perianth und hellgelber, am Rand gerollter Krone. (USA)

'April Love' (W-W) Mrs. J.A. Smith -/1974. Vielfach ausgezeichnete, reinweiße Sorte. (E)
'Arawannah' (Y-Y) M. Evans -/1976. Mittelhohe Sorte mit kanariengelber Blüte, schön im Garten und zum Schnitt. (USA)
'Arctic Gold' (Y-Y) J.L. Richardson 1951/-. Wichtige gelbe Anbausorte. AM 1959/63, FCC 1960/71. (hübl.)
'Arkle' (Y-Y) J.L. Richardson -/1968. Mit 13,5 cm Blütendurchmesser ein Riese in dieser Klasse. (E)
'Ballyfrema' (W-W) Carncairn Daffodils -/1986. Mittelgroße, reinweiße Blüte mit kräftiger Trompete. (E)
'Ballylough' (W-W) Carncairn Daffodils 1965/78. Weiße Blüte mit grünlichem Ton von großer Festigkeit. (E)
'Baronscourt' (Y-Y) Carncairn Daffodils -/1973. Eine kräftige Pflanze, die auch bei stärkstem Frost nicht umfällt. (E)
'Bellmont Glory' (W-W) R.H. Glover -/-. Gut proportionierte Trompete, die zunächst zitronengelb ist und dann ausbleicht. (A)
'Ben Aligin' (W-W) J.S.B. Lea 1975/86. Die Trompete ist beim Öffnen cremerosa und bleicht dann weiß aus. (E)
'Ben Avon' (W-W) J.S.B. Lea -/1978. Eine sehr große, weiße Blüte mit schmaler Trompete. Langblühend. (E)
'Big John' (Y-W) M. Evans -/1975. Große Blüte auf kräftigem Stiel, perfekte Bicolor-Sorte. (E)
'Big Sur' (W-W) W.G. Pannill -/1983. Über 12 cm große, weiße Blüte. Die Trompete hat einen breiten Rand. (USA)
'Bishopstone' (Y-GYY) Carncairn Daffodils -/1990. Spätblühende, sehr dunkelgelbe Zuchtsorte. (E)
'Bleasby Gorse' (Y-Y) Mrs. J.A. Smith -/1983. Frühe Sorte mit goldgelber, gut proportionierter Blüte. (E)
'Boudoir' (W-P) Carncairn Daffodils -/1967. Reizende Blüte mit zartrosa Trompete. (E)
'Bravoure' (W-Y) C.A. van der Wereld -/1974. Lange, gelbe Trompete, weiße Perigonblätter. Wüchsig. AM 1978/79/82. (hübl.)
'Brighton' (Y-Y) P.L.A. Pouw -/1961. Wichtige Anbausorte mit dunkelgelber Blüte. AM 1962. (hübl.)
'Broughshane' (W-W) G.L. Wilson 1938. Große, reinweiße Blüte, am Rand verbreiterte Trompete. PC 1948, AM 1943/48/56. (D)
'Burntollet' (W-W) J.S.B. Lea 1962/74. Riesige, reinweiße Blüte mit manchmal etwas nach vorn geneigten Perigonblättern. (E)
'Carrickbeg' (Y-Y) J.L. Richardson -/1963. Wüchsige Sorte mit kräftig gelber Blüte, rundes Perianth und lange Trompete. (E)
'Central Park' (W-Y) W.G. Pannill -/1972. Sehr breite, weiße Perigonblätter und gelbe, gerüschte Trompete. (USA)
'Chania' (W-W) Carncairn Daffodils -/1984. Große, reinweiße Blüte mit grünlicher Mitte. (E)
'Chief Inspector' (W-Y) T. Bloomer -/1982. Reinweißes Perigon und zitronengelbe Nebenkrone. Hervorragende Zuchtsorte. (E)
'Chiloquin' (Y-W) G.E. Mitsch -/1968. Eine kleine, revers-zweifarbene Sorte mit kräftiger Färbung. (E)
'Cindywood' (Y-W) Mrs. J.A. Smith -/1980. Die cremegelbe, am Rand gerollte Trompete bleicht weiß aus. (E)
'Comal' (Y-Y) W. Jackson jr. -/1968. Breite, überlappende Perigonblätter und gut proportionierte Trompete. (A, E)
'Corbiere' (Y-YOO) J.S.B. Lea -/1990. Die Sorte stammt aus Leas »rotem« Zuchtprogramm. (E)
'Craig' (Y-Y) R.H. Glover -/1972. Hervorragende Zuchtsorte mit flachem Perianth. (A)
'Cyclope' (Y-Y) P.L.A. Pouw -/1974. Die Sorte kann auch ungekühlt sehr früh getrieben werden. (E, NL)
'Dawnlight' (Y-W) M. Evans -/1970. Die zunächst hellgelbe Trompete bleicht sehr rasch zu reinem Weiß aus. (USA)
'Derg Valley' (Y-Y) B.S. Duncan -/1978. Große, gelbe Blüte mit schmaler, zum Rand hin verbreiterter Trompete. Spätblühend. (E)
'Dividend' (Y-Y) M. Evans -/1975. Ungewöhnlich ist die späte Blütezeit der Sorte fast mit den Dichternarzissen. (USA)

Narcissus-Hybride 'Carrickbeg'. (Division 1, Y–Y) Gelbe Trompetennarzissen sind nicht nur eine Domäne der Holländer, wie die Sorte 'Carrickbeg' von Richardson (1963) zeigt.

Narcissus-Hybride 'Lime Chiffon', eine Züchtung von Elise Havens, die 1975 von Mitsch registriert und eingeführt (Division 1, Y-GWW) wurde, ist nicht mehr im Handel.

'Downpatrick' (W-Y) W.J. Dunlop -/1959. Später und größer blühend als viele andere Bicolor-Sorten. AM 1971. (E)

'Drumragh' (Y-Y) B.S. Duncan -/1979. Große, späte, kräftig gelbe Blüte. Kann nicht knospig geschnitten werden. (E)

'Dumbleton' (Y-Y) J.M. de Navarro -/1959. Bewährte Sorte, die Trompete ist kräftiger gelb als das Perianth. PC 1967. (E)

'Dutch Master' (Y-Y) Unbekannt 1948. Sehr großblumige, goldgelbe Gartensorte. AM 1948, FCC 1976. (hübl.)

'Early Blossom' (W-P) Mrs. J.A. Smith -/1980. Die Trompete ist zwar nur hellrosa, dafür ist die Form dieser Sorte sehr gut. (E)

'Empress of Ireland' (W-W) G.L. Wilson 1952/-. Sehr große, reinweiße Blüte. PC 1952, AM 1956/70, FCC 1971. (E, USA)

'Farnsfield' (W-P) Mrs. J.A. Smith -/1979. Die Trompete ist kräftig rosa gefärbt. Spätblühend. (E)

'Faro' (W-W) Ballydorn Bulb Farm -/1965. Große Blüte mit sehr weißer Trompete. Vielfach ausgezeichnet. (E)

'Gala Choice' (W-P) R.H. Glover -/-. Sehr schön in der Form und kräftig in der Farbe, aber kleinblütig. (A)

'Galahad' (Y-Y) T. Bloomer -/1978. Breite Perigonblätter und zum Rand hin verbreiterte, gerüschte Trompete. (E)

'Genteel' (W-W) W.G. Pannill -/1978. Ähnelt der großkronigen 'Gallery', hat jedoch eine deutlich längere Trompete. (USA)

'Ghost' (W-W) M. Evans -/1974. Große, reinweiße Blüte, die wie gezirkelt wirkt. Noch rar und teuer. (USA)

'Gin and Lime' (Y-GWW) Carncairn Daffodils -/1973. Eine der größten und schönsten Bicolor-Sorten dieser Klasse. (E, USA)

'Glenamoy' (W-Y) Carncairn Daffodils -/1979. Weiß-gelbe Blüte von kräftigem Farbkontrast. Langblühend. (E)

'Glenfarclas' (Y-O) J.S.B. Lea -/1976. Gelbe Blüte mit deutlich dunklerer, orangefarbener Trompete. (E)

'Glen Isla' (W-GWW) J.S.B. Lea -/1981. Große, weiße Blüte mit grünem Schimmer an der Basis. (E)

'Gold Bullion' (Y-Y) Carncairn Daffodils -/1982. Hohe, kräftige Pflanze mit reingelber Blüte. (E)

'Golden Chord' (Y-Y) W.G. Pannill -/1970. Goldgelb, die Trompten haben einen flachen, gezackten Rand. (USA)

'Golden Falcon' (Y-Y) W.G. Pannill -/1972. Kräftiger gelb als die vorhergehende Sorte, schlankere Trompete. (USA)
'Golden Harvest' (Y-Y) Warnaar & Co. 1920/-. Bewährte und preiswerte Gartensorte. AM 1920, FCC 1923/75. (hübl.)
'Golden Radiance' (Y-Y) Ballydorn Bulb Farm -/1974. Große, gleichmäßig goldgelbe Blüte. Wüchsig. (E)
'Golden Rapture' (Y-Y) J.L. Richardson 1952/-. Gute Gartensorte. AM 1962/84/86, FCC 1959/85. (E, NL, USA)
'Golden Showers' (Y-Y) Mrs. J.A. Smith -/1982. Spätblühende Sorte mit ausgewogener Blüte. (E)
'Golden Sovereign' (Y-Y)Ballydorn Bulb Farm -/1975. Eine herausragende, goldgelbe, sehr wüchsige Sorte. (E)
'Golden Vale' (Y-GYY) F.E. Board -/1976. Perfekt in der Form, gut proportionierte Trompete, kräftig goldgelb. (E)
'Goldfinger' (Y-Y) B.S. Duncan -/1983. Eine Blüte von kräftigem Goldgelb und ausgewogenen Proportionen. (E)
'Gold Medal' (Y-Y) G. Lubbe 1938/-. In Holland immer noch eine wichtige Anbausorte. AM 1938, FCC 1944. (NL)
'Gold Strike' (Y-Y) Carncairn Daffodils -/1984. Eine Trompetennarzisse mit Jonquillenduft! (E)
'Good Oh' (Y-Y) R.H. Glover -/1983. Breite, flache Perigonblätter und lange, schlanke Trompete. (A)
'Hero' (Y-O) M. Jefferson-Brown -/1984. Noch keine völlig rote Trompete, dafür aber von schöner Form. (E)
'Honeybird' (Y-W) G.E. Mitsch 1950/65. Honiggelbes Perianth und reinweiße Trompete, verkehrt bicolor. AM 1967. (E)
'Initiation' (W-W) Carncairn Daffodils -/1969. Späte Sorte, deren Trompete sich am Rand beim Altern einrollt. (E)
'Inniswood' (W-W) Carncairn Daffodils 1965/78. Reinweiße Blüte, mit zum Rand hin elegant verbreiterter Trompete. (E)
'Ivy League' (W-Y) M. Evans -/1972. Große, zweifarbige Blüte auf kräftigem Stiel. (USA)
'Jamboree' (Y-O) W.G. Pannill -/1982. Goldgelbes Perianth und hell-orangefarbene Trompete mit schmalem Rand. (USA)
'John Ballance' (W-Y) Ballydorn Bulb Farm -/1990. Sehr große und frühe Sorte, weißes Perianth, primelgelbe Trompete. (E)
'Jumbo Gold' (Y-Y) B.S. Duncan -/1979. Eine ungewöhnlich große, goldgelbe Narzisse mit festen Stielen. (E)
'King Alfred' (Y-Y) J. Kendall 1899. Längst nicht mehr an erster Stelle im gewerblichen Anbau. FCC 1899. (hübl.)
'King's Bridge' (Y-Y) B.S. Duncan -/1980. Frühe, wüchsige Sorte von guter Form, die viele Auszeichnungen erhielt. (E)
'Kingscourt' (Y-Y) J.L. Richardson 1938/-. Späte Anbausorte, gut zum Schnitt. AM 1942/49/68, FCC 1947/77. (hübl.)
'King's Grove' (Y-O) B.S. Duncan -/1987. Nicht ganz die »rote« Trompetennarzisse, aber gut in der Form. Hoch und wüchsig. (E)
'King's Ransom' (Y-Y) J.L. Richardson 1950/-. Ältere, bewährte Gartensorte mit guten Proportionen. PC 1950. (E)
'Knockstacken' (Y-Y) W.J. Dunlop -/1965. Chromegelbe Blüte von guter Form und fester Substanz. (E)
'Ladybank' (W-W) B.S. Duncan -/1981. Nicht so groß wie 'Empress of Ireland', aber perfekt in Form und Farbe. (E)
'Lancelot' (Y-Y) T. Bloomer -/1979. Goldgelbe Blüte von schwerer Substanz und guter Form. (E)
'Lemon Empress' (Y-W) B.S. Duncan -/1989. Große, zitronengelbe Blüte, deren Nebenkrone zu Weiß ausbleicht. (E)
'Lenz' (W-Y) L.J. Chambers -/1972. Stammt aus Neuseeland und ist von guter Form und Substanz. (E)
'Leslie Hill' (W-W) Carncairn Daffodils 1969/85. Das Perianth und die Trompetenmitte haben einen grünlichen Schimmer. (E)
'Lisrenny' (W-Y) Carncairn Daffodils -/1973. Sanft zurückgeschlagenes Perianth und zitronengelbe Trompete. (E)
'Little Beauty' (W-Y)J. Gerritsen 1953/-. Kleine, weiß-gelbe Steingartensorte. AM 1953. (E, NL, USA)

'Little Gem' (Y-Y) J. Gerritsen 1938/59. Eine nur 15 cm hoch werdende, gelbe Trompetennarzisse! (E, NL, USA)
'Loughanisland' (Y-Y) Ballydorn Bulb Farm -/1986. Frühe Sorte von glatter, fester Substanz. (E)
'Lough Cuan' (Y-Y) Ballydorn Bulb Farm 1973/84. Sehr langblühende, elegante, goldgelbe Sorte. (E)
'Lough Ryan' (Y-Y) Ballydorn Bulb Farm -/1987. Eine deutliche Verbesserung von 'Viking'. (E)
'Majestic Star' (W-W) T. Bloomer -/1982. Sehr groß und von noch besserer Form als die Vatersorte 'White Star'. (E)
'Mary Sumner' (W-Y) Carncairn Daffodils -/1975. Cremeweißes Perianth und gelbe Trompete, die grünlich-weiß ausbleicht. (E)
'Mayan Gold' (Y-Y) Ballydorn Bulb Farm -/1988. Sich überlappende Perigonblätter und eine lange Trompete. (E)
'Midas Touch' (Y-Y) T. Bloomer -/1977. Eine der schönsten goldgelben Trompetennarzissen mit breiten Perigonblättern. (E)
'Monticello' (W-Y) W.G. Pannill -/1977. Sehr schöne Bicolor-Sorte mit glatter, ungerüschter Trompete. (USA)
'Moon Orbit' (Y-Y) Warnaar & Co. -/1969. Zitronengelbes Perianth, grüngelbe Trompete. Lange haltbar. AM 1969. (NL)
'Moonstruck' (Y-Y) G.L. Wilson 1944/-. Alte Sorte mit immens großer Blüte von guter Qualität. (E)
'Mount Hood' (W-W) P. van Deursen 1938/-. Erblüht cremefarben. PC 1946, AM 1937/51/75, FCC 1955/77. (hübl.)
'Muirfield' (W-GWW) B.S. Duncan -/1981. Das kräftig grüne Auge verstärkt den grünlichen Ton der weißen Blüte. (E)
'Navarone' (W-W) T. Bloomer -/1985. Sehr große, reinweiße Blüten von lederartiger Substanz. (E)
'Neahkahnie' (W-W) M. Evans 1972/85. Ähnelt 'Empress of Ireland', ist aber kleiner und noch weißer. (USA)
'Newcastle' (W-Y) W.J. Dunlop -/1957. Ältere Sorte mit nicht ausbleichender, gelber Trompete. AM 1957. (E, NL)
'Northwest' (W-W) W.G. Pannill -/1983. Große Blüte auf kräftigem Stiel, breiter, gerüschter Rand an der Trompete. (USA)
'Olympic Gold' (Y-Y) J.L. Richardson -/1962. Etwas unterschätzte, aber zuverlässig blühende Sorte. AM 1969. (E)
'Owen Roe' (Y-Y) Ballydorn Bulb Farm -/1983. Kräftige Pflanze mit einer Blüte von fester, dicker Substanz. (E)
'Owston Wood' (W-Y) W.A. Noton -/1976. Gut in der Form, der Substanz und dem Kontrast von Trompete und Perianth. (E)
'Panache' (W-W) G.L. Wilson -/1962. Sehr große Blüte von reinstem Weiß. FCC 1967. (E)
'Park Lane' (W-P) W.G. Pannill -/1983. Weiß mit rosa Trompete! Leider nicht sehr standfest. (USA)
'Perseus' (W-W) J.L. Richardson -/1963. Große Blüte von hervorragender, fast gezirkelt wirkender Proportion. (E)
'Portfolio' (W-W) W.G. Pannill -/1980. Weiße Sorte mit breiten Perianth-Segmenten von fester Substanz. (USA)
'Primeur' (Y-Y) P. de Jager -/1978. Kräftig dunkelgelbe Blüte, gute Garten- und Topfpflanze. (D, NL)
'Red Arrow' (Y-O) W.O. Backhouse -/1968. Kommt dem Ideal einer »roten« Trompetennarzisse recht nahe. PC 1967. (E, USA)
'Red Curtain' (Y-O) W.O. Backhouse -/1956. Aus der selben Zuchtlinie wie die vorherige Sorte. (E,USA)
'Revenge' (Y-Y) Mrs. J.L. Richardson -/1964. Kräftig von Farbe und Substanz, gerüschte Trompete. (E)
'Rhine Wine' (W-W) W.G. Pannill -/1978. Große Blüte von fester Substanz und reinweißer Farbe. (USA)
'Rima' (W-P) G.E. Mitsch 1954/-. Eine der wenigen Trompetennarzissen mit rosa Nebenkrone. (E)
'Rosegold' (YW-GPP) B.S. Duncan -/1983. Gelbes Perianth mit weißem Halo, Trompete von kräftigem Rosa. Rar und teuer. (E)
'Royal Victory' (Y-Y) G.B. van Rhijn -/1961. Sehr große, reingelbe Blüte. Massenblüher. (D, NL)

'Royal Viking' (Y-Y) Mrs. J.A. Smith -/1990. Kräftig goldgelbe, wohlproportionierte Blüte. Wüchsig. (E)
'Satsuma' (Y-Y) M. Evans -/1975. Die Trompete dieser mittelgelben Sorte bleicht zu pfirsichrosa aus. (USA)
'Scoreline' (Y-Y) B.S. Duncan -/1977. Zwar nur mittelgroße, dafür aber perfekte Blüte von kräftigem Gelb. (E)
'Shanes Castle' (Y-Y) Carncairn Daffodils 1968/78. Große Blüte auf langem, kräftigem Stiel. (E)
'Sherpa' (W-W) B.S. Duncan -/1986. Die zylindrische Trompete dieser reinweißen Sorte ist am Rand gerüscht. (E)
'Silent Valley' (W-GWW) T. Bloomer -/1964. Rundes Perianth und lange, schmale Trompete von kräftiger Substanz. (E)
'Silver Convention' (W-W) J.S.B. Lea -/1978. Breite, reinweiße Tepalen und milchfarbene Trompete. Wüchsig. (E)
'Sir Ivor' (Y-Y) J.L. Richardson -/1972. Gelbe Blüte von guter Form und fester Substanz. (E)
'Smaragd' (W-Y) Uit den Boogaard 1937/-. Weiße, aber nicht sehr feste Tepalen, gelbe Trompete. (D)
'Snow Gleam' (W-GWW) B.S. Duncan -/1977. Die reinweiße Blüte vom Cyclamineus-Typ hat einen Druchmesser von 11,5 cm! (E)
'Spartan' (W-Y) W.G. Pannill -/1970. Buttergelbe, gerüschte Trompete und flaches, weißes Perianth. (USA)
'Spellbinder' (Y-W) G.L. Wilson 1944/-. Handelsübliche Sorte mit guten Qualitäten. AM 1948/50/71/78, FCC 1980/85. (hübl.)
'Squire' (Y-Y) Mrs. J.A. Smith -/1969. Ähnelt 'Kingscourt', blüht aber deutlich später. (E)
'Standfast' (Y-Y) T. Bloomer -/1982. Wie der Name verrät, ist die goldgelbe Sorte sehr wetter- und standfest. (E)
'Sun City' (Y-Y) Mrs. J.A. Smith -/1983. Mittelgroße, kräftig gelbe Blüte von adrettem Aussehen. (E)
'Sun 'n' Snow' (Y-W) G.E. Mitsch -/1970. Bringt mit dem herrlichen Farbkontrast in der Tat Sonne in den Garten. (E)
'Swain' (Y-Y) M. Evans -/1982. Sehr hohe, gelbe Trompetennarzisse. Schön im Garten und in der Vase. (USA)
'Tain' (W-W) The Brodie of Brodie 1933/-. Das blaugrüne Laub bildet einen guten Kontrast zur weißen Blüte. (E)
'Tardree' (W-GPP) Carncairn Daffodils -/1987. Die Trompeten sind hellrosa mit einem malvenfabigem Unterton. (E)
'Thrumpton' (Y-Y) Mrs. J.A. Smith -/1984. Schwefelgelb mit breiten Tepalen, frühblühend. (E)
'Tony John' (Y-Y) R.H. Glover -/1983. Breite Perigonblätter und schlanke Trompete, gut in der Qualität. (A)
'Tudor Dance' (W-Y) Mrs. J.L. Richardson -/1977. Sehr wüchsig mit kräftig gelber, nicht ausbleichender Trompete. (E)
'Uncle Ben' (Y-O) Mrs. J.A. Smith -/1980. Die lange, gerüschte Trompete ist kräftig orangefarben. (E)
'Valley Forge' (YW-Y) W.G. Pannill -/1985. Die Mitte dieser sonst reingelben Narzisse ist weiß. (USA)
'Vaticaan' (W-Y) J.J. Grullemans 1970/88. Festes, weißes Perianth, hellgelbe Trompete. (NL)
'Verdant' (Y-GYY) B.S. Duncan -/1979. Das Perianth ist grünlich-gelb, die Trompete ist dunkler. (E)
'Vigilante' (W-W) B.S. Duncan -/1977. Deutliche Verbesserung der alten 'Vigil'. (E)
'White Convention' (W-W) J.S.B. Lea -/1983. Absolut reinweiß mit kräftig grünem Auge. Gut proportionierte Blüte. (E)
'White Diamond' (W-W) Mrs. J.A. Smith -/1982. Riesengroße Blüte von reinstem Weiß, breite Petalen. (E)
'White Empress' (W-GWW) T. Bloomer -/1970. Das grüne Auge ergibt eine Blüte von sehr kühlem Weiß, gerüschte Trompete. (E)
'White Hunter' (W-W) W.G. Pannill -/1972. Große, feste Blüte mit gleichmäßig gerüschter Trompete. (USA)

'White Majesty' (W-W) T. Bloomer -/1970. Geschwistersämling zu 'White Empress', sehr lange Trompete. (E)
'White Prince' (W-W) G.L. Wilson 1952/-. Obwohl älter, ist diese Sorte mit den riesigen Blüte immer noch rar. (E)
'White Princess' (W-W) Mrs. J.A. Smith -/1978. Mittelgroße Blüte, später blühend als andere weiße Sorten. (E)
'White Star' (W-W) T. Bloomer -/1970. Eine der besten und erfolgreichsten weißen Trompetennarzissen. AM 1981/82. (E)
'Willow Green' (W-Y) Mrs. J.A. Smith -/1977. Zitronengelbe Trompete, die nicht ausbleicht. Sehr frühblühend. (E)
'Xanthin Gold' (Y-Y) B.S. Duncan -/1987. Eine hohe, kräftig goldgelbe Sorte, gut im Garten und zum Schnitt. (E)

Trompetennarzissen – Blüten im Vergleich: 'Brighton', Pouw 1961 (oben links); 'Empress of Ireland', Wilson 1952 (oben rechts); 'Moneymaker', Leenen 1980 (Mitte links); 'Beau Geste', Leenen 1977 (Mitte rechts); 'Red Arrow', Backhouse 1968 (unten links); 'Alcatraz', Leenen 1971 (unten rechts).

Division 2: Großkronige Narzissen

'Accord' (Y-WWY) W.G. Pannill -/1980. Zitronengelbe Blüte, deren Schale weiß ausbleicht bis auf den gezackten Rand. (USA)
'Albacore' (W-Y) M. Evans -/1976. Schmale, primelgelbe Trompete, großes Perianth (USA)
'Algarve' (W-GPP) T. Bloomer -/1984. Weiße Blüte mit kräftig rosa Trompete auf hohem Stiel. (E)
'Alice's Pink' (W-P) Carncairn Daffodils 1964/78. Kleine, gerüschte Schale von kräftigem Lachsrosa. (E)
'Alumna' (W-YYP) M. Evans -/1972. Ungewöhnlich ist das rosa Band um die breite, gelbe Schale. (USA)
'Amber Castle' (Y-WPP) Mrs. J.L. Richardson -/1976. Zitronengelbes Perianth und fleischfarbene Schale. AM 1981. (E)
'Ambergate' (O-R) D.B. Milne 1950/-. Orangefarbenes Perianth, weitgeöffnete, rote Krone. AM 1961. (hübl.)
'April Charm' (W-WWY) G.E. Mitsch 1955/66. Flache Schale mit schmalem, gelbem Rand. (E)
'Apropos' (W-YYP) W.G. Pannill -/1983. Orangegelbe Schale mit gerüschtem, lachsrosa Rand. (USA)
'Arctic Char' (W-P) M. Evans -/1974. Die schüsselförmige Nebenkrone ist von kräftigem, dunklem Rosa. (USA)
'Arctic Flame' (W-YOO) J.M. de Navarro -/1968. Schneeweiße, breite Petalen und orange-gelbe Schale. (E)
'Areley Kings' (W-GWW) J.S.B. Lea -/1987. Nicht einfach eine weitere »Weiße«, sondern eine sehr gute! (E)
'Ashmore' (W-W) J.W. Blanchard -/1974. Das grüne Auge verstärkt das Weiß der hübschen Blüte. AM 1977. (E)

'Avalon' (Y-W) Mrs. J.L. Richardson -/1977. Erblüht zitronengelb, die Schale bleicht weiß aus. (E)
'Avenger' (W-R) Mrs. J.L. Richardson -/1957. Zuverlässiger Blüher, nicht ausbleichende Schale. AM 1965, FCC 1969. (E)
'Ballindalloch' (Y-Y) J.S.B. Lea -/1981. Die lange, schlanke Trompete ist etwas dunkler als das Perianth. (E)
'Ballyroan' (W-P) Mrs. J.L. Richardson -/1974. Große Blüte mit fein gerüschter Nebenkrone von zartem Rosa. (E)
'Ballytrim' (Y-Y) Mrs. J.L. Richardson -/1979. Runde, am Rand gerüschte und gerollte Schale. (E)
'Barbie Doll' (W-WWP) M. Evans -/1980. Die gelbliche Schale bleicht weiß aus, der himbeerrosa Rand bleibt erhalten. (USA)
'Barley Cove' (W-Y) Carncairn Daffodils -/1981. Reinweißes Perianth, chromgelbe, gerüschte Schale. (E)
'Barnwell Alice' (W-GWW) Carncairn Daffodils 1965/86. Beim Erblühen hat die Schale ein zitronengelbes Band. (E)
'Belbroughton' (W-WWP) C. Postles -/1988. Gut in der Form und der Substanz, phantastisch in der Zeichnung. (E)
'Beltrim' (W-GPP) Carncairn Daffodils -/1976. Runde, kräftig rosa Schale mit grünem Auge. (E)
'Ben Hee' (W-W) J.S.B. Lea -/1964. Reinweiße, mittelgroße Blüte von hoher Qualität. AM 1975/77. (E)
'Ben Ledi' (W-W) J.S.B. Lea -/1985. Sehr schöne, gut proportionierte, reinweiße Sorte. (E)
'Ben Vorlich' (W-YOO) J.S.B. Lea 1970/87. Große, glitzernde Tepalen und eine strahlend orangerote Schale. (E)
'Berlin' (Y-YYO) W.F. Leenen -/1980. Gerüschte, flache Nebenkrone: gelb-orange geflammt. (NL, USA)
'Big Gun' (W-Y) W.G. Pannill -/1978. Kürbisfarbene Schale mit breitem, gerolltem Rand. Gute Gartensorte. (USA)
'Birkdale' (W-W) B.S. Duncan -/1981. Reinweiße Blüte mit doppelt-dreieckigem Perianth. (E)
'Birthday Girl' (W-GWW) B.S. Duncan -/1983. Kleine, reinweiße Blüte von perfekter Form. (E)
'Bit O'Gold' (W-WWY) G.E. Mitsch -/1965. Die flache Schale ist hell zitronengelb mit goldenem Rand. (E)
'Blair Atholl' (W-GYP) Mrs. J.A. Smith -/1988. Das rosa Band der gelben Schale wird beim Altern dunkler. (E)
'Bracken Hill' (Y-GWY) Carncairn Daffodils -/1985. Die grünlich-weiße Schale besitzt einen kräftig gelben Rand. (E)
'Brackenhurst' (Y-O) Mrs. J.A. Smith -/1977. Gelbes Perianth, orangerote, sonnenfeste Schale. (hübl.)
'Bramley' (W-WWP) Mrs. J.A. Smith -/1977. Die weite, gerüschte Schale hat einen apfelblütenrosa Rand. (E)
'Brave Adventure' (W-O) Ballydorn Bulb Farm -/1979. Sehr große Blüte von guter Form. (E)
'Brave Journey' (W-YYO) Carncairn Daffodils -/1986. Große Blüte mit rundem Perianth, ähnelt 'Bonamargy'. (E)
'Bridesmaid' (W-WWP) Ballydorn Bulb Farm -/1970. Die lange, kristallweiße Trompete ist zartrosa gerandet. (E)
'Brierglass' (W-W) J.S.B. Lea -/1985. Eine Blüte wie poliertes, feines Kristallglas. (E)
'Bright Flame' (W-P) Mrs. J.A. Smith 1970/86. Trompetenförmige, rosa Schale. Wüchsige Gartensorte. (E)
'Bright Star' (W-P) Mrs. J.A. Smith -/1983. Kräftig rosa Trompete, reinweißes Perianth. (E)
'Broadway Rose' (W-GPP) J.M. de Navarro -/1977. Die schüsselförmige Nebenkrone ist in der Mitte lilarosa. (E)
'Broadway Village' (Y-YRR) C. Postles -/1985. Mittelgelbe, breite Tepalen, strahlend rote Schale mit gelber Mitte. (E)
'Broomhill' (W-W) F.E. Board -/1965. Glatte, wachsige, reinweiße Blüte. AM 1971, FCC 1974. (E)
'Bryanston' (Y-Y) J.W. Blanchard -/1977. Perfekte Blüten, von glatter, fester Substanz. PC 1976, AM 1978/87, FCC 1982. (E)

'Bulbarrow' (Y-Y) J.W. Blanchard -/1985. Könnte fast in Division 1 registriert werden. (E)
'Bunclody' (Y-R) J.S.B. Lea -/1963. Mittelgroße, späte Blüte mit kräftig rot gefärbter Schale. AM 1985. (E)
'Burma Star' (Y-GYO) Carncairn Daffodils -/1984. Drei Viertel der Schale sind orangerot. Sehr wüchsig. (E)
'Cabochon' (Y-O) M. Evans -/1989. Gelbes Perianth, nicht ausbleichende, orangerote Schale. (USA)
'Cairndhu' (W-GPP) Carncairn Daffodils 1965/75. Kleine Blüte mit gerüschter, dunkelrosa Schale. (E)
'Camelot' (Y-Y) J.L. Richardson -/1962. Breite Perigonblätter von dicker, fester Substanz. Gezackte Schale. (E)
'Canby' (W-P) G.E. Mitsch -/1970. Die lachsrosa Schale ist lila überhaucht. Große Blüte. (E)
'Canisp' (W-W) J.S.B. Lea -/1960. Doppelt triangelförmiges Perianth. PC 1960, AM 1964, FCC 1967. (E)
'Cape Cool' (W-W) Carncairn Daffodils -/1981. Hohe, frühe Sorte mit großer Trompete. (E)
'Carlton' (Y-Y) P.D. Williams 1927/-. Gute, zartgelbe Garten- und Treibsorte. AM 1936, FCC 1939. (hübl.)
'Carnelian' (Y-R) M. Evans -/1972. Hellgelbes Perianth, strahlend orangerote Schale. (USA)
'Casterbridge' (Y-O) J.W. Blanchard -/1986. Die Schale hat eine schwer zu beschreibende Farbe von bernstein-orange-rosa. (E)
'Cavoda' (W-GPP) Radcliffe 1977/87. Sehr lange, kräftig rosa Trompete. (E)
'Celtic Gold' (Y-Y) Mrs. J.L. Richardson -/1974. Ähnelt 'Golden Aura', ist aber viel größer! (E)
'Celtic Song' (W-WWP) J.L. Richardson -/1967. Reinweiße, wachsige Blüten, Nebenkrone mit rosa Band. (E)
'Century' (Y-WWY) W.G. Pannill -/1980. Die hellgelbe Blüte bleicht aus bis auf den gerollten Rand der Schale. (USA)
'Ceylon' (Y-O) J.L. Richardson 1943/-. Goldenes Perianth, orangefarbene Schale. PC 1945, AM 1946/61, FCC 1948/62/74. (hübl.)
'Chapeau' (W-Y) M. Evans -/1972. Weiße Blüte mit buttergelber Schale auf kräftigem Stiel. (USA)
'Charade' (Y-Y) M. Evans -/1976. Beim Öffnen ist die Blüte weiß, sie wird dann grünlich-beige. (USA)
'Charleston' (O-R) B.S. Duncan -/1983. Orangefarbenes Perianth und becherförmige, rote Schale. (E)
'Cheddar' (Y-Y) M. Evans -/1972. Mittelgelbes Perianth und cremegelbe Schale. (USA)
'Chelan' (Y-W) M. Evans 1964/75. Breites Perianth und lange Trompete, die weiß ausbleicht. (USA)
'China Doll' (W-WWP) C. Postles -/1985. Die große Schale erweitert sich allmählich zum rosa Rand. (E)
'Chinchilla' (W-W) B.S. Duncan -/1983. Große, weiße Blüte von samtiger Substanz. (E)
'Chiquita' (W-GPP) M. Evans -/1969. Mittelgroße Blüte mit breiter Trompete von kräftigem Rosa. (E)
'Chloe' (W-P) M. Evans -/1973. Eine der größten rosa Sorten, nicht ausbleichend. (USA)
'Chorale' (W-YYR) M. Evans 1964/75. Breites, weißes Perianth und kleine, rotgerandete, gelbe Schale. (USA)
'Chorine' (W-YYW) M. Evans -/1974. Die lange, gelbe Trompete hat einen weißen, »struppigen« Rand. (USA)
'Chromacolor' (W-P) W.G. Pannill -/1976. Leuchtend rosa Schale, gut im Garten, weniger gut zum Schnitt. (USA)
'Church Bay' (W-GYP) Carncairn Daffodils -/1987. Große Blüte mit gerüschtem, orangerosa Rand. (E)
'Clady Cottage' (W-Y) Carncairn Daffodils -/1987. Dekorativ im Garten, im Topf und in der Floristik. (E)
'Cloud Nine' (Y-W) G.E. Mitsch -/1972. Zitronengelbe Blüte, die Schale bleicht weiß aus. (hübl.)

'Colour Sergeant' (Y-Y) Ballydorn Bulb Farm -/1990. Hohe, kräftige Pflanze. Schlanke Trompete. (E)
'Columbus' (W-W) Carncairn Daffodils 1965/76. Sehr weiße, wachsige Blüten von fester Substanz. (E)
'Connor' (W-GWW) Carncairn Daffodils 1975/86. Die grünlich-cremefarbene Schale wird reinweiß. (E)
'Cool Autumn' (W-Y) W.A. Noton -/1976. Breite, weiße Tepalen und grünlich-gelbe Schale. (E)
'Cool Flame' (W-R) G.E. Mitsch -/1969. Breite Tepalen, schüsselförmige, korallenrote Schale. (E)
'Coral Dawn' (W-Y) J.J. Grullemans -/1957. Die hellgelbe Schale wird zum Rand hin dunkler. (NL)
'Coral Fair' (W-R) Mrs. J.A. Smith -/1984. Die Schale ist kräftig korallen-rosa. Sehr wüchsig. (E)

'Coral Light' (W-WWP) A.N. Kanouse -/1972. Kleine Schale mit dunkelrosa Rand und grünem Auge. (E)
'Coral Ribbon' (W-WWP) G.E. Mitsch -/1964. Die Schale ist zart gerüscht und mit einem Band von dunklem Rosa versehen. (E)
'Coreen' (W-PPO) Carncairn Daffodils -/1973. Lange, am Rand gerollte Trompete, die innen malvenfarben ist. (E)
'Craigdun' (W-OOY) Carncairn Daffodils -/1979. Sehr große, sonnenfeste Blüte mit becherförmiger Schale. (E)
'Craig Stiel' (Y-O) J.S.B. Lea 1978/86. Orangefarben überflutetes Perianth, kräftig rote, halblange Trompete. (E)
'Creag Dubh' (O-R) J.S.B. Lea -/1978. Kupfer-orangefarbenes Perianth und rote, becherförmige Nebenkrone. (E)
'Crenelet' (W-W) B.S. Duncan -/1977. Das Perianth ist triangelförmig, die Schale gerüscht. (E)
'Croila' (W-GWW) J.S.B. Lea -/1978. Eine reinweiße Sorte von guter Form und Symmetrie. (E)
'Crown Jewel' (W-O) J.J. Grullemans -/1966. Flach aufliegende, orangefarbene Schale. (NL)
'Crown Point' (W-P) M. Evans -/1989. Breite, muschelrosa Schale mit gerüschtem Rand. (USA)
'Crown Royalist' (W-YYO) Ballydorn Bulb Farm -/1976. Große Blüte mit orangegelbem Rand. (E)
'Crystal Blanc' (W-GWW) W.G. Pannill -/1980. Große, reinweiße Blüte mit grünem Auge. (USA)
'Cultured Pearl' (W-W) C. Postles -/1990. Perfekt in Form und Farbe, gut für Garten und Topf. Spätblühend, hohe Stiele. (E)

Großkronige Narzissen mit gelbem Perianth – Blüten im Vergleich: 'Daydream', Mitsch 1960 (oben links); 'Symphonette', Mitsch 1975 (oben Mitte); 'Euphonie', Mitsch 1968 (oben rechts); 'Afterthot', Mitsch 1979 (unten links); 'Fire Flash', Richardson 1976 (unten Mitte); 'Garden Charm', Schoorl 1983 (unten rechts).

'Curly' (Y-Y) J.W.A. Lefeber -/1968. Cremegelbes Perigon, kräftig gelbe, stark gerüschte Schale. (NL)
'Dailmanach' (W-P) J.S.B. Lea -/1972. 12 cm große Blüte mit strahlend rosafarbener Schale. (E)
'Dalcharn' (W-P) J.S.B. Lea -/1988. Wüchsige Sorte von hervorragender Substanz. Spätblühend. (E)
'Dalliance' (WY-GWY) Carncairn Daffodils 1974/85. Ähnelt 'Daydream', ist aber viel wüchsiger. (E)
'Danes Balk' (W-W) F.E. Board -/1965. Reinweiße Blüte von hervorragender Substanz. (E)
'Dawncrest' (W-PPW) G.E. Mitsch 1967/78. Breite, orange-rosa Schale mit weißem Rändchen und grünem Auge. (E)
'Daydream' (Y-W) G.E. Mitsch -/1960. Perfekt geformte Blüte von fester Substanz. PC 1962, AM 1963, FCC 1966. (hübl.)
'Debrett' (W-WWP) B.S. Duncan -/1987. Ähnelt 'Rainbow', hat aber klarere Farben. (E)
'Deerfin' (Y-W) W.J. Dunlop 1969/87. Dekorative Blüte von ungewöhnlich gutem Farbkontrast. (E)
'Delta Queen' (W-P) W.G. Pannill -/1985. Breite, weiße Tepalen, lachsrosa, gerüschte Trompete. (USA)
'Desdemona' (W-W) G.L. Wilson -/1964. Blüte von den Ausmaßen einer großen Tompetennarzisse. (E, USA)
'Desert Orchid' (Y-W) Mrs. J.A. Smith -/1989. Die hellgelbe Schale bleicht nach dem Öffnen weiß aus. (E)
'Desert Rose' (W-P) Mrs. J.L. Richardson -/1979. Reinweißes Perianth, kleine, kräftig rosa Schale. (E)
'Dewy Rose' (W-WPP) M. Evans -/1976. Schalen zur Hälfte rosarot, weiße Mitte. Feste Substanz. (USA)
'Diablo' (W-GYR) W.G. Pannill -/1980. Tassenförmige, gelbe Schale mit rotem Rand und grünem Auge. (USA)
'Don Carlos' (W-O) J.L. Richardson -/1962. Große, feste Blüte mit orangeroter, gerüschter Schale. AM 1964/71. (E)
'Dream Prince' (Y-Y) R.H. Glover -/-. Kleine, aber perfekt geformte Blüte mit langer Trompete. (A)
'Drumadoon' (W-O) Carncairn Daffodils -/1981. Sehr farbenprächtige Sorte von klarem Orange. (E)
'Drumawillan' (Y-W) Carncairn Daffodils -/1970. Erinnert an 'Spellbinder', hat eine Schale anstelle einer Trompete. (E)
'Drumboe' (W-WWP) G.L. Wilson -/1960. Große Blüte von dicker, samtiger Substanz. Hellrosa gerandet. (E)
'Drummer Boy' (Y-Y) W.G. Pannill -/1970. Reingelbe, fast trompetenartige Blüte. (USA)
'Drumrunie' (Y-O) J.S.B. Lea -/1971. Große Blüte an hohem Stiel, sehr wüchsig. (E)
'Dulcie Joan' (W-WWP) Mrs. J.A. Smith -/1972. Kurze Schale mit kräftig rosa Rand. (E)
'Duntroon' (W-WWY) Mrs. J.A. Smith -/1984. Die gelbe Blüte bleicht weiß aus bis auf den Rand der Schale. (E)
'Easter Moon' (W-GWW) G.L. Wilson 1954/-. Eine perfekte Blüte mit breiten, sich überlappenden Petalen. AM 1979. (E, USA)
'Eclat' (W-YPP) G.E. Mitsch -/1970. Die flache, rosa Schale ist bei guter Witterung fast rot. (E)
'Eggshell' (Y-Y) M. Evans -/1976. Primelgelbes Perianth, kurze, schwefelgelbe Schale. (USA)
'Ellanne' (W-W) Miss M. Verry -/1974. Eine der besten reinweißen Sorten aus Neuseeland. (E)
'Emily' (Y-Y) Mrs. J.A. Smith -/1974. Zitronengelbes Perianth und kräftig gelbe Schale. (E)
'Eskylane' (Y-Y) Carncairn Daffodils -/1975. Großkronige, reingelbe Sorte. Wirkt in Gruppenpflanzungen. (E)
'Estremadura' (Y-O) J.M. de Navarro -/1967. Die orangerote Schale ist viel dunkler als das Perianth. PC 1967. (E)
'Euphony' (Y-Y) G.E. Mitsch -/1968. Äußerst schöne Blüte von zartem Cremegelb. (E)

Großkronige Narzissen mit weißem Perianth – Blüten im Vergleich: 'Wiener Blut', Pouw 1963 (oben links); 'Mother Grullemans', Grullemans 1951 (oben Mitte); 'Crown Jewel', Grullemans 1966 (oben rechts); 'Flower Record', Lefeber 1943 (unten links); 'Knowehead', Wilson 1954 (unten Mitte); 'Emerald', Grullemans 1955 (unten rechts).

'Everpink' (W-P) M. Evans -/1970. Behält die kräftige rosa Farbe bis zum Verblühen. (USA)
'Exalted' (O-R) W.G. Pannill -/1972. Orangegelbes Perianth und orangerote, flache, gerüschte Schale. (USA)
'Fair Prospect' (W-P) J.L. Richardson -/1962. Reinweißes Perianth, die Schale ist kräftig korallenrosa. PC 1966. (E)
'Fair William' (W-WWP) Mrs. J.A. Smith 1975/87. Zarte gerüschte, rosa gerandete Schale. (E)
'Falstaff' (Y-R) J.L. Richardson -/1960. Goldenes Perianth und orangerote, am Rand gerollte Schale. AM 1963, FCC 1968. (E)
'Far Country' (W-GWP) Carncairn Daffodils 1976/86. Becherförmige Schale mit grünem Auge und rosa Rand. (E)
'Farranfad' (W-YYO) Ballydorn Bulb Farm -/1988. Große Blüte mit flacher, breit orangefarben gerandeter Schale. (E)
'Fellowship' (W-YYP) B.S. Duncan -/1978. Cremeweißes Perianth, gelbe Schale mit kräftig rosafarbenem Rand. (E)
'Fiery Flame' (O-O) J.L. Richardson -/1962. Kupferorangefarbenes Perigon und kupferrote, gerüschte Schale. (E)
'Fire Flash' (O-O) Mrs. J.L. Richardson -/1976. Orangegelbes Perianth und kupferorangefarbene Schale, äußerst wüchsig. (E)
'Fireman' (O-O) Carncairn Daffodils -/1982. Große, frühe, völlig orangefarbene Blüten. (E)
'Firestorm' (Y-R) Ballydorn Bulb Farm -/1979. Ähnelt 'Vulcan', ist aber viel kräftiger in der Farbe. (E)
'Flaming Meteor' (Y-R) G.E. Mitsch -/1962. Flaches, festes Perianth und lange, orangerote Trompete. (E)
'Flash Affair' (W-Y) R.H. Glover -/1973. Eine der besten Bicolor-Sorten Australiens und Neuseelands. (A)
'Flower Record' (W-OOR) J.W.A. Lefeber 1943/-. Weiß mit gelb-oranger Schale. Extrem reichblütig. (hübl.)
'Fly Half' (Y-R) T. Bloomer -/1984. Die Schale ist klein, aber wirklich intensiv rot. (E)

Narcissus-Hybride 'April Charm', Mitsch 1955 (Division 2, W-WWY).

Großkronige Narzissen mit rosafarbener Nebenkrone – Blüten im Vergleich: 'Passionale', Wilson 1956 (oben links); 'Celtic Song', Richardson 1967 (oben Mitte); 'Canby', Mitsch 1970 (oben rechts); 'Lilac Deligth', Mitsch 1968 (unten links); 'Rose Caprice', Richardson 1958 (unten Mitte); 'Rose Royale', Richardson 1958 (unten rechts).

'Focal Point' (Y-W) G.E. Mitsch -/1972. Die Schale bleicht weiß aus. Kräftige Stiele. (E)

'Folio' (Y-Y) M. Evans 1975/86. Gut proportionierte, elfenbeingelbe Blüte mit langer Trompete. (USA)

'Forest Park' (W-W) W.G. Pannill -/1978. Lange, am Rand gerollte und gerüschte Trompete. (USA)

'Forge Mill' (Y-GOO) Carncairn Daffodils 1976/86. Runde Perigonblätter, kleine, orangerote Schale. (E)

'Fount' (W-P) M. Evans -/1976. Leicht zurückgeschlagenes Perianth, lachsrosa Schale. (E)

'Foxfire' (W-GWP) M. Evans -/1968. Grünlichweiße Schale mit korallenrosa Rand, reinweißes Perigon. (E)

'Fragrant Rose' (W-GPP) G.L. Wilson -/1978. Halblange, becherförmige, nicht ausbleichende rosa Schale. (E)

Narcissus-Hybride 'Coquille', eine Richardson-Züchtung von 1966 wurde von W. Blom & Son eingeführt (Division 2, W-O).

'Free Spirit' (W-W) W.G. Pannill -/1980. Strahlend weiße Blüte, schüsselförmige Nebenkrone. (USA)

'Fuego' (Y-R) Mrs. J.L. Richardson -/1976. Breite, am Rand gerüschte Schalen von kräftigem Gelb. (E)

'Gainsborough' (W-P) Carncairn Daffodils 1964/75. Gut für Topfkultur, da kurzstielig. Reinrosa Schale. (E)

'Gallery' (W-W) W.G. Pannill -/1980. Große, weiße Blüte mit langer Trompete. (USA)

'George's Pink' (W-GPP) Carncairn Daffodils -/1990. Sehr früh, lange, trompetenförmige, kräftig rosafarbene Nebenkrone. (E)

'Gettysburg' (Y-GYR) J.M. de Navarro -/1979. Der gelbe Becher hat ein orangerotes Band und ein grünes Auge. (E)

'Gigantic Star' (Y-Y) G. Helmus -/1960. Enorm große, goldgelbe Blüte. Gut auch zum Treiben. AM 1967. (D, NL)

'Gigolo' (Y-Y) M. Evans -/1977. Beim Öffnen primelgelb, später heller. Kurze Schale. (USA)

'Gilda' (Y-Y) Ballydorn Bulb Farm -/1988. Kräftig goldgelb mit großer, geweiteter Trompete. (E)
'Ginger' (Y-Y) M. Evans -/1974. Dunkle, ingwerfarbene Blüten. Breite, gerüschte Schale. (USA)
'Glen Clova' (Y-ORR) J.S.B. Lea -/1978. Die lange, kräftig rote Trompete ist zur Mitte hin orangefarben. (E)
'Glen Echo' (W-W) W.G. Pannill -/1985. Die lange Trompete wird beim Verblühen cremefarben. (USA)
'Glen Lorne' (W-P) Mrs. J.A. Smith 1975/86. Strahlend rosa Trompete. Sehr wüchsig. (E)
'Glen Rothes' (W-P) J.S.B. Lea -/1976. Mittelgroße Blüte mit dreiviertellanger, rosafarbener Trompete. (E)
'Gloucester Point' (W-P) W.G. Pannill -/1985. Mittelgroße Blüte mit langer, aprikosenfarbener Trompete. (USA)
'Glowing Ember' (W-R) Mrs. J.L. Richardson -/1973. Cremeweißes Perianth, leuchtend rote Schale. Wüchsig. (E)
'Gold Convention' (Y-Y) J.S.B. Lea -/1978. Ein Durchbruch bei den goldgelben (Fast-) Trompetennarzissen. (E)
'Golden Amber' (Y-ORR) Ballydorn Bulb Farm -/1975. Ledriges, gelbes Perianth, orangefarbene Schale. Zuchtsorte. (E)
'Golden Aura' (Y-Y) J.L. Richardson -/1964. Mittelgroße, gleichmäßig goldgelbe Blüte. (E)
'Golden Halo' (Y-WWY) Ballydorn Bulb Farm -/1983. Die gelbe Schale bleicht aus, dafür wird der Rand bernsteinfarben. (E)
'Golden Jewel' (Y-GYY) T. Bloomer -/1973. Nicht so groß wie 'Golden Joy', aber kräftiger in der Farbe. (E)
'Golden Joy' (Y-Y) T. Bloomer -/1973. Große Blüte von kräftigem Gelb und fester Substanz. (E)
'Golden Ranger' (Y-Y) Mrs. J.L. Richardson -/1976. Große, gleichmäßig geformte Blüte von einheitlicher Farbe. (E)
'Golden Sheen' (Y-Y) B.S. Duncan -/1988. Die Nebenkronen sind etwas kräftiger in der Farbe als das Perianth. (E)
'Golden Strand' (Y-O) Ballydorn Bulb Farm -/1988. Cremegelbes Perianth und goldgerandete, orangerote Schale. (E)
'Gold Mine' (Y-Y) Ballydorn Bulb Farm -/1983. Die Schale ist etwas kräftiger gelb als das Perianth. (E)
'Gracious Lady' (W-P) Mrs. J.L. Richardson -/1974. Von Form, Farbe und Substanz eine der besten rosafarbenen Sorten. PC 1974. (E)
'Grand Prospect' (Y-W) Mrs. J.L. Richardson -/1974. Schwefelgelbe Blüte, die Trompete bleicht weiß aus. (E)
'Great Expectations' (Y-Y) Mrs. J.L. Richardson -/1977. Kräftig goldgelbe, wohlproportionierte Blüte. (E)
'Green Glens' (W-GYY) Carncairn Daffodils -/1981. Hohe, späte Sorte. Das olivegrüne Auge reicht weit in die Schale hinein. (E)
'Green Ice' (W-GWW) B.S. Duncan -/1981. Am Rand gerollte Schale mit grünem Auge, hohe Stiele. (E)
'Greenvale' (W-GWW) B.S. Duncan -/1981. Sehr hohe, kräftige Pflanze. Frühblühend. (E)
'Grullemans Giant' (W-YYO) J.J. Grullemans 1951/-. Große, gelbe Schale mit orangefarbenem Rand. (NL)
'Gunsynd' (Y-OOR) W. Jackson jr. -/1966. Die strahlend rote Schale sitzt auf einem goldgelben Perigon. (E)
'Halstock' (Y-W) J.W. Blanchard -/1986. Kräftig zitronengelbes Perianth mit weißem Halo, weiß ausbleichende Schale. (E)
'Hambledon' (YW-WYY) J.W. Blanchard -/1985. Die Mitte der gelben Blüte wird weiß, die Schale aprikosenfarben. AM 1982. (E)
'Happy Face' (W-O) Carncairn Daffodils 1968/79. Große Blüte mit orange-fleischfarbener Schale. (E)
'Hazel Winslow' (W-P) B.S. Duncan -/1983. Sehr große Blüte von kräftigem Rosa. (E)
'Heart Throb' (W-GWP) M. Evans -/1976. Die grün-geäugte Schale hat ein breites, himbeerrosa Band. (USA)

'Heat Haze' (Y-R) Carncairn Daffodils 1967/78. Orangerote Schale, zitronengelbes, rötlich überhauchtes Perianth. (E)
'High Church' (W-GWW) Ballydorn Bulb Farm -/1986. Sehr große, reinweiße Blüte von fester Substanz. (E)
'Highland Spring' (W-WWP) Mrs. J.A. Smith -/1990. Gut proportioniert und von fester Substanz. (E)
'Highland Wedding' (W-GWP) J.L. Richardson -/1969. Glockenförmige, kräftig gezackte Schale mit korallenrosa Rand. (E)
'Highlite' (Y-PPY) W.G. Pannill -/1978. Gelbe Blüten, deren Trompete cremerosa ausbleicht. (E, USA)
'High Society' (W-GWP) B.S. Duncan -/1979. Außergwöhnlich attraktive Pflanze mit guten Zuchteigenschaften. (E)
'High Tea' (W-P) W.G. Pannill -/1970. Die Schale ist pfirsichrosa, das Perianth reinweiß. (USA)
'Highway Song' (W-GYO) Carncairn Daffodils 1970/87. Die Schale geht über von Gelb in ein brilliantes Orangerot. (E)
'Hilford' (W-O) Ballydorn Bulb Farm 1967/79. Breite, weiße Tepalen, aprikosenorange Schale. (E)
'Ice Age' (W-W) M. Evans -/1976. Reinweiße und wie gezirkelt wirkende Blüte. (USA)
'Ice Follies' (W-W) Konynenburg & Mark 1953/-. Sehr breite Schale, erblüht cremefarben, bleicht aus. FCC 1975/78. (hübl.)
'Imprint' (W-Y) W.G. Pannill -/1970. Breite, gekräuselte, gelbe Schale, zum Rand hin ocker. (USA)
'Infatuation' (W-YYP) J.L. Richardson 1954/-. Späte Sorte mit gerüschter, gerollter Trompete. (E)
'Innis Beg' (W-GWW) Carncairn Daffodils 1965/76. Wachsige Blüte auf hohem, kräftigem Stiel. (E)
'Interval' (W-GYP) Ballydorn Bulb Farm 1975/86. Lachsrosa Rand an den gelben Schalen, zurückgeschlagenes Perigon. (E)
'Inverpolly' (W-W) J.S.B. Lea 1961/80. Beim Öffnen pfirsichrosa, jedoch schnell ausbleichend. PC 1961, AM 1972. (E)
'Irish Light' (Y-O) J.L. Richardson -/1972. Strahlende, nicht ausbleichende Farben, kräftiger Stiel. AM 1968. (E)
'Irish Minstrel' (W-Y) J.L. Richardson -/1958. Weiße Blüte mit gelber Schale von fester Substanz. AM 1960/68, FCC 1976. (E)
'Irish Mist' (W-Y) J.L. Richardson -/1972. Kräftiger in der Farbgebung als die vorherige Sorte. (E)
'Irish Rose' (W-P) G.L. Wilson 1953/-. Eine der älteren, guten rosafarbenen Sorten. PC 1955, AM 1957. (E)
'Irish Rover' (W-OOY) J.L. Richardson -/1967. Kräftig orangefarbene Nebenkrone mit gelbem Rand. AM 1967. (E)
'Janis Babson' (W-WWP) M. Evans -/1968. Weiße Blüte mit rosa »Schleifchen«. (E, USA)
'Javelin' (Y-R) W.G. Pannill -/1970. Große Blüten mit mittellanger, leuchtend orangeroter Schale. (USA)
'Johann Strauss' (W-O) J.W.A. Lefeber -/1968. Große, weit geöffnete, orangerote Schale. (NL)
'Jolly Roger' (W-Y) M. Evans -/1969. Mittellange, gerüschte Trompete von kräftigem Gelb. (USA)
'Julep' (W-GWP) M. Evans -/1974. Grünlichweiße, mittellange Trompete mit rosa Rand. (USA)
'Keepsake' (W-P) W.G. Pannill -/1980. Die weiße Schale färbt hellrosa aus. (USA)
'Kelanne' (Y-WWP) T. Bloomer -/1982. Die lachsrosa Schale ist vom gelben Perianth durch ein weißes Band getrennt. (E)
'Ken's Favourite' (W-P) M. Evans 1968/78. Zart gerüschte, kräftig rosa Schale. Feste Stiele. (E, USA)
'Key Largo' (Y-Y) W.G. Pannill -/1980. Goldgelbe Blüten mit langer Trompete. (USA)
'Keystone' (Y-YWW) M. Evans 1968/79. Schwefelgelbes Perianth, weiß ausbleichende Schale. (USA)
'Killeen' (Y-O) Ballydorn Bulb Farm -/1980. Beim Altern wird die Schale immer kräftiger orangefarben. (E)

Narcissus-Hybride 'Ernani', eine selten angebaute Sorte von Konynenburg & Mark 1963 (Division 2, W-YYO).

'Kilmood' (Y-R) Ballydorn Bulb Farm -/1988. Kleine, kräftig rote, sonnenfeste Schale. (E)
'Kilworth' (W-YOO) J.L. Richardson 1938/-. Große, orangerote Schale, kaum ausbleichend. AM 1946/48, FCC 1946/50/52. (hübl.)
'Kindled' (Y-R) G.L. Wilson 1950/-. Beim Altern wird auch das gelbe Perianth rötlich überhaucht. (E)
'Kirklington' (W-P) Mrs. J.A. Smith -/1979. Frühe Sorte mit kräftig rosafarbener Trompete. (E)
'Kissproof' (Y-O) Waarnar & Co. -/1964. Dunkelorangefarbene, nicht ausbleichende Schale. AM 1964. (NL, USA)
'Knightwick' (W-P) J.L. Richardson -/1963. Ältere, aber sehr empfehlenswerte, rosafarbene Sorte. (E)
'Knowehead' (W-W) G.L. Wilson 1954/-. Eisig weiße Blüten mit am Rand gerollter Trompete. AM 1969. (E)
'Lady Emily' (Y-O) Ballydorn Bulb Farm -/1988. Reingelbes Perianth, hell orangegelbe Schale. (E)
'La Manchia' (W-W) W.G. Pannill -/1970. Reinweiße Blüte mit mittellanger, glatter Trompete. (USA)
'Langwith' (W-Y) Mrs. J.A. Smith -/1969. Die Schale öffnet hellgelb und wird ständig kräftiger in der Farbe. (E)
'Lara' (W-O) W.G. Pannill -/1977. Kleine, schüsselförmige, orangefarbene Nebenkrone. (USA)
'Larkfield' (W-O) W.J. Dunlop -/1969. Die Schale ist ungewöhnlich lachs-orange. (E)
'Lemon Sherbet' (W-GYY) Carncairn Daffodils -/1979. Große, breite, zitronengelbe Schale, die am Rand dunkler ist. (E)
'Lennymore' (Y-R) B.S. Duncan -/1983. Große Blüte von kräftiger Färbung. Fester Stiel. (E)
'Lilac Delight' (W-P) G.E. Mitsch -/1968. Die lachsfarbene Schale hat einen lila Unterton. (E)
'Limbo' (O-R) B.S. Duncan -/1984. Flache, schüsselförmige Nebenkrone von tiefstem Rot. (E)
'Limeade' (Y-W) G.E. Mitsch -/1962. Niedere Steingartensorte von hellem Zitronengelb, ausbleichende Schale. (E)
'Limehurst' (YW-W) T. Bloomer -/1982. Ähnelt 'Daydream', doch färbt die Schale rascher um in Weiß. (E)
'Lisanore' (W-P) Carncairn Daffodils -/1973. Die rosarote Schale ist am Rand gerollt und gerüscht. (E)

Narcissus-Hybride 'Happy Face', Carncairn Daffodils 1968 (Division 2, W-O).

'Liverpool Festival' (Y-O) J.S.B. Lea 1974/85. Orangerote, sonnenfeste Schale. Spätblühend. (E)
'Loch Brora' (W-O) J.S.B. Lea -/1979. Seidiges, schneeweißes Perianth, große, orangefarbene, gezackte Schale. (E)
'Loch Carron' (Y-R) J.S.B. Lea -/1980. Glattes, gelbes, am Rand orangefarbenes Perianth, rote Schale. (E)
'Loch Fada' (Y-R) J.S.B. Lea -/1972. Sehr späte Sorte. Gelbes Perianth, flammend rote Schale. (E)
'Loch Hope' (Y-R) J.S.B. Lea -/1970. Eine der schönsten und farbenprächtigsten Sorten dieser Klasse. AM 1978, FCC 1981. (E)
'Loch Katrine' (Y-YOO) J.S.B. Lea -/1987. Dreiviertellange, sonnenfeste, orangerote Schale, goldenes Perianth. (E)
'Loch Loyal' (Y-R) J.S.B. Lea -/1980. Von der Basis bis zum Rand gleichmäßig rote Schale, gelbes Perianth. (E)
'Loch Lundie' (Y-R) J.S.B. Lea -/1978. Breite, runde, gelbe Tepalen und kräftig rote Schale. AM 1980. (E)
'Loch Maberry' (Y-R) J.S.B. Lea -/1983. Aprikosengelbes Perianth, kleine, sonnenfeste, feuerrote Schale. (E)
'Loch More' (Y-R) J.S.B. Lea -/1981. Strahlend gelbes Perianth, rote, gerüschte Trompete. (E)
'Loch Naver' (Y-ORR) J.S.B. Lea -/1963. Kräftig gelbes Perianth, strahlend rote Schale. Spätblühend. (E)
'Loch Owskeich' (Y-O) J.S.B. Lea -/1971. Farbenfrohe Sorte mit Auszeichnungen. AM 1981, FCC 1982. (E)
'Loch Rimsdale' (Y-YYR) J.S.B. Lea -/1985. Eine der besten gelb-orangeroten Sorten Leas. (E)
'Loch Stac' (Y-R) J.S.B. Lea -/1961. Gut proportionierte, kräftig rote Schale. Hohe Stiele. (E)
'Lough Bawn' (Y-R) Carncairn Daffodils 1975/86. Langblühende, frühe, sonnenfeste Sorte, auch für Töpfe. (E)
'Louise de Coligny' (W-O) L. van Leeuwen 1940/-. Orangerosa Schale, zur Mitte hin weiß ausbleichend. AM 1940. (D)

Narcissus-Hybride 'Lough Bawn', bereits 1975 gezüchtet, aber erst 1986 von Carncairn Daffodils eingeführt (Division 2, Y-R).

'Lynchburg' (W-YOO) W.G. Pannill -/1978. Die goldgelbe Schale hat ein breites, orangefarbenes Band. (USA)
'Magic Maiden' (W-R) T. Bloomer -/1982. Sehr sonnenfeste, orangerote Schale, reinweißes Perianth. (E)
'Magna Carta' (W-O) B.S. Duncan -/1987. Flache, breite Schale von strahlendem Orange. Frühblühend. (E)
'Maid of Ulster' (W-YYR) T. Bloomer -/1964. Mittelgroße Blüte von starkem Farbkonstrast; flache, breite Schale. (E)
'Manna' (W-GWW) M. Evans -/1982. Mittelhohe Sorte mit weit geöffneter Schale. (USA)
'Mantle' (W-GPP) B.S. Duncan -/1987. Öffnet W-YYP und wird dann mandarinorange und rosa gemischtfarbig. (E)
'Maplebeck' (W-WWP) Mrs. J.A. Smith -/1978. Kleine, dekorative Blüte: weiß mit rosa Rand. (E)
'Margaret Clare' (W-GPP) Mrs. J.A. Smith -/1973. Apfelblütenrosa Schale mit grüner Mitte. (E)

'Marimba' (Y-YYO) M. Evans 1962/73. Sehr frühe, gelbe Sorte mit orangerotem Rand. (E,USA)
'Marshfire' (W-YOR) M. Evans -/1970. Sehr farbintensive Blüte mit korallenrotem Rand. (E)
'Megalith' (W-Y) T. Bloomer -/1984. Außergewöhnlich hübsche, weiße Blüte mit kräftig zitronengelber Schale. (E)
'Melbury' (W-P) J.W. Blanchard -/1977. Schmale, reinrosa Trompete. Hohe, kräftige Pflanze. (E)
'Memoir' (Y-WWY) M. Evans -/1989. Sehr zarte, pastellfarbige Blütenzeichnung. (USA)
'Mentor' (W-GPP) T. Bloomer -/1982. Mittelgroße, dunkelrosa, etwas gewellte Schalen. Wüchsig und gut proportioniert. (E)
'Mermaid's Spell' (W-GWY) Carncairn Daffodils 1975/85. Hohe, attraktive Sorte, gelegentlich zwei Blüten pro Stiel. (E)
'Metropolitan' (W-O) G.A. Uit den Boogaard -/1958. Gut haltbare, orangerote Blüte. AM 1957, FCC 1958. (NL)
'Merry Princess' (W-W) R.H. Glover -/-. Breite, überlappende Perigonblätter, gut proportionierte Schale. (A)
'Milestone' (Y-P) G.E. Mitsch -/1968. Chamois-gelbes Perianth und aprikosenfarbige Schale. Sehr attraktiv. (E)
'Milford' (W-O) Mrs. J.A. Smith -/1978. Hohe, kräftige, sonnenfeste Pflanze. (E)
'Mill Grove' (Y-R) W.A. Noton -/1976. Breite Tepalen, becherförmige, dunkelrote Schale. (E)
'Misty Glen' (W-GWW) F.E. Board -/1976. Die zarte Krone ist breit und hübsch gerüscht. AM 1982. (E)
'Modern Art' (Y-O) W.F. Leenen -/1973. Hellgelbes Perianth, halskrausenartig gerüschte, orangefarbene Schale. (NL, USA)
'Modulux' (W-Y) P.&G. Phillips 1968/78. Glitzerndes, weißes Perianth und chromegelbe Schale. Wüchsig. (E)
'Mon Cherie' (Y-POO) P.Q.M. Pennings -/1983. Gerüschte, orange-rosa Schale. (NL)
'Moneymore' (Y-R) W.J. Dunlop -/1960. Kräftig goldgelbes Perianth und mittellange, rote Schale. (E)
'Montclair' (W-YYP) Mrs. J.A. Smith 1967/85. Gelbe Schale mit rosa Rand, weißes Perianth. (E)
'Moonspell' (Y-W) Ballydorn Bulb Farms -/1972. Reverse (= umgekehrte) Bicolor-Sorte mit langer Trompete. (E)
'Moon Valley' (W-GWW) B.S. Duncan -/1983. Eine der größten Blüten dieser Farbklasse. (E)
'Mother Grullemans' (W-OOW) J.J. Grullemans 1951/-. Auch unter dem Namen 'Grandmother Grullemans' im Handel. (NL)
'Mount Fuji' (W-W) B.S. Duncan -/1987. Die becherförmige Schale scheint noch weißer als das Perianth zu sein. (E)
'Mount Ida' (W-GWO) Ballydorn Bulb Farm 1976/87. Gelblich-weiße Schale mit breitem, orangegelbem Rand. (E)
'Moyola' (W-P) Carncairn Daffodils -/1976. Pfirsischrosa Schale, von glatter Textur. (E)
'Multnomah' (Y-YOO) M. Evans -/1972. Sehr frühe Sorte mit breitem, orangerotem Band auf der Schale. (USA)
'My Love' (W-WWY) J.L. Richardson 1948/-. Sehr schön in der Form, immer noch empfehlenswert. AM 1957, FCC 1959. (E)
'My Word' (W-P) Mrs. E. Murray 1962/79. Breite Schale von sehr schönem Rosa. (E)
'Namraj' (Y-GYR) T. Bloomer -/1988. Die gelbe Blüte hat einen klaren, roten Rand. (E)
'Nether Barr' (W-GRR) B.S. Duncan -/1983. Sehr große Blüte mit leuchtend roten Schalen. (E)
'Nevta' (Y-R) J.M. de Navarro -/1988. Der Samen der Hybride stammt von de Navarro, die Einführung von B.S. Duncan. (E)
'Newport' (W-YOY) W.G. Pannill -/1980. Die gelbe Schale ist am Rand orangefarben und gewellt. (USA)
'Norma Jean' (Y-Y) J.S.B. Lea -/1988. Die Blüte ist so pastell-blond wie Norma Jean: Sie kennen sie als Marilyn Monroe. (E)

'Normanton' (W-GPP) Mrs. J.L. Richardson -/1978. Feste Substanz und gute Form. Zuchtsorte. (E)
'Northern Sceptre' (W-YYR) Ballydorn Bulb Farm -/1975. Eine deutliche Verbesserung von 'Northern Light'. (E)
'Old Satin' (W-Y) G.E. Mitsch 1956/67. Die weiße Schale verfärbt sich allmählich hellgelb. (E)
'Opal Pearl' (W-P) Mrs. J.A. Smith 1976/86. Mittelgroße Blüte mit lila überhauchter, rosa Trompete. (E)
'Orange Lodge' (W-O) B.S. Duncan -/1978. Mittelgroße Blüte mit sonnenfester, orangefarbener Schale. (E)
'Orange Progress' (Y-O) J.W.A. Lefeber -/1968. Ähnelt einer orangefarbenen Trompetennarzisse. (NL)
'Osmington' (W-R) J.W. Blanchard -/1974. Frühe, mittelgroße Blüte mit strahlend roter Schale. (E)
'Ottoman Gold' (W-GYR) Ballydorn Bulb Farm -/1986. Sehr farbenprächtige Sorte mit flacher Schale. (E)
'Outlook' (W-WWP) W.G. Pannill -/1983. Lange, breite Schale, die bis auf den hellrosa Rand weiß ausbleichen. (USA)
'Painted Doll' (W-WWP) M. Evans 1971/85. Die große Schale geht über von weiß in himbeerrosa. (USA)
'Pale Sunlight' (Y-Y) Carncairn Daffodils -/1982. Blüte kühl cremefarben mit becherförmiger Schale. (E)
'Pankot' (W-GWY) Carncairn Daffodils -/1984. Bleichgelbe Schale mit orangerosa Rand und grünem Auge. (E)
'Parkdene' (W-O) T. Bloomer -/1984. Die orangefarbene Schale bleicht etwas aus, verbrennt aber nicht in der Sonne. (E)
'Parkfield's Beauty' (W-W) Carncairn Daffodils -/1990. Glattes Perianth und reinrosa Nebenkrone. (E)
'Parkridge' (W-R) T. Bloomer -/1984. Blüte mit fester Substanz und großer, kräftig orangeroter Schale. (E)
'Park Royal' (Y-YYR) A. Gibson 1951/-. Die Schale ist kräftiger gelb als das Perianth und besitzt einen roten Rand. (E)
'Parterre' (W-Y) T. Bloomer -/1983. Große, weiß-gelbe Blüten vom Cyclamineus-Typ. (E)
'Passionale' (W-P) G.L. Wilson -/1956. Ersetzt mittlerweile 'Mrs. R.O. Backhouse'. AM 1957/63, FCC 1971/76. (hübl.)
'Pastiche' (Y-YWW) J.L Richardson 1976/86. Mittelgelbes, rundes Perianth. Weiß ausbleichende, große Trompete. (E)
'Patabundy' (Y-R) B.S. Duncan -/1987. Wirklich sonnenfeste, rote Schale, gelbes Perianth. (E)
'Patachou' (Y-O) J.J. Grullemans -/1956. Dunkelgelbe Blüte, deren Rand in Orange übergeht. (NL)
'Peacock' (W-WWP) W.G. Pannill -/1972. Die rosa Schale bleicht bis auf den Rand weiß aus. (E)
'Permissive' (W-Y) H.R. Barr -/1971. Weiße Anhängsel an der gelben Trompete ergeben den Typ einer »Bartnarzisse«. (NL)
'Pimm' (Y-R) T. Bloomer -/1985. Sowohl das Perianth als auch die Schale sind sehr kräftig in der Farbe. (E)
'Pink Flare' (W-P) M. Evans -/1977. Mittellange, muschelrosa Trompete. (USA)
'Pink Garden' (W-GPP) W.G. Pannill -/1985. Große, gerüschte Trompete von kräftigem Lachsrosa. (USA)
'Pink Mink' (Y-P) B.S. Duncan -/1978. Gelb-rosa Sorte von gutem Kontrast, schöner Form und fester Substanz. (E)
'Pink Panther' (W-P) Mrs. J.A. Smith -/1974. Sehr schöne Blüte mit breiten Perigonblättern. (E)
'Pink Special' (W-P) R.H. Glover -/1965. Große, feste Blüten mit einer Schale von kräftigem, reinem Rosa. (A)
'Pink Tea' (W-P) M. Evans -/1975. Mittellange Trompete von reinem Muschelrosa. (E, USA)
'Pink Whispers' (W-P) Mrs. J.A. Smith -/1986. Schöne Blüte von bester Qualität, rosarote Schale. (E)
'Pipe Major' (Y-O) F.E. Board -/1965. Mittelgroße Blüte mit gelbem Perianth und kräftig orangeroter Schale. (E)

Narcissus-Hybride 'Louise de Coligny', van Leeuwen 1940, ist ein Vorläufer der modernen rosafarbenen Narzissen (Division 2, W-P).

'Pipestone' (W-R) M. Evans -/1979. Lange, kräftig himbeerrote Trompete. (USA)
'Pismo Peach' (W-WWP) B.S. Duncan -/1978. Breite, weiße Schale mit grünem Auge, der Rand ist apfelblütenrosa. (E)
'Pitchroy' (W-GWW) J.S.B. Lea -/1973. Eisig weiße Blüte von den Ausmaßen einer Trompetennarzisse. (E)
'Plaza' (Y-W) M. Evans 1965/75. Sehr hohe Bicolor-Sorte von guter Substanz. (USA)
'Polar Circle' (W-W) Carncairn Daffodils -/1982. Sehr große, reinweiße Blüten. Ausgesprochen wüchsig. (E)
'Pol Crocan' (W-P) J.S.B. Lea -/1990. Breite, überlappende Perigonblätter, dunkelrosa, halblange Trompete. (E)
'Pol Dornie' (W-P) J.S.B. Lea -/1978. Kräftig rosafarbene Schale mit breitem, gerolltem Rand. (E)
'Pol Voulin' (W-P) J.S.B. Lea -/1983. 10 cm großes, weißes Perianth, lange rosafarbene Trompete. (E)
'Porcelain' (W-W) M. Evans -/1980. Große, reinweiße Blüte mit leicht gerüschter Schale. (USA)
'Portnagolan' (W-GPP) Carncairn Daffodils -/1988. Gezackte, rosa Trompete. Spätblühend. Gute Topfsorte. (E)
'Portrait' (W-P) M. Evans -/1984. Breites, weißes Perianth, kräftig rosarote Trompete. (USA)
'Premiere' (W-GPP) B.S. Duncan -/1973. Hervorragend in Farbe, Form und Beständigkeit. Frühe Sorte. (E)
'Professor Einstein' (W-R) J.W.A. Lefeber 1946/-. Große, nicht ganz sonnenfeste, orangerote Schale. AM 1955, FCC 1957. (hübl.)
'Profile' (W-Y) M. Evans -/1970. Sehr späte und ausgesprochen hohe, zweifarbige Sorte. (USA)
'Purity' (W-W) G.L. Wilson -/1960. Gut proportionierte, schneeweiße Blüte an hohem Stiel. AM 1960. (E)
'Pyrite' (W-GYY) M. Evans 1965/77. Großes, elfenbeinfarbiges Perianth, kurze, gelbe Schale. (USA)
'Quiet Day' (W-GPP) Carncairn Daffodils -/1983. Gut in Form und Substanz. (E)
'Rainbow' (W-WWP) J.L. Richardson -/1961. Bewährte und sehr schöne, rosa gerandete Sorte. AM 1967. (E, USA)
'Rain Dance' (W-W) M. Evans 1970/86. Die reinweiße Blüte steht im 90°-Winkel am hohen Stiel. (USA)
'Rameses' (W-R) J.L. Richardson -/1960. Blüte von 10 cm Durchmesser mit orangeroter Schale. PC 1960, AM 1963. (E)
'Rapport' (Y-WWY) M. Evans 1966/85. Nicht klar abgegrenzter, gelber Rand an der langen Trompete. (USA)
'Raspberry Ring' (W-GWP) J.M. de Navarro -/1977. Der rosafarbene Rand der Schale ist von enormer Leuchtkraft. (E)
'Red Bay' (Y-R) W.J. Dunlop -/1978. Kräftig gelbes, flaches Perianth, karminrote Schale. (E)
'Red Cottage' (W-YYR) Carncairn Daffodils -/1967. Langblühende Sorte mit kräftig orangerotem Rand. (E)
'Red Devil' (W-R) Carncairn Daffodils -/1973. Scharlachrote Schale mit großem Kontrast zum reinweißen Perianth. (E)

Narcissus-Hybride 'Modern Art', Leenen 1973, fällt auf durch die ungewöhnliche, gerüschte Schale (Division 2, Y-O).

Narcissus-Hybride 'Northern Sceptre' ist eine sehr edle Sorte der Ballydorn Bulb Farm 1973 (Division 2, W-YYR).

'Red Devon' (Y-O) E.B. Champernowne 1943/-. Intensiv orangerote, sonnenfeste Schale. AM 1950/68/85, FCC 1977. (D)
'Red Haze' (Y-R) J. O'More 1969/81. Beim Altern wird die Schale bronzerot. Schöne, große Showblüte. (E)
'Red Hot' (O-R) J. O'More -/1975. Mittelgroß, kräftig orangefarben mit adretter, roter Schale. (E)
'Red Marshal' (W-O) Mrs. J.L. Richardson -/1976. Zart gerüschte, orangerote Schale. Feste Stiele, wüchsig. (E)
'Red Rascal' (Y-R) Warnaar & Co. 1950/-. Orangerote Schale, schmale, gelbe Perianthblätter. AM 1954, FCC 1956. (D)
'Red Spartan' (Y-R) B.S. Duncan -/1983. Spätblühende, sonnenfeste Sorte mit kräftigen Stielen. (E)
'Reference Point' (YW-Y) J.S.B. Lea -/1987. Die Mitte dieser herrlichen Blüte ist weiß. (E)
'Regal Bliss' (W-GWW) B.S. Duncan -/1982. Symmetrisches Perianth und zylindrische Nebenkrone. (E)
'Revelation' (W-Y) W.G. Pannill -/1970. Glattes, rundes Perianth, breite, am Rand gerollte Trompete. (USA)
'Ringleader' (W-YYO) J.L. Richardson -/1972. Breite, flache, zitronengelbe Schale mit orangerotem Rand. (E)
'Ringmaster' (Y-YYO) J.L. Richardson 1953/-. Große, untertassenförmige Schale mit breitem, orangerotem Rand. (E)
'Rio Bravo' (O-R) Ballydorn Bulb Farm -/1986. Sehr früh. Kupferfarbene Tepalen, orangerote Schale. (E)
'Rio Gusto' (O-R) Ballydorn Bulb Farm -/1981. Breite Tepalen von kupferroter Farbe. Breite Schale. (E)
'Rio Rouge' (Y-R) Ballydorn Bulb Farm -/1974. Kupferfarbenes Perianth, stark verbreiterte Schale. (E)
'Rockport' (W-W) Carncairn Daffodils -/1990. Die reinweiße Trompete hat beim Öffnen einen zartrosa Rand. (E)
'Romance' (W-P) J.L. Richardson -/1959. Sehr große Blüten von schöner Form. Wüchsig. AM 1966/86. (D,E)

'Rory's Glen' (O-O) Carncairn Daffodils -/1988. Perianth und Schale kräftig orangefarben. Absolut neue Farbkombination. (E)
'Rosebank' (W-YPP) Mrs. J.A. Smith -/1989. Kleine, dekorative Blüte mit kurzer, aprikosenfarbener Schale. (E)
'Rose Royale' (W-P) J.L. Richardson -/1958. Elegante Schale von reinrosa Farbe. PC 1961, AM 1964, FCC 1972. (E)
'Rosy Wonder' (W-YYP) P. de Jager -/1977. Blüht im Topf bereits im Februar. (NL,USA)
'Roulette' (W-YYO) G.A. Uit den Boogaard -/1959. Zweifarbige Blüte mit orangerotem Rand. AM 1959. (NL)
'Roundelay' (W-Y) W.G. Pannill -/1978. Alles an der Blüte ist rund: das weiße Perianth und die goldgelbe Schale. (USA)
'Round Robin' (Y-YYR) Carncairn Daffodils -/1985. Chromegelbe Blüte mit schmalem, rotem Rand. Flache Schale. (E)
'Royal Ballet' (W-WPP) B.S. Duncan -/1984. Blüte von guten Proportionen und einem lilafarbenem Rosa. (E)
'Royal Coachman' (W-GYO) M. Evans -/1969. Sehr farbenprächtig: weiß, grün, gelb, rot. (E)
'Royal Marine' (W-YOO) W.A. Noton -/1990. Die Basis der Schale ist gelb, zwei Drittel sind kräftig orangerot. (E)
'Royal Occasion' (W-P) Mrs. J.A. Smith -/1982. Gut proportionierte Blüte mit reinrosa Trompete. (E)
'Royal Orange' (W-O) G.A. Uit den Boogaard 1953/-. Enorm große, gefranste, orangefarbene Schale. AM 1954. (NL)
'Royal Regiment' (W-O) J.L. Richardson -/1961. Flache Nebenkrone von leuchtendem Orange. Wüchsig. (E)
'Royal Wedding' (W-GWY) Carncairn Daffodils -/1982. Große, weiße Blüte mit gelbem Rand auf kräftigem Stiel. (E)
'Rubh Mor' (W-ORR) J.S.B. Lea -/1971. Sehr große Blüte an hohem, kräftigem Stiel. (E)
'Rubythroat' (W-R) G.E. Mitsch -/1969. Brilliante, rosarote Schale, flaches, reinweißes Perianth. (E)
'Rufford' (W-P) Mrs. J.A. Smith -/1975. Mittellange Trompete von reinem Apfelblütenrosa. (E)
'Rutland Water' (W-GWW) W.A. Noton 1974/85. Das kalte Weiß der Blüten wird durch das grüne Auge noch gesteigert. (E)
'Saint Patrick's Day' (Y-Y) Konynenburg & Mark -/1964. Ausbleichend bis auf den gerüschten Rand der Schale. (D, USA)
'Salmon Spray' (W-P) J.L. Richardson -/1967. Glockenförmige, korallenrosa Schale. Hohe, feste Stiele. (E)
'Salmon Trout' (W-P) J.L. Richardson 1948/-. Die Trompete ist kräftig rosa. PC 1948, AM 1951/62, FCC 1962. (D, USA)
'Salome' (W-PPY) J.L. Richardson -/1958. Lange, lachsrosa Trompete, am Rand gelb ausbleichend. AM 1962/71/85. (NL, USA)
'Santa Rosa' (W-WWP) J.L. Richardson -/1973. Die breite, grünlichweiße Schale hat einen lachsrosa, gelappten Rand. (E)
'Satin Pink' (W-P) J.L. Richardson -/1958. Leuchtend rosafarbene Trompete. Langblühend. AM 1962. (hübl.)
'Sedate' (W-P) P. Phillips -/1967. Höher und früher als die meisten rosa Sorten. (E)
'Sempre Avanti' (W-O) Gebüder de Graaf 1938/-. Rahmweißes Perianth, orangefarbene Krone. AM 1938. (D, NL)
'Shandon' (W-GOO) B.S. Duncan -/1979. Sehr große Blüte mit flacher, glühend orangefarbener Schale. (E)
'Sheerline' (W-W) B.S. Duncan -/1987. Perianth triangelförmig, Blüte reinweiß. (E)
'Sheik' (W-YOY) Mrs. J.L. Richardson -/1978. Auffallende Farbe, besonders gut in Töpfen. (E)
'Shell Bay' (W-P) J.W. Blanchard -/1974. Attraktive Blüte von kräftigem Rosa. (E)
'Shieldaig' (Y-YYO) J.S.B. Lea -/1964. Schöne, tassenförmige Schale mit breitem, orangefarbenem Rand. (E)
'Shining Light' (Y-R) F.E. Board -/1965. Orangerote, nicht ausbleichende, becherförmige Schale. (E)
'Shortcake' (W-P) M. Evans -/1984. Die schüsselförmige Nebenkrone ist himbeerrosa. (USA)

'Shriner' (W-Y) M. Evans -/1972. Die hellgelbe Schale bleicht weiß aus. Gartensorte. (USA)
'Shy Face' (W-GWP) Carncairn Daffodils 1965/82. Eine sehr kleine, rosa Sorte für den Steingarten. (E)
'Silk Cut' (W-GWW) B.S. Duncan -/1986. Eine Blüte von klarer, gezirkelter Form. (E)
'Silver Blaze' (W-GWW) B.S. Duncan -/1978. Das grüne Auge verleiht der weißen Blüte einen zusätzlichen Effekt. (E)
'Silvermere' (W-W) B.S. Duncan -/1981. Reinweiße Blüten mit dreiviertellanger Trompete. (E)
'Silversmith' (W-W) W.A. Noton 1973/85. Kleine, schüsselförmige Nebenkrone, absolut reinweiß. (E)
'Silver Surf' (W-W) B.S. Duncan -/1978. Die Tepalen sind breit und herzförmig. (E)
'Sky Ray' (Y-YYR) W.G. Pannill -/1983. Breite, gelbe Schale mit orangerotem Rand. (USA)
'Snowdrift' (W-W) W.G. Pannill -/-. Sehr lange, zartgerüschte Trompete, reinweiß. (USA)
'Snow Pink' (W-P) M. Evans -/1972. Der Name sagt alles: sehr weiß und sehr rosa, kleinblütig. (USA)
'Snowshill' (W-GWW) J.M. de Navarro 1949/-. Reinweiße, graziöse, ausgewogene Blüte. AM 1957/63/88. (E)
'Soestdijk' (W-YOW) J.W.A. Lefeber -/1975. Breite, orangegelbe Schale mit weiß ausbleichendem Rand. (NL)
'Solferique' (W-P) B.S. Duncan -/1988. Eine Bereicherung unter den »rosa« Narzissen. (E)
'Sophie Girl' (W-P) Mrs. J.A. Smith -/1984. Kleine, hübsche Blüte, bläulichrosa. (E)
'Space Age' (Y-Y) M. Evans 1955/65. Mittelgelbe, wüchsige Gartensorte. (USA)
'Sportsman' (Y-R) B.S. Duncan -/1979. Eine der am kräftigsten roten Sorten, nicht ganz sonnenfest. (E)
'Spring Fashion' (W-P) Mrs. J.L. Richardson -/1977. Korallenrosa Schale und reinweißes Perianth von fester Substanz. (E)
'Springston Charm' (W-W) L.J. Chambers -/1980. Eine der besten Sorten Neuseelands. (E)
'Springwood' (W-GWW) B.S. Duncan -/1986. Eine größere Form von 'Silk Cut'. (E)
'Stainless' (W-W) G.L. Wilson -/1960. Reinweiße Blüte mit flacher Schale. AM 1978. (hübl.)
'Starmount' (W-W) W.G. Pannill -/1970. Sternförmiges, weißes Perianth, Schale am Rand gerollt. (USA)
'Starship' (Y-R) B.S. Duncan -/1987. Rundes, gelbes Perianth und tassenförmige, rote Nebenkrone. (E)
'Star War' (Y-R) T. Bloomer -/1984. Ähnelt 'Shining Light', ist aber kräftiger in den Farben. (E)
'State Express' (Y-GOO) B.S. Duncan -/1983. Glockenförmige, orangerote Schale. Spätblühend. (E)
'Staythorpe' (W-WPP) Mrs. J.A. Smith -/1985. Große, frühe Blüte mit klar abgegrenztem, rosa Rand. (E)
'Stoke Charity' (W-W) A.J.R. Pearson 1970/87. Sehr schöne, reinweiße Blüte mit grünem Auge. (E)
'Strines' (Y-Y) F.E. Board -/1965. Große Blüte auf hohem Stiel, zuverlässiger Blüher. AM 1969, FCC 1979. (E)
'Stylish' (Y-O) P.&G. Phillips -/1975. Das kräftig gelbe Perianth und die orangefarbene Schale unterscheiden sich nur um einen Farbton. (E)
'Suda Bay' (Y-GOO) Carncairn Daffodils -/1984. Goldgelbes Perianth, strahlend orangefarbene Schale. (E)
'Suede' (Y-W) M. Evans -/1972. Die Schale braucht Wärme, um weiß auszubleichen. (USA)
'Sunnyside' (Y-Y) W.G. Pannill -/1972. Die Schale ist am Rand stark gerüscht, reingelb. (USA)
'Super Star' (Y-Y) J.J. Grullemans -/1983. Cremefarbenes Perianth, große, gelbe Trompete. (NL)
'Surrey' (Y-R) B.S. Duncan -/1988. Sehr farbintensive, becherförmige, rote Schale. (E)

'Sweet Harmony' (W-WWY) F. Rijnveld 1956. Cremeweiße, lange Trompete mit gelbem Rand. AM 1956. (NL)
'Tahoe' (Y-R) W.G. Pannill -/1972. Hellgelbes Perianth, dunkel orangeroter Becher. (USA)
'Tanera' (Y-O) J.S.B. Lea -/1959. Große, intensiv orangerote, sonnenfeste Schale. PC 1959. (E)
'Tangent' (W-P) G.E. Mitsch -/1969. Sehr wüchsige Sorte mit einer dunkelrosafarbenen Schale. (E)
'Tara Rose' (W-P) J.L. Richardson -/1972. Riesengroße Blüte mit glockenförmiger, kräftig gefärbter Schale. (E)
'Tekapo' (O-O) A. Gibson 1951/-. Das gelbe Perianth ist rougefarben überhaucht, die Schale ist rotorange. (E)
'Tillicum' (W-P) M. Evans -/1969. Die Schale öffnet sich primelgelb und verfärbt sich aprikosenfarben. (USA)
'Tomphubil' (W-WWP) J.M. de Navarro 1973/85. Ähnelt 'Drumboe', ist aber kräftiger und attraktiver gefärbt. (E)
'Topkapi' (W-OOY) Ballydorn Bulb Farm -/1975. Die Schale der gelben Blüte wird zur Mitte hin immer dunkler. (E)
'Top Notch' (Y-Y) G.E. Mitsch -/1970. Die Schale der zitronengelben Blüte verfärbt sich bernsteinfarben. (E)
'Torridon' (Y-R) J.S.B. Lea -/1964. Mittelgroße Blüte von brillianter Farbe. Fester Stiel. AM 1977. (E)
'Tristram' (Y-Y) Mrs. J.L. Richardson -/1976. Sehr große Blüte von mittlerem Gelb, wüchsig. (E)
'Tudor Grove' (W-Y) Mrs. J.L. Richardson -/1982. Große Blüte an sehr hohem, festem Stiel. (E)
'Tullygirvan' (W-W) Carncairn Daffodils -/1976. Beim Öffnen elfenbeinfarben, bleicht weiß aus. (E)
'Tullynakill' (W-P) Ballydorn Bulb Farm -/1990. Breite, schüsselförmige Schale von kräftigem, reinem Rosa. (E)
'Tutankhamun' (W-GWW) Mrs. J.A. Smith -/1972. Blendend weiße Blüte, gehört fast in Division 1. PC 1974, AM 1975. (E)
'Twicer' (Y-YOO) D. Jackson -/1982. Gelbe Blüte mit breitem, orangefarbenem Band an der eichelförmigen Schale. (E)
'Tyee' (W-P) M. Evans -/1973. Schale kräftig lachsrosa, gut für Garten und Schnitt. (USA)
'Ulster Bullion' (Y-Y) Ballydorn Bulb Farm -/1984. Frühe, große, kräftig gelbe Sorte. (E)
'Ulster Star' (W-R) T. Bloomer -/1964. Ähnelt 'Arctic Flame', ist jedoch intensiver gefärbt. (E)
'Upper Broughton' (W-WPP) Mrs. J.A. Smith -/1980. Die rosa Schale hat am Rand ein dunkleres Band. (E)
'Urbane' (W-YOY) M. Evans -/1979. Die primelgelbe Trompete wird in der Mitte lachsorange. (USA)
'Valinore' (W-P) B.S. Duncan -/1978. Die Trompete braucht etwas Zeit, um kräftig lilarosa auszufärben. (E)
'Value' (W-YPP) W. Jackson jr. -/1979. Die Schale ist kräftig rosa und besitzt ein gelbgrünes Auge. (A)
'Verve' (W-YYO) M. Evans -/1978. Glattes, weißes Perianth und schüsselförmige Nebenkrone von kräftigem Orange. (E)
'Vibrant' (W-YYO) M. Evans 1971/87. Gelbe Schale mit klar abgesetztem, orangerotem Rand. (USA)
'Violetta' (W-GPP) B.S. Duncan -/1975. Weißes Perianth, Trompete von bläulichem Rosa. (E)
'Vocation' (W-P) B.S. Duncan -/1976. Kupferrosa Schale, weißes Perianth. Hohe, feste Stiele. (E)
'Volare' (W-GWP) M. Evans 1968/78. Weiße Blüte mit grünem Auge und himbeerrotem Band. (USA)
'Wahkeena' (W-Y) M. Evans 1955/65. Reinweißes Perianth, lange, zitronengelbe Trompete. (E, USA)
'Wakefield' (W-W) W.G. Pannill -/1976. Sehr rund und von fester, wachsiger Substanz. (USA)
'Walesby' (W-P) Mrs. J. A. Smith 1972/85. Dekorative Blüte mit kräftig rosa Schale. Sehr wüchsig. (E)

'Wasko' (Y-WWY) M. Evans -/1987. Lange Trompete mit gerüschtem, gelbem Rand. (USA)
'Wedding Bell' (W-W) W.J. Dunlop 1950/-. Glockenförmige, am Rand gerollte Trompete. (E)
'Wellow' (W-P) Mrs. J.A. Smith -/1979. Schale strahlend rosa, kräftiger Rand. (E)
'Wendy Walsh' (W-GYP) Carncairn Daffodils -/1988. Kleine Blüte von ungewöhnlicher Form und Farbe. (E)
'Westholme' (W-GYY) B.S. Duncan -/1986. Auffallend in der Form und in der Farbe. (E)
'Westhorpe' (Y-R) Mrs. J.A. Smith -/1971. Mittelfrühe Blüte mit orangeroter, sonnenfester Schale. (E)
'White Crystal' (W-W) Mrs. J.A. Smith -/1986. Wüchsig und auch für Topfkultur gut geeignet. Lange Trompete. (E)
'White Ermine' (W-GWW) B.S. Duncan -/1978. Glatte, wachsige Blüte von schöner Form. (E)
'White Hill' (W-W) Ballydorn Bulb Farm 1975/86. Flache, schüsselförmige Schale mit grünem Auge. (E)
'White O'Morn' (W-W) M. Evans -/1969. Sehr kleine Nebenkrone, gehört fast in Division 3. (USA)

Narcissus-Hybride 'Soestdijk' ist eine der seltenen Blüten mit hellem Schalenrand (Division 2, W-YOW).

Narcissus-Hybride 'Tudor Minstrel', Richardson 1948, ist der Vorläufer der moderneren 'Tudor Grove'.

'White Spray' (W-W) J. O'More -/1968. Große, elegante Blüte, die etwas Zeit zum Entwickeln benötigt. (E)
'Wiener Blut' (W-O) P.L.A. Pouw -/1963. Sonnenfeste, orangerote Schale. Frühblühend. AM 1963. (NL)
'Wizard' (W-Y) M. Evans -/1976. Goldgelbe Trompete mit gerolltem Rand. (USA)
'Woodgreen' (W-WYY) W.J. Dunlop -/1956. Grünlich überhauchte Schale mit gelb-grünem Rand. (E)
'Yellow Sun' (Y-Y) G. Lubbe 1940/-. Reingelbe Blüte von trompetenartiger Form. AM 1940, FCC 1946. (hübl.)
'Yellowtail' (W-Y) M. Evans -/1977. Lange, glatte, primelgelbe Trompete, weißes Perianth. (USA)
'Young Blood' (W-R) B.S. Duncan -/1983. Hat eine kleine Nebenkrone, könnte Division 3 zugerechnet werden. (E)

Division 3: Kleinkronige Narzissen

'Achduart' (Y-R) J.S.B. Lea -/1972. Große, gutgeformte Blüte mit zartgelbem Perianth und dunkelroter Schale. AM 1972. (E)
'Advocat' (Y-GYY) B.S. Duncan -/1977. Das Perianth ist zitronengelb, die Schale ist etwas dunkler. (E)
'Aircastle' (W-Y) G.E. Mitsch -/1958. Grünlich-beiges Perigon, Nebenkrone von hellem Zitronengelb. Perfekt. PC 1962. (E)
'Albacrest' (W-GOW) T. Bloomer -/1985. Auffallend ist der kammförmige, weiße Rand der Schale. (E)
'Altruist' (Y-O) F.E. Board -/1965. Kupferfarbenes Perigon, kleine, orangerote, zart gerüschte Schale. AM 1975. (E)
'Annalong' (W-GWO) Ballydorn Bulb Farm -/1982. Blüte von schöner Farbe, guter Form und hervorragender Substanz. (E)
'Aquarius' (W-W) W.G. Pannill -/1970. Die kleine, geriefte Schale öffnet sich cremefarben und bleicht reinweiß aus. (USA)
'Ardglass' (W-GYR) Ballydorn Bulb Farm 1972/83. Runde Blüte mit weit geöffneter Nebenkrone. Leuchtend grünes Auge. (E)
'Ardour' (Y-R) G.E. Mitsch 1952/-. Kräftig gelbes Perianth, kleine, kräftig orangerote Schale. (E)
'Badanloch' (W-YYO) J.S.B. Lea -/1979. Große Blüte mit weitgeöffneter, gelber Schale, orangefarbener Rand. (E)
'Badbury Rings' (Y-YYR) J.W. Blanchard -/1985. Flaches, gelbes Perianth, dunklere Schale mit orangerotem Rand. AM 1988. (E)
'Ballycastle' (W-WWO) W.J. Dunlop 1947/-. Weiße, duftende Blüte mit flacher Schale. PC 1949, AM 1977. (E)
'Ballynichol' (W-GYR) Ballydorn Bulb Farm -/1990. Großes, flaches Perianth mit dunkel orangerot gerandeter Schale. (E)
'Barret Browning' (W-O) J.W.A. Lefeber 1945/-. Weißes Perigon und flache, orangerotfarbene Schale. AM 1967, FCC 1977. (D, NL)
'Beige Beauty' (Y-Y) G.E. Mitsch 1955/66. Es dauert einige Tage, bis die Blüte »beige« ausbleicht. PC 1968. (E)
'Benefactor' (O-O) Carncairn Daffodils -/1988. Perianth aprikosenorange, Schale orangerot, flach und gekräuselt. (E)
'Ben Rinnes' (W-R) J.S.B. Lea -/1972. Gut proportionierte, hervorragende weiß-rote Blüte. (E)
'Benvoy' (W-GWW) Mrs. J.L. Richardson -/1977. Die reinweiße, relativ kleine Blüte wächst nach dem Öffnen noch weiter. (E)
'Best of Luck' (W-YOR) Ballydorn Bulb Farm -/1983. Frühe und sehr kräftig gefärbte Blüte, die ihre Farben gut hält. (E)
'Birchill' (W-WYO) Mrs. J. Smith -/1974. Mittelgroße Blüte mit gelber, zum Rand hin orangefarbene Schale. Fester Stiel. (E)
'Birdsong' (W-YYR) Carncairn Daffodils -/1978. Eine wohlproportionierte Blüte mit gelber, orangerot gerandeter Schale. (E)
'Bossa Nova' (O-R) B.S. Duncan -/1983. Gute Sorte mit orangefarbenem Perianth und kräftig roter Schale. Große Blüte. (E)
'Braddock' (W-GYR) Ballydorn Bulb Farm -/1980. Eine brilliante, sehr große Blüte von kräftiger Farbe. (E)
'Bright Spark' (W-R) J.M. de Navarro -/1977. Mittelgroße, schön geformte Blüte von kräftiger Farbe. (E)
'Cadence' (W-GYO) G.E. Mitsch -/1958. Die Nebenkrone ist auffallend grün in der Mitte und hat einen orangeroten Rand. (E)
'Cairn Toul' (W-ORR) J.S.B. Lea -/1978. Glitzernd weißes Perianth, kleine, flache, strahlend rote Schale. AM 1982. (E)
'Canford' (W-WYO) J.W. Blanchard 1973/85. Eine liebliche Blüte mit flacher, am Rand orangeroter Schale. Sehr wüchsig. (E)
'Capisco' (W-GYO) Ballydorn Bulb Farm -/1969. Sehr frühe und hochwerdende Sorte mit kleiner, farbenfroher Schale. (E)
'Carrara' (W-GWW) Mrs. J.L. Richardson -/1979. Beim Öffnen hat die flache Schale ein gelbes Band, das aber ausbleicht. (E)
'Castlehill' (W-YYR) Ballydorn Bulb Farm 1971/81. Kleine, kräftig gelbe Schale mit

Oben: *Narcissus*-Hybride 'Ardour'. Auch kleinkronige Narzissen können kräftige Farbakzente im Garten setzen (Division 3, Y-R).
Unten: *Narcissus*-Hybride 'Cadence' ist eine sehr farbenprächtige Sorte des amerikanischen Züchters Mitsch (Division 3, W-GYO).

Kleinkronige Narzissen – Blüten im Vergleich: 'Cool Crystal', Mitsch 1966 (oben links); 'Blarney', Richardson 1935 (oben rechts); 'Beige Beauty', Mitsch 1955 (Mitte links); 'Sunapee', Evans 1969 (Mitte rechts); 'Dell Chapel', Lea 1970 (unten links); 'Ballycastle', Dunlop 1947 (unten rechts).

dunkelrotem, gekräuseltem Rand. (E)
'Challenge' (W-ORR) W. Jackson jr. -/1979. Eine der besten australischen Sorten dieser Klasse. (A)
'Chatmoss' (W-GYO) W.G. Pannill -/1978. Orangefarbene Zeichnung auf gelblichweißem Untergrund. (USA)
'Chianti' (Y-R) W.G. Pannill 1970. Hohe, sonnenfeste Sorte mit kräftig orangefarbener Schale, zur Mitte hin heller. (USA)
'Chickerell' (Y-YYR) J.W. Blanchard -/1985. Frühe, große Blüte von kräftigem Primelgelb, nicht ganz sonnenfester Rand. (E)
'Citronita' (Y-Y) W.A. Noton -/1976. Elegante Blüte, deren flache Schale etwas dunkler ist als das Perianth. (E)
'Collectors Choice' (W-GOR) Carncairn Daffodils -/1984. Große Blüte an hohem Stiel, breit orangerot gerandete Schale. (E)
'Colley Gate' (W-YOR) J.S.B. Lea 1972/85. Die Schale ist zur einen Hälfte gelb, zur anderen strahlend orangerot. (E)

'Cool Crystal' (W-GWW) G.E. Mitsch -/1966. Blüte von fester Substanz mit schüsselförmiger Nebenkrone. AM 1985. (E)
'Cul Beag' (W-R) J.S.B. Lea -/1971. Perfekt geformte Blüte mit runden Tepalen. Intensiv rote Schale. (E)
'Daiquiri' (Y-Y) W.G. Pannill -/1978. Das glatte, runde Perianth ist grünlichgelb, die flache Schale buttergelb. (USA)
'Dalhuaine' (W-R) J.S.B. Lea -/1971. Glattes, reinweißes Perianth, gerüschte, dunkelrote Schale. (E)
'Dateline' (Y-O) B.S. Duncan -/1986. Breite Tepalen und flache, becherförmige Schale von dunklem Orange. AM 1986. (E)
'Dell Chapel' (W-WWO) J.S.B. Lea -/1970. Die reinweiße Blüte hat eine kleine, flache Schale mit einem orangerosa Rand. (E)
'Dilemma' (Y-YYO) B.S. Duncan -/1983. Sehr große, mittelgelbe Blüte mit sonnenfestem, orangefarbenem Rand. (E)
'Doctor Hugh' (W-GOO) B.S. Duncan -/1975. Brilliante, orangerote Schale mit grünem Auge. AM 1986. (E)
'Dream Castle' (W-W) G.E. Mitsch -/1963. Große, wüchsige Sorte mit reinweißer, sehr runder Blüte. (E)
'Dress Circle' (W-YYR) T. Bloomer 1964/76. Ähnelt 'Merlin', hat aber größere Blüten. (E)
'Dunain Park' (W-GWO) Mrs. J.A. Smith -/1989. Reinweiße Blüte mit flacher, orangefarben gerandeter Schale. (E)
'Dunley Hall' (W-GYY) J.S.B. Lea 1971/86. Kleine, gerüschte, zitronengelbe Schale, großes, rundes Perigon. AM 1988. (E)
'Dunskey' (W-R) B.S. Duncan -/1977. Doppelt triangelförmiges, reinweißes Perianth, kleine, kräftig rote Schale. (E)
'Eaton Park' (W-R) T. Bloomer -/1984. Große, sonnenfeste Blüte von hervorragender Form, Farbe und Substanz. (E)
'Ernevale' (W-GWY) B.S. Duncan -/1983. Die kleine, gekräuselte Schale erblüht gelb und bleicht bis auf den Rand weiß aus. (E)
'Eyecatcher' (W-GYR) Carncairn Daffodils -/1982. Leuchtende Farben: weiß, dunkelgrün, chromegelb und leuchtend rot. (E)
'Fairgreen' (W-GYO) Ballydorn Bulb Farm -/1965. Sehr hohe, kräftige Pflanze. Grünes Auge und orangefarbenes Band. (E)
'Fairy Footsteps' (W-GWW) Ballydorn Bulb Farm -/1982. Kleine, reinweiße Blüte mit smaragdgrüner Augenzone. (E)
'Favour Royal' (W-GYR) Ballydorn Bulb Farm -/1976. Reinweiße Blüte an hohem Stiel, kleine, gelbe Schale mit rotem Rand. (E)
'Ferndown' (Y-Y) J.W. Blanchard -/1979. Eine mittelgroße, gelbe Blüte, deren Schale zum Rand hin dunkler wird. AM 1979. (E)
'Florida Manor' (W-GYO) Ballydorn Bulb Farm -/1979. Hervorragend in der Form und in der Substanz. (E)
'Ganaway' (W-YOO) Ballydorn Bulb Farm -/1984. Eine sehr große Blüte von leuchtender Farbe: die Schale ist gelb-orange. (E)
'Glen Cassley' (W-W) J.S.B. Lea -/1988. Die Schale hat beim Öffnen einen zitronengelben Rand, der bald verbleicht. (E)
'Glendarroch' (W-YOO) J.S.B. Lea -/1987. Der Code trifft die Beschreibung der zart mandarinfarbenen Schale nur schwer. (E)
'Goose Green' (W-GYR) Ballydorn Bulb Farm -/1983. Gezüchtet aus Sämlingen der Division 9, entspricht aber der Klasse. (E)
'Gossamer' (W-YYP) G.E. Mitsch -/1962. Zurückgeschlagenes, weißes Perigon, hell zitronengelbe, rosa gerüschte Schale. (E)
'Grace Note' (W-GYY) G.E. Mitsch 1952/66. Kleine Blüte mit breiter, grüner Mitte. Gerüschter, zitronengelbfarbener Rand. (E)
'Gransha' (W-GYR) Ballydorn Bulb Farm -/1977. Goldorangefarbene Schale mit dunkelgrünem Auge und scharlachrotem Rand. (E)
'Halgarry' (W-YYR) J.S.B. Lea -/1985. Die kleine, gelbe Schale besitzt ein leuchtend rotes Band. (E)
'Halley's Comet' (W-GYY) Mrs. J.A. Smith -/1986. Die sehr kräftig gelbe, flache Schale hat ein leuchtend grünes Auge. (E)
'Hartlebury' (W-ORR) J.S.B. Lea -/1987. Am Rand zart gerüschte, dunkelrote Schale. (E)

'Hawkeye' (W-YYR) W.G. Pannill -/1972. Kleine, gelbe Schale mit einem nicht ganz sonnenfesten, schmalen, roten Rand. (USA)
'Heslington' (W-YYR) C. Postles -/1985. Attraktive, gut proportionierte Blüte dieser nicht ungewöhnlichen Farbklasse. (E)
'High Cotton' (W-W) W.G. Pannill -/1985. Reinweiße Blüte mit schüsselförmiger, gekräuselter Nebenkrone. (USA)
'High Tower' (W-GWY) Ballydorn Bulb Farm -/1982. Hohe Sorte mit kleiner, gelber Schale, schmaler, orangefarbener Rand. (E)
'Hollypark' (W-GYR) Ballydorn Bulb Farm -/1990. Kräftig gefärbte, kleine, gekräuselte Nebenkrone mit grünem Auge. (E)
'Howard's Way' (W-GYR) Mrs. J.A. Smith -/1987. Sehr schöne Blüte von guter Farbzusammenstellung. (E)
'Impala' (W-GYY) G.E. Mitsch -/1966. Elegante Blüte mit steifen, weißen Perigonblättern und flacher, gelber Krone. (E)
'Invercassley' (W-R) J.S.B. Lea -/1990. Absolut reinweißes, glattes Perianth, flache, strahlend rote Schale. (E)
'Irish Linen' (W-GWW) Carncairn Daffodils -/1979. Eine reinweiße Blüte mit kräftig grünem Auge. (E)
'Irish Nymph' (W-GYO) Carncairn Daffodils -/1981. Die kräftig dunkelgelbe Schale ist am Rand zart gekräuselt. (E)
'Irish Ranger' (W-O) Carncairn Daffodils -/1975. Gut in der Form und der Substanz, aber nicht sonnenfest. (E)
'Irish Splendour' (W-R) W.J. Dunlop -/1962. Über 12 cm großes, weißes Perianth, kleine Schale von strahlendem Karminrot. (E)
'Irvington' (W-R) W.G. Pannill -/1976. Nicht ganz zutreffender Code: die Schale ist orangegelb mit orangerotem Rand. (USA)
'Islandhill' (W-YYO) Ballydorn Bulb Farm -/1984. Die Schale ist zur einen Hälfte orangefarben, zur anderen gelb. (E)
'Jamestown' (W-GYY) Ballydorn Bulb Farm -/1978. Hoch ausgezeichnete Sorte mit reingelber Nebenkrone. (E)
'Kazuko' (W-R) J. O'More 1963/75. Eine der besten Kleinkronigen Neuseelands, von schöner Form und strahlender Farbe. (E)
'Kimmeridge' (W-YYO) D. Blanchard -/1966. Nicht ganz sonnenfest, aber hervorragend zum Schnitt. AM 1975. (E)
'Kirkinriola' (W-GYO) Carncairn Daffodils -/1986. Zuverlässiger Blüher mit kräftig grünem Auge und orangefarbenem Rand. (E)
'Lalique' (Y-GYY) Dr. T.D. Throckmorton -/1975. Der rosafarbene Anteil der Schale wird mit der Zeit immer breiter und kräftiger. (E)
'Lancaster' (W-GYO) Ballydorn Bulb Farm -/1977. Der orangefarbene Rand der Schale ist kräftig gerüscht. (E)
'Langford Grove' (W-YYO) Mrs. J.A. Smith -/1977. Die flache, gelbe Schale hat einen orangefarbenen Rand. (E)
'Late Call' (W-GYR) Ballydorn Bulb Farm -/1984. Von hervorragender Substanz und leuchtender Farbe. (E)
'Lemonade' (Y-Y) J.L. Richardson -/1959. Die Schale öffnet sich weiß und färbt sich gelb um. AM 1961. (E)
'Leonora' (W-OOY) J.L. Richardson -/1963. Die große, feurig orangerote Schale hat einen gelben Rand. AM 1969. (E)
'Lighthouse' (W-R) B.S. Duncan -/1981. Sehr langblühende Sorte mit hohen Stielen. Wüchsiger und höher als 'Mahmoud'. (E)
'Limberlost' (W-YYW) M. Evans -/1969. Merkwürdig geformte Blüte, die am Rand der Schale weiße Staminoiden hat. (USA)
'Limegrove' (Y-GYY) C.R. Wooton -/1985. Die sonnenfeste, gleichmäßig gelbe Blüte hat ein kräftig grünes Auge. (E)
'Limerick' (W-O) J.L. Richardson 1938/-. Reinweißes Perianth und kleine, sonnenfeste Schale. AM 1943/52, FCC 1946. (D, USA)
'Lisbane' (W-GYR) Ballydorn Bulb Farm -/1975. Eine sehr schöne Blüte mit auffallend grünem Auge. (E)
'Lisbarnett' (W-GRR) Ballydorn Bulb Farm -/1984. Sehr kräftig rote, stark gekräuselte Nebenkrone, leuchtend grünes Auge. (E)

Narcissus-Hybride 'Lapine', wurde 1982 von Mitsch eingeführt (Division 3, Y-YYO).

'Loch Alsh' (W-YYO) J.S.B. Lea -/1988. Mit 11,5 cm Durchmesser eine der größten Blüten dieser Klasse. Spätblühend. (E)
'Loch Broom' (W-ORR) J.S.B. Lea -/1979. Breite, glitzernd weiße Tepalen und eine kleine, gerüschte, strahlend rote Schale. (E)
'Loch Coire' (W-R) J.S.B. Lea -/1983. Die kleine Krone ist kirschrot bis zur Mitte. (E)
'Loch Roag' (W-R) J.S.B. Lea -/1988. Die rote Schale ist weit geöffnet und stark gerüscht. (E)
'Loch Trool' (W-YRR) J.S.B. Lea -/1983. Die rote Schale hat eine gelbe Mitte, die Tepalen sind sehr breit. (E)
'Lollipop' (W-Y) M. Evans 1966/76. Breites, weißes Perianth, hell zitronengelbe Schale. Hohe, kräftige Stiele. (USA)
'Lostine' (W-GWW) M. Evans -/1969. Glatte und schneeweiße Blüte. Produziert nur kleine Zwiebeln. (USA)
'Loth Lorien' (W-GYY) B.S. Duncan -/1981. Die flache, zitronengelbe Schale hat ein leuchtend grünes Auge. Sehr hoch. (E)
'Lucky Star' (W-R) T. Bloomer -/1973. 10 cm große, reinweiße Blüte mit kleiner, schöngeformter, intensiv roter Schale. (E)
'Lusky Mills' (W-GYO) Ballydorn Bulb Farm -/1978. Die gelbe Schale besitzt ein breites, orangefarbenes Band. (E)
'Mahmoud' (W-O) J.L. Richardson -/1937. Wachsiges Perigon, rote, flache Schale. PC 1940, AM 1947, FCC 1951. (E)
'Mary Baldwin' (W-W) W.G. Pannill -/1977. Für diese Klasse eine sehr große Blüte mit cremeweißer, flacher Schale. (USA)
'Mary Isabel' (W-WWY) Mrs. J.A. Smith 1968/82. Ähnelt dem bekannteren Geschwistersämling 'Park Springs'. (E)
'Mellon Park' (W-O) T. Bloomer -/1984. Sonnenfeste Blüte, zuerst W-GYO, später reines Orange. (E)
'Merlin' (W-YYR) J.L. Richardson -/1956. Deutlich abgesetzter, roter Rand. AM 1962/70, FCC 1976. (E)
'Merlin's Castle' (W-GYO) Carncairn Daffodils -/1990. Gelbe Schale mit zart gerüschtem, orangefarbenem Rand. (E)
'Minikin' (W-GYR) M. Evans -/1969. Ähnelt 'Minx', ist aber kleiner und hat ein zurückgeschlagenes Perigon. (E, USA)
'Minster Lodge' (Y-Y) Mrs. J.A. Smith -/1977. Die durchgehend hellgelbe Farbe macht die Blüte ungewöhnlich. (E)

Narcissus-Hybride 'Limerick' (Division 3, W-R).

'Mint Cup' (W-GWY) Carncairn Daffodils -/1983. Reinweiße Blüte von guter Form und Substanz mit gelbem Rand. (E)
'Minx' (W-GYR) M. Evans -/1969. Sehr schöne Blüte vom Poeticus-Typ. Manchmal verbleicht der rote Rand. (USA)
'Misty Dawn' (W-Y) Ballydorn Bulb Farm -/1990. Breite Perigonblätter, flache, große, goldfarbene Schale. (E)
'Montego' (Y-GYO) J.L. Richardson -/1968. Kleine Blüte. Die gelbe Schale hat einen orangefarbenen Rand. (E)
'Moon Rhythm' (Y-O) Ballydorn Bulb Farm 1970/80. Sehr große, attraktive Blüte: schwefelgelbes Perianth und orangerote Schale. (E)
'Moon Tide' (Y-YOO) Ballydorn Bulb Farm 1970/84. Ähnelt 'Moon Rythm', die Schale ist nur zur Hälfte orangerot. (E)
'Morning Cloud' (W-Y) Mrs. J.A. Smith -/1973. Die gelbe Nebenkrone ist bei guter Witterung rosa überhaucht. (E)
'Mount Angel' (W-YYR) B.S. Duncan -/1978. Sehr große, gut proportionierte Blüte auf hohem Stiel. (E)
'Murrayfield' (W-GYO) T. Bloomer -/1984. Die orangefarbene Zeichnung der Schale ist klar abgegrenzt. (E)
'Nehalem' (W-GWY) M. Evans -/1975. Große Blüte mit grünem Auge, die weiße Schale hat einen gelben, gefleckten Rand. (USA)
'Norwood' (W-R) Mrs. J.L. Richardson -/1977. Mittelgroße Blüte mit flacher, leuchtend roter Schale. (E)
'Nouvelle' (W-YPO) Ballydorn Bulb Farm 1969/87. Die Mitte der gelben Schale bleicht cremerosa aus, der Rand ist orange. (E)
'Our Tempie' (W-YYO) W.G. Pannill -/1980. Große, kräftig gelbe Schale mit breitem, orangefarbenem Rand. (USA)
'Oykel' (W-Y) J.S.B. Lea -/1978. Eine sehr wüchsige Sorte mit hervorragender Blüte. (E)
'Pacific Princess' (W-GWW) Mrs. J.A. Smith -/1989. Eine extrem weiße Blüte mit einem wunderbar grünem Auge. (E)

Narcissus-Hybride 'Monia', von Radcliff 1938 gezüchtet, wird immer noch vereinzelt angeboten (Division 3, W-WWO).

'Park Springs' (W-WWY) Mrs. J.A. Smith -/1972. Die grünlich-gelbe Schale bleicht weiß aus bis auf den Rand. Festes, wachsiges Perianth. PC 1975, AM 1976, FCC 1979/80. (E)
'Pearl Wedding' (W-WWY) Mrs. J.A. Smith -/1990. Große, weiße Blüte mit hellgelbem Rand auf hohem Stiel. (E)
'Perimeter' (Y-YYO) J.L. Richardson -/1956. Das Perianth ist heller als die Nebenkrone, orange-roter Rand. (E)
'Piper's End' (W-GWW) Mrs. J.A. Smith -/1984. Hohe, kräftige Pflanze mit reinweißer Blüte. Zart gerüschte Nebenkrone. (E)
'Piquant' (W-O) M. Evans -/1974. Wüchsige Sorte mit kleiner, flacher, orangeroter Schale. (USA)
'Pixie's Pool' (W-GGY) Carncairn Daffodils -/1979. Kleine, flache, gelbe Schale mit großer, grüner Mitte. Stark duftend. (E)
'Playschool' (W-YYO) Carncairn Daffodils 1969/87. Gelbe Schale mit breitem, orangefarbenem Rand und grünem Auge. (E)
'Polar Imp' (W-W) E.W. Philpott -/1973. Eine der besten reinweißen Sorten dieser Division in Australien. (E)
'Polglass' (W-GWW) J.S.B. Lea -/1980. Die Schale geht weit auseinander und hat ein grünes Auge. (E)

'Princess Zaide' (W-GWW) Mrs. J.A. Smith -/1986. Bemerkenswerte, strahlend weiße Blüte von hervorragender Form. (E)
'Privateer' (W-O) J.L. Richardson -/1958. Große Blüte, breite Perigonblättern und gerüschte, orangerote Schale. (E)
'Purbeck' (W-YYO) J.W. Blanchard -/1971. Becherförmige, gelbe Schale mit aprikosenorangefarbenem Rand. AM 1970. (E)
'Ravenhill' (W-GYO) T. Bloomer -/1984. Breite, ovale, weiße Tepalen und zitronengelbe Schale mit orangefarbenem Rand. (E)
'Reckless' (W-GYR) Carncairn Daffodils -/1987. Breite Tepalen, gelbe Schale mit schmalem, strahlend rotem Rand. (E)
'Red Ember' (Y-R) J. O'More 1971/81. Das große, feste Perianth ist goldgelb, die flache Schale ist feurig rot. (E)
'Red Hall' (W-GOR) Carncairn Daffodils 1967/85. Die flache, orangerote Schale liegt breit auf dem weißen Perianth. (E)
'Red Snapper' (Y-R) Mrs. J.A. Smith -/1988. Kräftig gelbes Perianth und leuchtend rote Schale. Gut in Form und Substanz. (E)
'Rimmon' (W-GWY) B.S. Duncan -/1981. Die flache Schale hat eine grüne, zitronengelbe und goldene Zone. (E)
'Rim Ride' (W-GYO) W.G. Pannill -/1976. Blüte von schöner Form, der orangefarbene Rand ist nicht sonnenfest. (E, USA)
'Ringhaddy' (W-GYO) Ballydorn Bulb Farm -/1990. Flaches, rundes Perianth, gelbe, orange gerandete Schale. Kräftig duftend! (E)
'Rivendell' (W-GYY) B.S. Duncan -/1981. Die gelbe Schale mit dem grünen Auge verfärbt sich weiß mit gelbfarbenem Rand. (E)
'Rockall' (W-R) J.L. Richardson -/1955. Sehr hohe, kräftige Sorte mit großer Blüte. AM 1959, FCC 1965. (E)
'Romany Red' (O-R) B.S. Duncan -/1983. Aprikosenfarbenes Perianth, kräftig rote Schale. (E)
'Rotarian' (Y-R) T. Bloomer -/1982. Die kleine, rote Schale sitzt wie ein Knopf auf dem honiggelben Perianth. (E)
'Royal Princess' (W-WWR) Mrs. J.A. Smith 1985. Reinweiß bis auf den schmalen, gekräuselten Rand der Schale. (E)
'Royal Trophy' (W-YYR) W.G. Pannill -/1970. Große Blüte, deren Rand von kräftig gelb bis orangerot nachdunkelt. (USA)
'Rushcliffe' (W-WYY) Mrs. J.A. Smith -/1983. Zierliche, kräftig gelbe Schale. Sehr frühblühend. (E)
'Ryan Son' (W-GYY) Mrs. J.A. Smith -/1986. Die primelgelbe Schale hat am Rand einen dunkelgelben Rand. (E)
'Sabine Hay' (O-R) D.B. Milne -/1970. Die orange-rote Blüte zeigt eine sehr auffällige Farbkombination. AM 1974. (E, USA)
'Sacramento' (W-W) J.M. de Navarro 1949/-. Das Perianth ist reinweiß, die Schale cremefarben. PC 1960, AM 1964. (E, USA)
'Saturn' (W-GYO) Carncairn Daffodils -/1978. Hohe Sorte mit gut durchgefärbter Nebenkrone. (E)
'Scarlet Thread' (W-GYR) J.M. de Navarro -/1977. Doppelt dreieckiges Perianth, flache Schale mit orange-rotem Rand. (E)
'Sea Dream' (W-GWW) J. O'More -/1968. Hervorragende Blüte von guter Form und fester Substanz. (E)
'Sea Princess' (W-GYY) Mrs. J.A. Smith -/1984. Große Blüte mit blendend weißem Perianth und gelber Schale. (E)
'Serape' (Y-YYO) M. Evans -/1977. Die Blüte ist von einem hellen Kanariengelb mit orangerotem Rand. (USA)
'Sidley' (W-GYY) T. Bloomer -/1982. Nur 5 cm große Blüte: zitronengelbe Schale und seidiges, weißes Perianth. (E)
'Silent Cheer' (W-YYR) T. Bloomer -/1964. Feste Substanz, die kräftig gelbe Schale hat einen klar abgesetzten, roten Rand. (E)
'Silent Grace' (W-YYR) T. Bloomer -/1964. Ähnelt 'Dress Circle', blüht jedoch sehr viel später. (E)
'Silken Sails' (W-WWY) G.E. Mitsch -/1964. Große Blüte auf hohem Stiel. Reinweiß bis auf den gelben Rand der Schale. (E)

'Silver Phantom' (W-GWY) Mrs. J.A. Smith -/1987. Feste, weiße Blüte mit gelbem Rand. (E)
'Silver Snow' (W-W) W.G. Pannill -/1987. Glitzernd weiße Blüte mit kleiner, gekräuselter Schale. (USA)
'Silver Thaw' (W-W) M. Evans -/1978. Ähnlet' Green Island', hat aber eine kleinere, flachere Schale. (USA)
'Skookum' (Y-Y) M. Evans 1965/76. Hohe, reingelbe Sorte mit flachem, rundem Perianth. (E, USA)
'Slowcoach' (W-GYO) B.S. Duncan -/1979. Attraktive, gut proportionierte Blüte mit orangefarbener Schale. (E)
'Snowcrest' (W-GWW) J.L. Richardson -/1972. Größer, weißer und mit auffallenderem Auge als viele andere Sorten. (E)
'Socialite' (W-YYR) W.G. Pannill -/1983. Kleine, flache, strahlend gelbe Schale mit nicht ganz sonnenfestem Rand. (USA)
'Sorcerer' (W-YYR) Carncairn Daffodils -/1982. Hohe Sorte mit gelber Schale und schmalem Rand von klarem Rot. (E)
'Spey Bay' (W-O) B.S. Duncan -/1981. Zwar nicht außergewöhnlich, aber ein zuverlässiger Blüher. (E)
'Spindletop' (W-Y) W.G. Pannill -/1972. Große, auffallende Blüte, deren gelbe Schale einen dunkleren Rand hat. (USA)
'Spring Tonic' (Y-GYR) Dr. T.D. Throckmorton -/1974. Hellgelbes Perianth, gelbe Schale mit rotem Rand. (E)
'Spring Valley' (W-GYY) Carncairn Daffodils -/1984. Chromgelbe Schale mit jadegrünem Auge. (E)
'Stanway' (Y-ORR) C. Postles 1979/86. Die dunkelrote Schale entspricht noch genau den Maßen dieser Division. (E)
'Starlight Express' (W-R) Mrs. J.A. Smith 1978/88. Robuste Pflanze mit kräftig roter Schale auf weißem Hintergrund. (E)
'Star Treck' (W-GYR) Dr. T.D. Throckmorton -/1976. Wachsiges, weißes Perianth, kleine, gelbe Schale mit karminrotem Rand. (E)
'Suave' (Y-Y) Dr. T.D. Throckmorton -/1976. Das weißliche Perianth färbt cremegelb um, die Schale wird etwas dunkler. (E)
'Sunapee' (Y-YYR) M. Evans -/1969. Runde Blüte von mittelgelber Farbe mit strahlend orangerotem Rand an der Schale. (E)
'Sunday Silence' (W-YYO) Mrs. J.A. Smith -/1990. Die flache Schale ist strahlend gelb mit schmalem, orangerotem Rand. (E)
'Taco' (W-R) W.G. Pannill -/1980. Schmale, längliche Perigonsegmente, kleine, dunkel orangefarbene Schale. (USA)
'Thoresby' (W-YYO) Mrs. J.A. Smith -/1975. Die flache, gelbe Schale hat einen orangefarbenen Rand. (E)
'Timolin' (Y-GWR) Carncairn Daffodils -/1985. Kleine Blüte mit hellgelbem Perianth und überwiegend grüner Schale. (E)
'Tingford' (W-GWY) Ballydorn Bulb Farm -/1987. Ähnelt 'Royal Princess', doch ist der Rand der Schale gelb. (E)
'Top of the Hill' (W-GWY) Ballydorn Bulb Farm -/1981. Kleine, gelb gerandete Schale, Blüte auf hohem Stiel. (E)
'Trelay' (Y-O) P. Phillips -/1972. Eine der besten Sorten dieser Division aus Neuseeland. (E)
'Trillick' (W-GYR) B.S. Duncan -/1978. Das orangerote Band der Schale ist sehr dominierend. Perfekte Form. (E)
'Trona' (W-GWW) M. Evans 1968/87. Für diese Klasse sehr hoch und groß. Kleine, gerüschte Schale. (USA)
'Troutbeck' (W-GWW) Mrs. J.A. Smith -/1977. Reinweiße Blüte mit flacher Schale und auffallend grünem Auge. (E)
'Tuckahoe' (W-GYR) W.G. Pannill -/1980. Das breite, weiße Perianth umgibt eine sehr farbenprächtige, kleine Schale. (USA)
'Tullybeg' (W-GYR) Ballydorn Bulb Farm -/1979. Die Blüte ist von schöner, runder Form und fester Substanz. (E, USA)
'Tyneham' (W-R) J.W. Blanchard -/1974. Die Blüte ist von fester Substanz, die tassenförmige Schale ist leuchtend rot. (E)
'Ulster Bank' (Y-R) B.S. Duncan -/1978. Die Sorte liegt von den Maßen her an der Grenze zwischen Division 2 und 3. (E)
'Valediction' (W-GWW) Mrs. J.L. Richard-

Narcissus-Hybride 'Woodland Prince' vermehrt sich gut und ist eine hervorragende Sorte für öffentliche Anlagen.

son -/1976. Große, glatte, feste, reinweiße Blüte. Kräftige, wüchsige Pflanze. (E)
'Vermilion' (W-OOY) M. Evans 1964/75. Reinweißes Perianth, die zinnoberrote Schale hat einen goldgelben Rand. (USA)
'Vernal Prince' (W-GYY) T. Bloomer -/1982. Perfekt geformte Blüte mit kräftig zitronengelber, nicht ausbleichender Schale. (E)
'Verona' (W-W) J.L. Richardson -/1958. Das breite Perianth hat einen Durchmesser von 10 cm. AM 1960/70, FCC 1961/71. (E)
'Verwood' (Y-Y) J.W. Blanchard -/1980. Kräftig gelbe, 10 cm große Blüte. Wüchsig und hoch. (E)
'Voda' (W-OOR) W. Jackson jr. -/1974. Die orangefarbene Schale wird zum Rand hin dunkler. Hoher, kräftiger Stiel. (A)
'Warmington' (W-W) J.S.B. Lea -/1988. Die kleine, gerüschte Schale ist genauso weiß wie das Perianth. (E)
'Wetherby' (W-YYR) B.S. Duncan -/1983. Duftende Blüte an hohem Stiel. Die gelbe Schale ist orangefarben gerandet. (E)
'Winkburn' (W-YYO) Mrs. J.A. Smith -/1977. Keine ungewöhnliche, aber eine reizende Blüte. (E)
'Witch Doctor' (W-YYO) Ballydorn Bulb Farm 1972/83. Große Blüte von guter Form, fester Substanz und haltbarer Farbe. (E)
'Woodland Prince' (W-Y) T. Bloomer -/1964. Die gelbe Schale hat einen etwas dunkleren Rand. Feste Substanz. (E)
'Woodland Star' (W-R) T. Bloomer -/1962. Die kräftig rote Schale steht in großem Kontrast zum reinweißen Perianth. (E)

Gefülltblühende Narzissen – Blüten im Vergleich: 'Camellia', van der Zalm 1930 (oben links); 'Apotheose', Oregon Bulb Farm 1978 (oben rechts); 'Ice King', van den Berg 1984 (Mitte); 'Egg Nogg', Richardson 1975 (unten links); 'Acropolis', Richardson 1955 (unten rechts).

Division 4: Gefülltblühende Narzissen

Narcissus-Hybride 'Castle Dobbs' ist nicht kräftig gefüllt, aber sehr standfest (Division 4, Y-O).

'Acropolis' (W-R) J.L. Richardson -/1955. Nicht ganz standfest, aber von guter Qualität. PC 1955, AM 1960, FCC 1959/61. (hübl.)
'Androcles' (W-W) B. Pannill -/1978. Gleichmäßig gefüllte, reinweiße, fertile Blüte auf festem Stiel. (USA)
'Apotheose' (Y-O) Oregon Bulb Farms -/1978. Gutgeformte, gelbe Blüte mit mandarinfarbenen Segmenten. AM 1975. (E, NL)
'Apricot Sundae' (W-P) Carncairn Daffodils -/1984. Weiße Blüte mit rosa Segmenten. Schöne, gleichmäßige Form. (E)
'Atholl Palace' (W-Y) B.S. Duncan -/1987. Eine nochmalige, kaum für möglich gehaltene Steigerung von 'Unique'. (E)
'Castle Dobbs' (Y-R) Carncairn Daffodils -/1979. Hohe, duftende Sorte mit nicht allzu gefüllter gelb-roter Blüte. (E)
'Cheerfulness' (W-Y) R. van der Schoot 1923/-. Oft unter den Tazetten aufgelistet. HC 1927, AM 1923/26/36, FCC 1939 (hübl.)
'Cloud's Hill' (W-P) J.W. Blanchard -/1989. Die attraktive Blüte ist von glatter Textur. Die Petalen sind rosa gerandet. (E)
'Crackington' (Y-O) D.A. Lloyd/J.W. Blanchard -/1986. Runde Perianthblätter, gelb-orangerote Füllung. Wüchsig. (E)
'Delnashaugh' (W-P) J.S.B. Lea -/1978. Sehr große, lange haltbare Blüte auf festem Stiel. (E)
'Delphin Hill' (W-W) Ballydorn Bulb Farm -/1990. Eine absolut reinweiße Blüte von runder, gleichmäßiger Form. (E)
'Dick Wilden' (Y-Y) P.T. Zwetsloot -/1962. Eine gefüllte Auslese der großkronigen, reingelben 'Carlton'. (E)
'Double Blush' (W-P) Carncairn Daffodils -/1987. Pfirsichrosa Rosette inmitten von cremeweißen Tepalen. (E)
'Double Cream' (W-Y) B. Pannill -/1987. Die inneren, gelben Blattsegmente bleichen fleischfarben aus. (USA)
'Double Event' (W-Y) J.L. Richardson 1952/-. Weiße Blüten mit hellgelben Segmenten. AM 1952/81, FCC 1956/1982. (E, USA)
'Egg Nogg' (W-Y) Mrs. J.L. Richardson -/1975. Eine ausgesprochen standfeste und sehr fertile Sorte mit weiß-gelber Blüte. (E)
'Elphin' (W-P) J.S.B. Lea -/1965. Diese rosa Sorte besitzt Pollen, weshalb sie sich gut zur Zucht verwenden läßt. Rosafarbene Blütensegmente. (E)
'Eriskay' (W-Y) J.S.B. Lea -/1979. Gelbe, leicht gerüschte Petaloiden zwischen weißen Blütensegmenten. Pollen vorhanden. (E)
'Flying Colours' (Y-Y) J.S.B. Lea -/1989. Reingelbe Blüte mit einer dichten Füllung von gleichmäßig geformten Segmenten. (E)
'Fool's Gold' (Y-WWY) Carncairn Daffodils -/1984. Keine große, aber eine elegante, reverse Bicolor-Sorte. (E)
'Fulwell' (W-R) B.S. Duncan -/1990. Breite, weiße Tepalen und dazwischen kräftig orangerote Petaloiden. (E)

'Gay Challenger' (W-R) J.L.Richardson -/1962. Die riesige Blüte benötigt Windschutz. AM 1964, FCC 1962. (E)
'Gay Kybo' (W-O) Mrs. J.L. Richardson -/1980. Eine der schönsten weiß-roten, gefüllten Sorten. Fester Stiel. AM 1987. (E)
'Gay Record' (W-O) J.L. Richardson -/1964. Sehr gleichmäßig geformte Blüte mit festem Stiel. (E)
'Gay Song' (W-W) J.L. Richardson -/1968. Auch dies ist eine Blüte von immensen Ausmaßen und fester Substanz. (E)
'Golden Ducat' (Y-Y) Speelman & Söhne 1947/-. Große, gelbe Blüte von gleichmäßiger Form. AM 1946/50/78, FCC 1950/52. (E)
'Grosvenor' (W-P) B.S. Duncan -/1987. Von den vielen rosa Sorten B.S. Duncans eine der besten. Perfekt. (E)
'Hawaii' (Y-O) J.L. Richardson -/1956. Kleine, orangerote Petaloiden zwischen reinweißen Blütenblättern. AM 1963. (E, USA)
'Holbeck' (W-P) B.S. Duncan -/1988. Die rosa und weißen Perigonblätter bilden (meist) einen kräftigen Tuff. (E)
'Hot Toddy' (Y-O) Carncairn Daffodils -/1983. Standfeste Sorte mit gelber Blüte, gefüllt mit orangefarbenen Segmenten. (E)
'Ice King' (W-Y) A.P. van den Berg 1984/-. Weißes Perianth, kräftige, cremegelbe Füllung. Sehr standfest. (NL)
'Lingerie' (W-Y) M. Evans -/1977. Weiße Blüte, »petticoatähnlich«, gelb gefüllt. Standfest. (USA)
'Manly' (Y-O) J.L. Richardson -/1972. Große, gelbe Blüte mit orangeroten Segmenten, kräftiger, fester Stiel. (NL, USA)
'Mary Copeland' (W-O) W.M.F. Copeland 1914/-. Alte, aber sehr schöne, duftende Sorte. AM 1915/25/36, FCC 1925/26. (E, NL)
'Monza' (Y-R) B.S. Duncan -/1986. Dies ist eine der farbenprächtigsten gelb-roten, gefüllten Sorten, die es gibt. (E)
'Moralee' (Y-O) B.S. Duncan -/1983. Eine große, gut geformte gelb-rote Blüte mit Showqualität. Zahlreiche Auszeichnungen. (E)
'Parthenon' (Y-O) Mrs J.L. Richardson -/1987. Nicht so gefüllt wie 'Acropolis', aber kräftiger in der Farbe. Langblühend. (E)
'Pencrebar' (Y-Y) H.G. Hawker 1929/-. Kleine, niedere, mehrblütige Sorte, die häufig zur Topfkultur verwendet wird. (hübl.)
'Petit Four' (Y-P) F. Rijnfield -/1961. Dicht mit gekräuselten, zartrosa Petaloiden gefüllte Schale. AM 1986. (E, NL)
'Pink Champagne' (W-YPP) Mrs. J.L. Richardson -/1972. Die inneren Blütensegmente sind von auffallendem Rosarot. (E)
'Pink Pageant' (W-P) B.S. Duncan -/1976. Die flache, rosafarbene Schale ist ebenmäßig mit rosa und weißen Segmenten gefüllt. (E)
'Post House' (W-P) B.S. Duncan -/1988. Ähnelt 'Holbeck', produziert aber zuverlässiger gleichmäßig geformte Blüten. (E)
'Replete' (W-P) M. Evans -/1975. Eine ungewöhnliche Form mit vielen weißen Blütensegmenten und rosaroten Petaloiden. (E)
'Sherborne' (Y-Y) D.A. Lloyd/J.W. Blanchard -/1990. Eine sehr gleichmäßig geformte, auffällige, reingelbe Blüte. (E)
'Smokey Bear' (Y-O) B.S. Duncan -/1978. Sehr langblühend auf kräftigem Stiel. Zwischen gelb und orangerot variierend. (E)
'Snowfire' (W-R) Mrs. J.L. Richardson -/1976. Auch diese Sorte ähnelt 'Acropolis', ist aber kräftiger in der Farbe. (E)
'Suisgill' (W-PPY) J.S.B. Lea -/1983. Die inneren Blütensegmente sind hellrosa mit kräftig gelbem Rand. (E)
'Tahiti' (Y-R) J.L. Richardson -/1956. Die Blüte ist sehr groß und braucht etwas Stütze. PC 1956, AM 1961, FCC 1961. (hübl.)
'Texas' (Y-O) Mrs. R.O. Backhouse 1921/-. Nicht ganz standfeste, aber gute Schnittsorte. AM 1927. (hübl.)
'Tullynog' (W-O) Carncairn Daffodils -/1990. Die kurzen Stiele haben den Vorteil, daß die Pflanze nicht umfällt. (E)
'Unique' (W-Y) J.L. Richardson -/1961. Eine der eindrucksvollsten weiß-gelben Sorten. AM 1961/79, FCC 1980. (E, NL, USA)

'Van Sion' (Y-Y) Eine gefüllte Form von *N. pseudonarcissus*, früher unter dem Namen *N. telamonius plenus* im Handel. Seit 1620 in unseren Gärten. (hübl.)
'Viennese Rose' (W-P) Mrs. J.L. Richardson -/1976. Blüten durchsetzt von schmalen, reinrosa Petaloiden. Duftend. (E)
'Waldorf Astoria' (W-P) B.S. Duncan -/1987. Gute Füllung von weißen und pfirsichfarbenen Petalen. (E)
'White Lion' (W-WYY) Gebrüder de Graaf 1949/-. Kräftige Pflanze. HC 1956, AM 1939/53/58/75, FCC 1944/68. (hübl.)
'White Marvel' (W-W) G. Zandbergen 1950/-. Triandrus-Hybride mit mehreren kleinen Blüten. AM 1953/76, FCC 1954. (D, NL)
'Yellow Cheerfulness' (Y-Y) Gebrüder Eggink 1937. Das gelbe Gegenstück zu 'Cheerfulness'. AM 1937/46/76, FCC 1942. (hübl.)

Division 5: Engelstränennarzissen

'April Tears' (Y-Y) A. Gray 1939/-. Bis zu sieben hellgelbe, nickende Blüten. Zum Verwildern geeignet. AM 1954/57, FCC 1957. (hübl.)
'Arish Mell' (W-W) D. Blanchard -/1961. Zwei bis drei grazile, sehr weiße Blüten von guter Substanz. AM 1961, FCC 1963. (E)
'Hawera' (Y-Y) Dr. W.M. Thomson 1938/-. Zwei bis vier kanariengelbe Blüten mit zurückgeschlagenem Perianth. AM 1938. (hübl.)
'Ice Wings' (W-W) C.F. Coleman -/1958. Zwei bis drei reinweiße Blüten von fester Substanz. PC 1964. (E)
'Jingle Bells' (W-Y) G.W. Pannill -/1983. Die weiß-gelben Blüten sitzen auf 30 cm hohen Stielen. Rare Sorte. (USA)
'Lapwing' (W-Y) G.E. Mitsch -/1975. Flaches, rundes, weißes Perianth mit zartgelber, glockenförmiger Nebenkrone. (D)
'Lemon Heart' (W-W)Barr & Söhne 1952/-. Weißes Perianth mit zartgelber Nebenkrone, reizende Miniatursorte. (USA)
'Liberty Bells' (Y-Y) F. Rijnveld 1950/-. Drei bis vier reingelbe Blüten auf hohen Stielen. AM 1950/74, FCC 1976. (hübl.)
'Petrel' (W-W) G.E. Mitsch -/1970. Bis zu fünf reinweiße Blüten mit kleiner, glockenförmiger Nebenkrone. (D, NL)
'Puppet' (Y-O) G.E. Mitsch -/1970. Kräftig gelbes Perianth und strahlend orange Nebenkrone. Bis zu zwei Blüten je Stiel. (E)
'Rippling Waters' (W-W) Barr & Söhne 1932/-. Drei bis vier reinweiße, typische Triandrus-Blüten. AM 1946, FCC 1947. (D, NL)
'Shot Silk' (W-W) Gebüder de Graaf 1933/-. Wuchtige Nebenkrone, kleines, zurückgeschlagenes Perigon. AM 1931. (D, NL)
'Sydling' (W-GWW)J.W. Blanchard -/1977. Bis zu drei weiße, glitzernde Blüten mit kurzen, leicht gerüschten Schalen. (E)
'Thalia' (W-W) M. van Waveren 1916/-. Sehr hohe Stiele mit mehreren kleinen, reinweißen Blüten. AM 1919. (hübl.)
'Thoughtful' (Y-Y)A. Gray 1951/-. Die bis zu zwei primelgelben Blüten haben ungewöhnlich breite Nebenkronen. (E)
'Tresamble' (W-W) P.D. Williams 1930/-. Drei große, reinweiße Blüten. Topf- und Gartensorte. AM 1947/58/76, FCC 1950. (hübl.)
'Tuesday's Child' (W-Y) D. Blanchard -/1964. Drei Blüten: reinweißes Perigon und lange, gelbe Nebenkrone. AM 1969. (E, USA)
'Waxwing' (W-W) M. Fowlds -/1967. Wirklich »wachsige«, weiße Blüten von fester Substanz. Zwei Blüten pro Stiel. (E, NL)

Oben links: *Narcissus*-Hybride 'Gay Challenger' benötigt wegen der schweren Blüten Windschutz (Division 4, W-R).

Oben rechts: *Narcissus*-Hybride 'Unique', eine wirklich einmalige Züchtung von Richardson (Division 4, W-Y).

Links: Engelstränennarzissen – Blüten im Vergleich: 'Liberty Bells', Rijnveld 1950 (oben links); 'Rippling Waters', Barr & Söhne 1932 (oben rechts); 'Waxwing', Fowlds 1967 (Mitte links); 'Harmony Bells', Fowlds 1962 (Mitte rechts); 'Hawera', Thomson 1938 (unten).

Unten: *Narcissus*-Hybride 'Thalia' ist eine handelsübliche Engelstränennarzisse (Division 5, W-W).

Division 6: Alpenveilchennarzissen

'Andalusia' (Y-O) C.F. Coleman 1945/61. Orangerote Nebenkrone und kräftig gelbes Perianth. AM 1968, FCC 1969. (E,NL, USA)
'Backchat' (Y-Y) P. Phillips -/1971. Eine attraktive, goldgelbe, typische Cyclamineus-Hybride von guter Substanz. (E)
'Barlow' (Y-Y) G.E. Mitsch -/1969. Eine der frühesten Sorten mit kräftig gelber, sehr haltbarer Blüte an langem Stiel. (E)
'Beryl' (Y-O) P.D. Williams 1907/-. Primelgelbes Perigon und orangfarbene, glockenförmige Schale. AM 1927/34/36. (hübl.)
'Bilbo' (W-GPP) B.S. Duncan -/1981. Reinweißes, sanft zurückgeschlagenes Perianth und strahlend rosafarbene Schale. (E)
'Cha-Cha' (W-GPP) B.S. Duncan -/1986. Frühe, typische Cyclamineus-Hybride von perfekter Form. (E)
'Charity Fair' (Y-Y) Ballydorn Bulb Farm -/1983. Mittelgroße, goldgelbe Blüte mit glockenförmiger Schale auf hohem Stiel. (E)
'Charity May' (Y-Y) C.F. Coleman 1948/-. Zartgelbe Blüte. Gut zum Verwildern geeignet. AM 1948/52/61, FCC 1955/76. (E)
'Coralline' (W-P) B.S. Duncan -/1981. Attraktive, weiße Blüte mit zurückgeschlagenem Perigon und lilarosa Trompete. (E)
'Delia' (W-YWP) B.S. Duncan -/1984. Wüchsige, große Sorte mit apfelblütenrosafarbener Schale. (E)
'Delta Wings' (W-P) B.S. Duncan -/1977. Kräftig rosafarbene, schlanke Trompete, lange, schmale Perigonblätter. (E)
'Diane' (W-GPP) B.S. Duncan -/1983. Stand- und wetterfest, halblange, schlanke Trompete von kräftigem Rosa. (E)
'Dove of Peace' (W-O) Ballydorn Bulb Farm -/1980. Rare, weiß-orange Hybride mit typischer Cyclamineus-Form. (E)
'Dove Wings' (W-Y) C.F. Coleman 1949/-. Weißes Perianth, primelgelbe Schale. AM 1949/54/61/85, FCC 1973. (E, NL, USA)

Alpenveilchennarzissen – Blüten im Vergleich: 'Joybell', Richardson 1969 (oben links); 'Peeping Tom', Williams 1948 (oben rechts); 'Chicadee', Mitsch 1959 (unten links); 'Jenny', Coleman 1943 (unten Mitte); 'Jetfire', Mitsch 1966 (unten rechts).

'Durango' (W-W) W.G. Pannill -/1977. Reinweiße Blüte mit leicht zurückgeschlagenen Perigonblättern. (USA)
'El Camino' (Y-Y) G.E. Mitsch -/1978. Eine Rückkreuzung mit *N. cyclamineus*, honiggelbe Blüte. (E)
'Elfin Gold' (Y-Y) B.S. Duncan -/1983. Sehr rundes, wenig zurückgeschlagenes Perigon, goldgelb. Eine Rarität. (E)
'Elizabeth Ann' (W-GWP) B.S. Duncan -/1983. Tassenförmige Nebenkrone mit schmalem, rosafarbenem Rand. (E)
'Elrond' (W-W) B.S. Duncan -/1981. Das strahlende Weiß der Blüte wird noch verstärkt durch das grüne Auge. (E)
'Elwing' (W-W) B.S. Duncan -/1981. Gut proportionierter Geschwistersämling zu 'Elrond' mit einer etwas kürzeren Schale. (E)

'February Gold' (Y-Y) Gebrüder de Graaf 1923/-. Goldgelb, lange, schmale Trompete. AM 1973/77, FCC 1974. (hübl.)
'February Silver' (W-W) Gebrüder de Graaf 1949/-. Die Trompete ist zunächst cremegelb und bleicht dann weiß aus. (hübl.)
'Flirt' (Y-Y) J.L. Richardson -/1985. Kleine, goldgelbe Blüte mit rundem Perianth, der stark zurückgeschlagen ist. (E)
'Foundling' (W-P) Carncairn Daffodils -/1969. Breites Perigon und kurze, kräftig rosafarbene Schale. AM 1972. (E, USA)
'Georgie Girl' (W-GYP) B.S. Duncan -/1990. Die Schale bleicht weiß aus bis auf einen rosaroten, breiten Band am Rand. (E)
'Gimli' (W-P) B.S. Duncan -/1981. Weißes Perigon und kräftig orange-rosafarbene, glockenförmige Nebenkrone. (E)
'Itzim' (Y-R) G.E. Mitsch -/1982. Das stark zurückgeschlagene Perianth erinnert an die Species. Trompete orangegelb.(E)
'Jack Snipe' (W-Y) M.P. Williams 1951/-. Reichblühende Sorte mit langen, zurückgeschlagenen Perigonblättern. AM 1956. (hübl.)
'Jenny' (W-W) C.F. Coleman 1943/-. Erblüht cremegelb und bleicht dann aus. AM 1948/73/85, FCC 1950/74. (hübl.)
'Jetfire' (Y-O) G.E. Mitsch -/1966. Die Nebenkrone färbt zu kräftigem Orange aus. Wüchsiger Massenblüher. AM 1987. (hübl.)
'Jumblie' (Y-O) A. Gray 1952/-. Kräftig goldgelbe Blüten mit dunklerer, länglicher Nebenkrone. AM 1959. (hübl.)
'Kaydee' (W-P) B.S. Duncan -/1984. Das Perianth ist von glitzerndem Weiß, die Nebenkrone von sehr kräftigem Rosa. (E)
'Lavender Lass' (W-GPP) B.S. Duncan -/1976. Die langen Trompeten sind schmal und lilarosa. Sehr robust. (E)
'Lilac Charm' (W-GPP) B.S. Duncan -/1973. Ähnelt 'Lavender Lass', hat aber eine ausgewogenere Form. (E)
'Lilac Hue' (W-P) B.S. Duncan 1978/87. Hat von 'Lilac Charm' die Schönheit und von 'Lavender Lass' die Robustheit. (E)
'Little Princess' (W-P) Mrs. J.L. Richardson -/1978. Kräftig pinkfarbene Trompete und seidiges, reinweißes Perianth. (E)
'Little Witch' (Y-Y) Mrs. R.O. Backhouse 1921/-. Kräftig gelbe, schmale Perianthblätter, schlanke Trompete. AM 1957. (hübl.)
'March Sunshine' (Y-Y) Gebrüder de Graaf 1923/-. Reichblühende Sorte mit mittelgelben Blüten, gut zum Verwildern. (hübl.)
'Mary Kate' (W-GWP) B.S. Duncan -/1983. Zurückgeschlagenes Perigon, schlanke Trompete mit kräftig rosafarbenem Rand. (E)
'Nymphette' (W-P) B.S. Duncan -/1978. Kleine Blüte mit taillierter, rosafarbener Schale. Seidige Substanz. (E)
'Peeping Tom' (Y-Y) P.D. Williams 1948/-. Eine der bekanntesten, reingelben Sorten. AM 1955, FCC 1976. (hübl.)
'Reggae' (W-GPP) B.S. Duncan -/1981. Perfekt in Form, Farbe und Proportion. Sehr früh blühend. (E)
'Roger' (Y-O) A. Gray 1952/-. Cremegelbes, zurückgeschlagenes Perianth und orangefarbene Nebenkrone. Massenblüher. (E)
'Rubyat' (Y-R) Ballydorn Bulb Farm -/1990. Die kurze Schale ist von kräftigem, nicht ausbleichendem Rot. (E)
'Satellite' (Y-O) G.E. Mitsch 1952/62. Lange, orangerote Nebenkrone und reingelbes Perianth. Ältere, wüchsige Sorte. (E)
'Sextant' (W-GWW) B.S. Duncan -/1981. Eine kristallweiße Blüte mit ausgewogener, schüsselförmiger Nebenkrone. Äußerst groß. (E)
'Shuttlecock' (W-O) B.S. Duncan -/1977. Ähnelt mit seiner eigenartigen Form einem Federball mit weißen »Federn«. (E, USA)
'Snoopie' (W-GPP) B.S. Duncan -/1979. Weiße Blüte, deren pokalförmige Schale einen rosafarbenen Rand besitzt. (E)
'Sputnik' (W-YYP) B.S. Duncan -/1978. Kleine Sorte, gelbe, glockenförmige Schale mit deutlich abgesetztem, rosa Rand. (E)
'Swallowcliffe' (Y-O) J.W. Blanchard -/1986. Niedere Sorte mit goldgelbem, sanft zurückgeschlagenem Perianth. (E)
'Swing Wing' (W-GPP) B.S. Duncan -/1982. »Schwebende«, weiße Blüte mit einer Trompete von intensivem Rosa. (E)

'Tête-à-Tête' (Y-O) A. Gray 1949/-. Mehrblütige Miniatursorte für Garten- und Topfkultur. AM 1956/73, FCC 1962/74. (hübl.)
'Tiger Moth' (W-P) B.S. Duncan -/1981. Schlanke und kräftig rosa gefärbte Trompete. Kleine Blüte von guter Proportion. (E)
'Titania' (W-W) J.L. Richardson -/1958. Reinweiße Blüte mit rundem Perianth und mittellanger Trompete. AM 1960. (E)
'Trena' (W-Y) Miss M. Verry -/1971. Zart geschwungenes, weißes Perianth und breite, gelbe Trompete. (A, E, USA)
'Turncoat' (W-O) B.S. Duncan -/1984. Die mittelgroße Blüte muß zum Schluß als WP-P beschrieben werden. (E)
'Urchin' (W-P) B.S. Duncan -/1981. Schale bronzefarben. Sehr standfest und wohlproportioniert. (E)

Division 7: Jonquillen

'Baby Moon' (Y-Y) J. Gerritsen -/1958. Spät- und reichblühend, gelb mit starkem Duft. AM 1958, FCC 1960. (hübl.)
'Bell Song' (W-P) G.E. Mitsch -/1971. Bis zu drei zitronengelbe Blüten, die weiß ausbleichen mit zartrosa Schalen. (E, USA)
'Bobbysoxer' (Y-YYO) A. Gray 1949/-. Primelgelbe Blüten mit flacher Schale, die zum Rand hin orangefarben sind. (hübl.)
'Bunting' (Y-O) G.E. Mitsch 1953/65. Flaches gelbes Perianth, kleine, orangerote Nebenkronen. Zwei Blüten pro Stiel. (E, USA)
'Desert Bells' (W-Y) G.E. Mitsch 1973/84. Sehr wertvolle Sorte mit gut geformten, zweifarbigen Blüten. (USA)
'Dickcissel' (Y-W) G.E. Mitsch -/1963. Eine zweifarbige Hybride mit drei Blüten pro Stiel. (E, USA)
'Divertimento' (W-WPP) G.E. Mitsch -/1967. Sehr kleine, nicht besonders wüchsige Sorte mit schönen rosafarbenen Blüten. (E)
'Eland' (W-W) G.E. Mitsch -/1968. Bis zu drei perfekt geformte Blüten pro Stiel. Die gelben Schalen bleichen weiß aus. (E, USA)
'Flycatcher' (Y-Y) G.E. Mitsch -/1970. Die breiten Nebenkronen sind etwas kräftiger gelb als die runden Perigonblätter. (E)
'High Note' (Y-W) G.E. Mitsch -/1974. Bis zu drei strahlend gelbe Blüten mit hellerem Perigon. Feste Stiele. (E, USA)
'Indian Maid' (O-R) W.G. Pannill -/1972. Sehr auffallende Blüten von ausgesprochen kräftiger Farbe. (USA)
'Intrigue' (Y-W) W.G. Pannill -/1970. Ein bis drei kleine, zitronengelbe Blüten mit langen, weißen Trompeten. (E)
'Kinglet' (Y-O) G.E. Mitsch -/1959. Zwei bis drei gelbe Blüten mit kräftig orangefarbener, attraktiver Schale. (E,USA)
'Lintie' (Y-O) Barr & Söhne 1937/-. Ähnelt 'Bobbysoxer', ist aber größer und blüht später. AM 1974. (E)
'Mockingbird' (Y-W) G.E. Mitsch -/1971. Ähnlich 'Dickcissel', aber breiteres, flacheres, zitronengelbes Perianth. (E)
'New Day' (Y-W) G.E. Mitsch -/1972. Rundes, flaches, zitronengelbes Perigon mit weißer Mitte, perfekte Form. (D, E)
'Ocean Spray' (W-W) G.E. Mitsch -/1966. Die strahlend weiße, kleine Blüte ist schräg dem Betrachter zugewandt. (E)
'Oryx' (Y-W) G.E. Mitsch -/1969. Beim Öffnen sind die zwei bis drei Blüten zitronengelb. (E)
'Pink Angel' (W-GWP) G.E. Mitsch 1964/80. Weißes Perigon mit zartgelben Schalen, die sich kräftig rosa färben. (USA)
'Pipit' (Y-W) G.E. Mitsch -/1963. Diese Blüte ist zunächst zitronengelb, die Schale und die Basis bleichen weiß aus. (hübl.)
'Punchline' (Y-YYP) G.E. Mitsch -/1982. Eine reingelbe, mehrblütige Jonquille, deren Schalen am Rand rosafarben sind. (USA)
'Quail' (Y-Y) G.E. Mitsch -/1974. Mehrblütige, goldgelbe Sorte mit auffallend langen Nebenkronen. (E)
'Quick Step' (W-Y) G.E. Mitsch 1955/65. Zwei bis drei cremegelbe Blüten pro Stiel, bei denen das Perigon weiß ausbleicht. (E)
'Snow Storm' (W-W) G.E. Morrill -/1977. Reinweiße, mehrblütige Jonquille. (USA)

'Starfire' (Y-O) R. Hyde -/1959. Reichblühende Sorte mit gelben Blüten, die Nebenkrone dunkelt kräftig orangefarben nach. (E)
'Stratosphere' (Y-O) G.E. Mitsch -/1968. Ähnelt 'Sweetness', ist aber höher, größer und von kräftigerer Farbe. (E, NL, USA)
'Sugarbush' (W-YYW) A. Gray 1954/-. Weißes Perianth und cremegelbe Nebenkrone, weiß ausbleichend. AM 1986. (hübl.)
'Sundial' (Y-O) A. Gray 1955/-. Perfekte Miniatursorte mit flachem Perigon. Gelbe Blüten mit dunklerer Schale. (E, USA)

Jonquillen – Blüten im Vergleich: 'Suzy', Favell 1954 (oben links); 'Susan Pearson', Favell 1954 (oben rechts); 'Pink Angel', Mitsch 1964 (unten links); 'Bobbysoxer', Gray 1949 (unten Mitte); 'Verdin', Mitsch 1965 (unten rechts).

'Sun Disc' (Y-Y) A. Gray 1946/-. Kleinwüchsige Sorte mit bis zu drei hervorragend geformten, goldgelben Blüten. (E, USA)
'Susan Pearson' (Y-O) R.V. Favell 1954/-. Mehrblütige Sorte mit goldgelbem Perigon und kräftig orangefarbener Schale. (E)
'Suzy' (Y-O) R.V. Favell 1954/-. Hohe Sorte mit bis zu drei gelben, duftenden Blüten. AM 1954/63/77, FCC 1956/79. (hübl.)
'Sweetness' (Y-Y) R.V. Favell 1939/-. Gute Garten- und Schnittsorte mit starkem Duft. AM 1973, FCC 1983. (hübl.)
'Tittle Tattle' (Y-O) C.R. Wootton 1953/-. Primelgelbe Blüten mit grünlicher Mitte. Reichblütig und wüchsig. (hübl.)
'Trevithian' (Y-Y) P.D. Williams 1927/-. Typische, goldgelbe Jonquille, die stark duftet. AM 1931, FCC 1936. (hübl.)
'Verdin' (Y-W) G.E. Mitsch -/1965. Zartgelbes Perigon und cremefarbene Nebenkrone. Wüchsig und reichblühend. (E, USA)
'Vireo' (Y-GYY) G.E. Mitsch -/1962. Hohe Stiele, kleine, goldgelbe Blüten mit grünem Auge. (E)
'Waterperry' (W-Y) R.V. Favell 1953/-. Elfenbeinweißes, zum Rand hin primelgelbes Perianth. Mehrblütig. HC 1986. (hübl.)
'Wellworth' (Y-Y) B. Pannill -/1977. Flaches Perianth, schüsselförmige, gerüschte Nebenkronen von hellem Gelb. (USA)

Linke Seite oben: *Narcissus*-Hybride 'Little Princess'. Mittlerweile gibt es eine ganze Reihe rosafarbener Alpenveilchennarzissen. Besonders kräftig in der Farbe ist 'Little Princess' (Division 6, W-P).

Rechts oben: *Narcissus*-Hybride 'Avalanche', eine schon seit 1906 bekannte Topfsorte wurde erst 1955 von T. M. D. Smith in den Handel gebracht (Division 8, W-Y).

Rechts unten: Tazetten – Blüten im Vergleich: 'St. Agnes', Williams 1926 (oben); 'Scilly White', Züchtung vor 1985 (Mitte links); 'Admiration', Vis 1913 (Mitte rechts); 'Grand Monarque', vor 1798 (unten rechts); 'Canary Bird' Baars 1913 (unten).

Division 8: Tazetten

'Avalanche' (W-Y) Auslese 1906/55. Topfsorte von unbekannter Herkunft mit bis zu 16 weiß-gelben Blüten. (E, USA)

'Canarybird' (Y-GOO) H. Berghuis -/1959. Miniatursorte mit zahlreichen gelben Blüten, dunklere Nebenkronen. (E, NL, USA)

'Chinita' (Y-YYR) F.H. Chapman 1922/-. Hohe Sorte mit zahlreichen primelgelben Blüten. HC 1927, AM 1922. (E)

'Cragford' (W-O) P.D. Williams 1930/-. Gut zum Treiben, benötigt im Freiland viel Wärme. AM 1946/75, FCC 1947/77. (E, NL)

'Geranium' (W-O) J.B. van der Schoot 1930/-. Zuverlässiger Blüher für Freilandkultur. AM 1931/75, FCC 1952/77. (hübl.)

'Gloriosus' (W-Y) vor 1850. Wird nur als Treibsorte angeboten, zahlreiche Blüten, weiß mit gelben Nebenkronen. AM 1913. (E)

'Grand Soleil d'Or' (Y-O) Frankreich vor 1890. Mehrere gold-orangefarbene Blüten. Nur zum Treiben geeignet. (E)

'Highfield Beauty' (Y-GYO) H.R. Mott -/1964. Zwei bis drei gelb-orangefarbene Blüten. AM 1985. (E,USA)

'Hoopoe' (Y-O) G.E. Mitsch -/1977. Mehrblütige Minatursorte mit hellgelbem Perianth und orangefarbenem Krönchen. (USA)

'Laurens Koster' (W-Y) A. Vis 1906/-. Kein sehr zuverlässiger Blüher, weißes Perigon und kleine, gelbe Blüte. AM 1912. (D)
'Martha Washington' (W-O) A. Frylink 1948/-. Ähnelt 'Geranium', blüht aber nur nach warmen Sommern. AM 1927/53. (E)
'Matador' (Y-GYO) Oregon Bulb Farm -/1958. Sehr fertile Zuchtsorte mit leuchtend gelben Blüten. (E)
'Minnow' (W-Y) A. Gray -/1962. Miniatursorte mit kleinen weiß-gelben Blüten, wird häufig in Töpfen angeboten. (hübl.)
'Paper White Grandiflora' (W-W) Auslese vor 1887. Die »Weihnachtsnarzisse« ist nur zum Treiben geeignet. (hübl.)
'Scarlet Gem' (Y-O) P.D. Williams 1910/-. Niedere Steingartensorte, gelb-orangefarbene Blüten. AM 1914/27, FCC 1936. (hübl.)
'Silver Chimes' (W-W) E. Martin 1914/-. Bis zu fünf nickende, weiße Blüten. Gute Freilandsorte. AM 1922/50, FCC 1953. (hübl.)

Division 9: Dichternarzissen

'Actaea' (W-GYR) G. Lubbe 1927/-. Ähnelt sehr *N. poeticus*, ist gut zum Verwildern geeignet. (hübl.)
'Campion' (W-GYR) B.S. Duncan -/1980. Sehr wüchsige Sorte mit flacher Schale von typischer »Poeticus«-Farbe. (E)
'Cantabile' (W-GYR) G.L. Wilson 1932/-. Reichblühende Dichternarzisse mit besseren Eigenschaften als 'Actaea'. (E, USA)
'Canticle' (W-GYR) Ballydorn Bulb Farm -/1984. Eine sehr frühe und hohe Dichternarzisse. (E)
'Fairhead' (W-GYP) Ballydorn Bulb Farm -/1982. Bei guten Wetterbedingungen färbt der Rand der Schale rosa aus! (E)
'Fanad Head' (W-GGR) Ballydorn Bulb Farm 1973/87. Eine Neuheit ohne Gelb in der flachen Schale. (E)
'Felindre' (W-GYR) A.M. Wilson 1930/-. Große, sehr wüchsige Dichternarzisse, die sich gut zur Zucht verwenden läßt. (E, USA)
'Frank's Fancy' (W-GGR) Ballydorn Bulb Farm -/1979. Ausgewachsene Zwiebeln bilden Stiele mit zwei Blüten. (E)
'Frost in May' (W-GGY) Ballydorn Bulb Farm -/1981. Reinweißes Perianth und flache, gelbe Schale ohne Rot. (E)
'Greenpark' (W-GGO) Ballydorn Bulb Farm -/1988. Sensationell ist die grünliche Schale dieser Blüte. (E)
'Kenbane Head' (W-GYR) Ballydorn Bulb Farm -/1990. Duftende, runde, weiße Blüte, Schale nicht ausbleichend. (E)
'Killearnan' (W-GYR) J.S.B. Lea -/1985. Rundes, breites Perianth und tassenförmige Nebenkrone mit moosgrüner Mitte. (E)
'Moyle' (W-GYO) Ballydorn Bulb Farm -/1982. Kleine Blüte mit rundem Perianth und winziger, überwiegend gelber Schale. (E)
'Murlough' (W-GYO) Ballydorn Bulb Farm 1973/88. Schüsselförmige, gelbe Nebenkrone. Viele Auszeichnungen. (E)
'Pantomime' (W-YYR) M. Evans 1970/82. Breite, schneeweiße, zurückgeschlagene Perigonblätter. (USA)
'Poet's Way' (W-GYR) T. Bloomer -/1975. Große Blüte mit breiten Petalen und flacher, dreifarbiger Nebenkrone. (E)
'Red Hugh' (W-GRR) Ballydorn Bulb Farm 1974/87. Der breite rote Rand verdrängt die gelbe Mitte völlig. (E)
'Torr Head' (W-GYR) Ballydorn Bulb Farm 1974/87. Eine rare Sorte mit großer Blüte auf hohem Stiel. (E)
'Vers Libre' (W-GYR) B.S. Duncan -/1984. Dies ist die höchste und spätblühendste Züchtung B.S. Duncans. (E)

Division 10: Species

N. abscissus [(Haworth) Schultes & Schultes f. 1830]
Sektion Pseudonarcissus
Synonyme: *N. lorifolius* Rouy, *N. muticus* Gay, *N. pseudonarcissus* L. ssp. *muticus* Baker, *N. pseudonarcissus* L. var. *lorifolius* Gillot

Die Nebenkronen der recht großen Blüten sind zylindrisch und weisen keinerlei verbreiterten Rand auf, sie sehen aus wie abgebissen (= *abscissus*). Während jene meist von einem ziemlich einheitlichen, mittleren Gelb sind, können die Perigonblätter in der Farbe heller sein bis hin zu cremeweiß. Sie neigen sich der Trompete zu, insgesamt steht die Blüte jedoch waagrecht am gedrückten, 35 cm hohen Stiel, der zwei Kiele hat. Die variable Blütenfarbe ergibt sowohl einfarbige als auch zweifarbige Blüten, was leicht zu Verwechslungen mit *N. bicolor* führt. Ein Merkmal, das nur *N. abscissus* aufweist, sind die orangefarbenen Kronröhren, bei der vorher genannten Art sind sie grüngelb. *N. abscissus* ist in den Pyrenäen bis in Höhen von 2000 m weit verbreitet, allerdings mehr auf der französischen als auf der spanischen Seite, wo man sie nur selten findet. Sie blüht dort je nach Höhenlage von Mai bis Juli, in Kultur im Mai. Eingeführt in unsere Gärten wurde die Species erst Mitte unseres Jahrhunderts, obwohl sie schon im 17. Jahrhundert bekannt war. 2n = 14.

Pugsley beschreibt zusätzlich drei Varietäten, die auch von Fernandes übernommen werden:

N. abscissus var. *graciliflorus* (Pugsley 1933) ist eine Varietät aus den Hohen Pyrenäen mit schmäleren (= *graciliflorus*) Perigonblättern, die sich nicht überlappen. Auch die Nebenkrone ist schmäler als bei der Stammform. 2n = ?

N. abscissus var. *serotinus* [(Jordan) Pugsley 1933] wächst nur in Gèdres, die Blütenstiele sind kürzer als die Laubblätter. Bei dieser Varietät sind die Nebenkronen an der Basis noch schmäler, verbreitern sich aber zum Rand hin. Die Varietät blüht später (= *serotinus*) als die Art. 2n = ?

N. abscissus var. *tubulosus* [(Jordan) Pugsley 1933] wächst in der gleichen Gegend wie die vorherige Varietät, hier sind die Perigonblätter länger als die Krone, die sie röhrenförmig (= *tubulosus*) umschließen. Die Kronröhre ist mit 6 mm kürzer als bei der Stammform. 2n = ?

N. albescens (Pugsley 1933)
Sektion Pseudonarcissus
Synonym: *N. albicans* hort.

Die Species ist *N. moschatus* ziemlich ähnlich, hat aber größere und weniger hängende, zweifarbige Blüten mit schwefelgelber Krone und weiß ausbleichender (= *albescens*) Nebenkrone. Ein Naturstandort ist nicht bekannt, und mittlerweile hat die Art auch Ihren Gartenwert als weißkronige Trompetennarzisse verloren, da es viel bessere Hybriden gibt. Blütezeit April. 2n = ?

N. alpestris (Pugsley 1933)
Sektion Pseudonarcissus
Synonym: *N. moschatus* Haworth

Narcissus alpestris.

Dichternarzissen – Blüten im Vergleich: 'Milan', Wilson 1932 (oben links); 'Lady Serena', Williams 1976 (oben Mitte); 'Dulcimer', Engleheart 1913 (oben rechts); 'Cantabile', Wilson 1932 (unten links); 'Felindre', Wilson 1930 (unten rechts).

Haworth beschreibt die Art als *N. moschatus* und Webb sieht sie als Unterart hiervon. Doch alle Autoren seit Pugsley gehen davon aus, daß es sich um eine eigene Species handelt. Die hängenden, reinweißen Blüten sitzen auf 18 cm hohen Stielen; das nur einmal gekielte Laub ist genausolang. Die Perigonblätter sind schmal und verdreht, in ihrer Mitte sieht man einen gelben Strich. Die über 3 cm lange Trompete ist nach außen hin verbreitert, besitzt aber keinen Rand. Die Species wächst im Hochgebirge (= *alpestris*) der spanischen Pyrenäen. In einer Höhe von 1400 m blüht sie Mitte Mai, in 2000 m erst im Juni. Sie ist nicht allzu schwer in Kultur zu halten, da sie aber wenig Zuwachs hat, ist sie selten im Handel zu bekommen. 2n = 14.

N. assoanus (Léon-Dufour)
Sektion Jonquillae
Synonyme: *N. assoi* Dufour, *N. herminiens* Link, *N. juncifolius* Lagasca, *N. pallens* Freyn ex Willkomm, *N. parvulus* Sweet, *N. pusillus* Don, *N. requienii* Roemer

Bei uns ist die Art noch immer unter dem Namen *N. juncifolius* bekannt, der auf das binsenartige Laub der Pflanze verweist. Doch während sich allmählich der ältere Name *N. requienii* (nach dem französischen Botaniker Requien) durchzusetzen begann, hat Fernandez Casas festgestellt, daß eine noch ältere Bezeichnung existiert, nämlich *N. assoanus*. Nach der Prioritätsregel ist diese nun die gültige, sicher wird es noch dauern, bis sie sich auch im Handel durchsetzt.
N. assoanus ist eine weit verbreitete Narzisse. Sie kommt in Südfrankreich, Nord- und Nordostspanien, Menorca und Korsika vor, einige Autoren nennen auch Portugal. Man könnte auch sagen, sie wächst überall dort, wo es keinen Winter gibt, was für die Kultur bedeutet, daß diese nur im Kalthaus möglich ist. Dort ist sie allerdings sehr leicht zu halten, auch werden die kleinen, rundlichen Zwiebelchen häufig im Handel angeboten. Blütezeit in Kultur ist der April, in der Natur finden wir die Species je nach Standort zwischen März und Juni in Blüte. Das binsenartige Laub ist meist länger als der etwa 20 cm hohe Stiel. Auf ihm sitzen zwei bis drei kleine, gelbe Blütchen von 22 mm Durchmesser, die eine nur 5 mm hohe Nebenkrone haben. Diese ist meist etwas kräftiger in der Farbe als das Perianth. 2n = 14.

N. assoanus var. *pallens* [(Freyn ex Willkomm) Fernandes] wird als hellere (= *pallens*), schwefelfarbige Varietätart beschrieben, die in der spanischen Provinz Valencia wächst. 2n = ?

N. assoanus var. *praelongus* unterscheidet sich kaum von der Stammform, die Schale ist etwas höher, aber kleiner im Durchmesser. Die ein bis drei Blütchen sitzen auf längeren Stielen, diese werden bis zu 3 cm lang. 2n = ?

N. asturiensis [(Jordan) Pugsley 1933]
Sektion Pseudonarcissus
Synonyme: *N. minimus* Hort., *N. pumilus* Herb.

Die Art ist mit einer Höhe von nur 5 bis 8 cm die kleinste der Trompetennarzissen, worauf auch der ungültige Name *minimus* verweist. Der jetzige hat seinen Ursprung in der Herkunft der Pflanze, sie wächst in den Asturischen Bergen im Norden Spaniens, zum Teil in sehr großer Höhe. Sie blüht dort aber später als an anderen Standorten Nord- und Zentralportugals, wo man sie oft schon im Januar entdecken kann. Bei uns im Garten ist sie im Februar bis März die früheste Freiland-Narzisse. Die Blüten sind einfarbig grüngelb oder kräftig gelb, ihr besonderes Kennzeichen ist die nur 25 mm lange Trompete, die zur Mitte hin eingeschnürt ist. Besonders schwierig ist die Unterscheidung zu *N. minor*, vor allem da es bei *N. asturiensis* Blüten mit geraden und verdrehten Perigonblättern gibt, was die Sache nicht gerade vereinfacht. Aber die Spatha bleibt grün, bis die Blüten verwelken. 2n = 14 (15).

Fernandes beschreibt *N. jacetanus* als eigenständige Species, doch Blanchard meint, die Ähnlichkeit mit *N. asturiensis* sei so groß, daß man allenfalls von einer Unterart reden kann. Der Hauptunterschied besteht auch nicht im Aussehen, sondern in der Tatsache, daß *N. asturiensis* sauren Boden bevorzugt, während *N. jacetanus* auf Kalk wächst.

Narcissus asturiensis.

N. atlanticus (F.C. Stern 1950)
Sektion Apodanthae

Am Naturstandort wurden die Pflanzen bislang noch nicht wiederentdeckt, aber alle in Umlauf befindlichen Zwiebeln stammen aus derselben Samenkollektion von Ball aus dem Jahre 1936. Sie soll aus dem Hohen Atlas (= *atlanticus*) in Marokko stammen, wo die Narzissen in 2000 m Höhe im Schatten von Sträuchern wachsen. Einige dieser blühfähigen Zwiebeln gelangten später zu F.C. Stern, der die Art erstmals beschrieb. Die Blüten von *N. atlanticus* sind cremeweiß im Gegensatz zu den reinweißen Blüten von *N. rupicola* ssp. *watieri*, mit denen sie eine gewisse Ähnlichkeit haben. Sie haben einen Durchmesser von 35 mm, davon entfallen auf die Schale 11 mm, sie ist aber nur 6 mm hoch. Die Staubfäden sind unterschiedlich lang, drei Staubbeutel befinden sich in der Nebenkrone, drei in der 27 mm langen Röhre. 2n = 14.

N. aureus (Loiseloir 1837)
Sektion Tazettae
Synonyme: *N. flaveolus* Spach, *N. sublutea* Haworth

Die Art ähnelt sehr *N. tazetta*, nur sind die zehn bis zwölf Blüten orangegelb (= *aureus*). Dies ist auch der Grund, warum Baker die Art als Subspecies von *N. tazetta* ansieht. Manche Autoren nehmen auch an, daß sie mit *N. bertolinii* nahe verwandt ist, doch Fernandes erkennt ihren Status als Art an, da die Perigonblätter kürzer sind als die Perigonröhre, auch ist die Nebenkrone etwas kräftiger in der Farbe als das Perianth. In Kultur ist sie nicht sehr verbreitet, an den Naturstandorten im gesamten Mittelmeerraum hingegen sehr. Möglich ist, daß die Gartenform 'Grand Soleil d'Or' nur eine Auslese davon ist. 2n = 22.

N. barlae (Parlatore 1848)
Sektion Tazettae

Viele Autoren betrachten die Art als *N. panizzianus* zugehörig, doch Fernandes meint, daß die Perigonblätter stumpfer und kürzer als die Röhre sind. Auch ist das Laub mehr blaugrün. Am Naturstandort in Italien blüht die Art von Februar bis April, sie ist selten in Kultur. 2n = 22.

N. bertolinii (Parlatore 1848)
Sektion Tazettae
Synonym: *N. chrysanthus* DC.

Benannt wurde die Species nach dem Autor der »Flora Italica«, A. Bertolini, sie unterscheidet sich von *N. aureus* durch die spitzeren Perigonblätter und die gleichmäßig mittelgelbe Farbe. Die zwei bis acht Blüten sitzen auf einem 18 cm hohen Stiel, dieser wird überragt vom aufrechten, blaugrünen Laub. Der Blütendurchmesser beträgt 31 mm, die 8 mm breite Krone wird nur 3 mm hoch. Die Stammform wächst in Italien in der Nähe von Pisa, sie blüht zwischen November und Februar. Daneben gibt es noch drei Varietäten, die in Nordafrika anzutreffen sind. 2n = 22 (20).

N. bertolinii var. *algericus* [(Roemer) Maire & Weiller] wächst, wie der Name schon sagt, in Algerien und blüht von Dezember bis März. Die Krone ist gelb, die Nebenkrone orange. 2n = ?

N. bertolinii var. *discolor* (Battandier 1919) kommt sowohl in Algerien als auch in Marokko vor. Die Nebenkrone ist leuchtendgelb, das Perianth cremeweiß, die Gesamtblüte also verschiedenfarbig (= *discolor*). Die Blütezeit entspricht der der anderen Varietäten. 2n = ?

N. bertolinii var. *primulinus* (Maire) unterscheidet sich von der vorhergehenden Varietät nur durch die schwefelgelben (»primelartigen«) Perigonblätter. Sie blüht in Algerien zur selben Zeit wie die beiden anderen Varietäten. 2n = ?

N. bicolor (Linné 1753)
Sektion Pseudonarcissus
Synonyme: *N. tubaeflorus* Salisb., *N. tubulosus* Jordan

Die Art ist seit 1613 in Kultur und ist, ebenso wie *N. abscissus*, eine zweifarbige (= *bicolor*) Trompetennarzisse. Baker sieht sie nur als Unterart der variablen *N. pseudonarcissus*. Als Naturstandort wurden lange die Pyrenäen vermutet, inzwischen hat man sie dort wiederentdeckt. Auf dem 35 cm langen Stiel sitzt jeweils eine Blüte mit weißen oder cremefarbenen, nicht verdrehten Perigonblättern und 30 mm langer, am Rande aufgebogener, goldgelber Trompete. Die langen, schlanken Zwiebeln sind relativ groß. 2n = 22.

N. bicolor var. *lorifolius* ist nach Fernandes, der hier Baker folgt, eine Varietät mit kürzerem Blütenstielchen und kräftiger ausgefärbter Trompete. Der Name verweist auf das riemenförmige (= *lorifolius*) Laub. 2n = 21.

N. broussonetii (Lagaska 1816)
Sektion Aurelia
Synonym: *N. obliteratus* Wildenow

Die Art ist die einzige dieser Sektion. Lagaska entdeckte sie im Jahr 1815 in Marokko,

Narcissus broussonettii.

wo sie entlang der Küste weit verbreitet ist, und benannte sie nach dem französischen Botaniker Broussonet. Sie blüht im Herbst und ist kaum in Kultur. Die Pflanze ist auf den ersten Blick nicht als Narzisse zu erkennen, denn bei den ein bis acht weißen Blüten, die auf dem 40 cm hohen Stiel sitzen, fehlt die Nebenkrone. Die gelben Staubbeutel ragen aus den trichterförmigen, langen weißen Perigonröhren. 2n = 22.

N. broussonetii forma *grandiflorus* ist eine etwas großblütigere Form der Art, sie ist tetraploid. 2n = 44.

N. bulbocodium (Linné 1753)
Sektion Bulbocodium
Synonyme: *Corbularia bulbocodium* (L.) Haworth, *N. aureus* DC., *N. candicans* Haworth, *N. gigus* Steudal, *N. inflatus* Haworth, *N. lobulatus* Haworth, *N. megacodium* Durieu, *N. pallidus* Graells, *N. turgidus* Salisb.

Wie schon die mehrfache Neueinteilung der Sektion Bulbocodium zeigt (Seite 15), ist hier alles im Fluß. Was sind Arten, was Unterarten oder nur Varietäten? Inzwischen geht man davon aus, daß *N. bulbocodium, N. cantabricus, N. hedraeanthus, N. obesus* und *N. romieuxii* der Status von Arten zugebilligt wird.

Zur besseren Unterscheidung von *N. bulbocodium* und *N. cantabricus* soll der nachfolgende Schlüssel dienen:

N. bulbocodium	*N. cantabricus*
1. Blüten gelb	1. Blüten weiß
2. äußere Zwiebelschalen weißlich bis hellbraun	2. äußere Zwiebelschalen dunkelbraun bis schwarz
3. Blüten auf Stielchen sitzend	3. Blüten nahezu stengellos
4. Blüten schwach duftend	4. Blüten stark duftend
5. wächst in offenem Gelände	5. wächst im Schatten von Sträuchern

N. bulbocodium ssp. *bulbocodium* var. *bulbocodium* ist die Stammform der Reifrocknarzissen. Das 10 cm hohe Laub überragt die

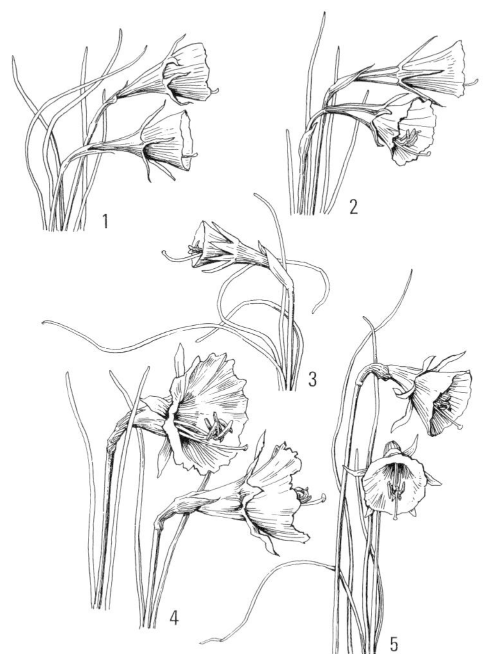

1 = *Narcissus bulbocodium* ssp. *bulbocodium* var. *bulbocodium*. 2 = *Narcissus bulbocodium* ssp. *bulbocodium* var. *citrinus*. 3 = *Narcissus bulbocodium* ssp. *bulbocodium* var. *nivalis*. 4 = *Narcissus cantabricus* ssp. *cantabricus* var. *cantabricus*. 5 = *Narcissus cantabricus* ssp. *cantabricus* var. *foliosus*.

Pflanze, da die 23 mm langen Blüten auf nur 25 mm langen Stielen sitzen. Ein großer Teil der Blüte entfällt auf die konische Röhre, die sich abrupt verbreitert zur Nebenkrone. Die sternförmig aufsitzenden Perigonblätter sind zwar 6 mm lang, aber nur 0,5 mm breit und von grünlicher Farbe. Die Blüten selbst variieren etwas in der Farbe, meist sind sie strahlend gelb. Die Staubfäden sind am Ende nach oben umgebogen, so daß die Staubbeutel lotrecht zur waagrechten Blütenachse stehen. Die Art ist in Nord- und Zentralportugal, den Asturischen Bergen Spaniens und in Marokko zu finden, vereinzelt auch in Südfrankreich. Wegen der großen Verbreitung ist auch die Blütezeit sehr unterschiedlich, sie reicht von November in Nordafrika bis Juli in großen Höhenlagen der Pyrenäen. 2n – 14, 21, 28,

35, 42, 49 und 56 (manchmal auch mit B-Chromosomen).

N. bulbocodium ssp. *bulbocodium* var. *citrinus* (Baker 1880) ist keineswegs nur eine hellgelbe (= *citrinus*) Varietät der Stammform, sondern hat auch größere Blüten. Hierbei hat die Röhre mit 30 mm Länge ein deutliches Übergewicht gegenüber der nur 25 mm langen, zitronengelben Nebenkrone. Die Perigonblätter sind an der Basis 5 mm breit und grün gestreift. Die Pflanzen blühen in den Asturischen Bergen und den Picos de Europa im März. 2n = 14 (42).

N. bulbocodium ssp. *bulbocodium* var. *conspicuus* [(Haworth) Baker 1888], beschrieben 1831 von Haworth, ist die auffallendste (= *conspicuus*) Varietät. Die Blüten werden 35 mm lang und haben einen Durchmesser von 20 mm, sie sind hell- bis mittelgelb. Die Kulturerfahrungen sind unterschiedlich, teils wird sie als schlechter Blüher bezeichnet, teils als leicht aus Samen ziehbar. Sie bevorzugt feuchten, sauren Boden. 2n = 28 (42).

N. bulbocodium ssp. *bulbocodium* var. *ectrandum* (Casas) ist eine etwas unscheinbare Form aus den Picos de Urbion in Spanien. Die gelben Blüten haben eine lange Röhre, die Nebenkrone ist petunienförmig. Die Varietät ist nicht in Kultur. 2n = ?

N. bulbocodium ssp. *bulbocodium* var. *genuinus* (Cout.) ist ebenfalls eine echte (= *genuinus*) Reifrocknarzisse, die aber von Fernandes nicht akzeptiert wird. Die Pflanze mit den goldgelben Blüten wächst im Mittleren und Hohen Atlas und ist von var. *conspicuus* kaum zu unterscheiden. 2n = ?

N. bulbocodium ssp. *bulbocodium* var. *graellsii* [(Webb) Baker 1888] ist eine in Zentral- und Nordspanien weit verbreitete Pflanze, die noch hellere Blüten hat als var. *citrinus*. Auffallend sind die grünen Streifen auf der Kronröhre und den Tepalen. Die Nebenkrone ist zwar nur 15 mm breit, aber mit 35 mm sehr lang. Sie hat am Naturstandort eine sehr unterschiedliche Blütezeit, im Kalthaus blüht sie im April. 2n = ?

N. bulbocodium ssp. *bulbocodium* var. *nivalis* [(Graells) Baker 1888] läßt vermuten, daß die Blüten schneeweiß (= *nivalis*) sind, aber hier muß ein Mißverständnis vorliegen. Sie sind nämlich hell- bis goldgelb. Lediglich die Zwiebeln sind weißlich. Die Perigonblätter sind ziemlich breit (5 mm). Die Krone ist breiter als lang, der Durchmesser beträgt 28 mm, die Länge nur 18 mm. Die Art wächst im Hohen Atlas in Höhen bis 2500 m, vereinzelt auch in den spanischen Bergen. Die Blütezeit liegt je nach Höhenlage zwischen Februar und Juli. 2n = 14.

N. bulbocodium ssp. *bulbocodium* var. *pallidus* [(Gatt & Weiler) Maire & Weiler] ist die »bleiche« Reifrocknarzisse. Fernandes beschreibt die Art nicht, aber Blanchard fand sie im Mai blühend im Hohen Atlas; sie entsprach genau der Beschreibung von Maire. Die 32 mm lange und 34 mm breite Nebenkrone ist hell primelgelb, die Tepalen und die Röhre hingegen sind kräftiger gelb. 2n = ?

N. bulbocodium ssp. *bulbocodium* var. *serotinus* [(Haworth) Fernandes] ist von var. *conspicuus* nur schwer zu unterscheiden, obwohl sowohl die Nebenkrone als auch die Laubblätter breiter sind als bei dieser. Sie blüht später (= *serotinus*) als die anderen Varietäten, in Westportugal zwischen März und Mai. 2n = 28, 35, 42, 49 und 56.

N. bulbocodium var. *praecox* (Gatt & Weiler 1937) könnte nach Blanchards Ansicht genausogut eine winterblühende Form von var. *citrinus* sein. Fernandes gibt für die bleichgelben Blüten eine Länge von 35 mm an, hiervon entfallen auf die Nebenkrone 15 mm. Die Tepalen haben grüne Spitzen. Sie wächst im Hohen Atlas, daher auch die frühe Blütezeit (= *praecox*) von November bis Januar. 2n = ?

N. calcicola (Mendonça 1930)
Sektion Apodanthae

Die Species wächst in Portugal an zwei Stellen: in der Serra dos Candeeiros und der Serra de Arribida, bei beiden finden wir Kalkböden (= *calcicola*), doch stecken die Zwiebeln oft in reichem Humus. Auf dem 28 cm hohen Stiel sitzt ein Blütenbüschel mit bis zu fünf kräftig gelben Blüten, die denen von *N. scaberulus* ähneln. Doch verlaufen die wenig gezackten Ränder der Nebenkrone tassenförmig nach außen und sind nicht nach innen umgeschlagen. So sporadisch die Species in der Natur zu finden ist, so selten ist sie auch in Kultur, wo sie von Februar bis März im Kalthaus blüht. 2n = 14.

N. canaliculatus (Gussone 1854)
Sektion Tazettae
Synonyme: *N. lacticolor* (Steudal), *N. tazetta* ssp. *lacticolor* [(L.) Baker]

Diese Narzisse ähnelt sehr *N. tazetta*, doch wie das Synonym *N. lacticolor* schon sagt, ist das Perigon milchweiß (= *lacticolor*) und die Nebenkrone ockerfarben. *N. canaliculatus* (Hort.) unserer Gärten ist allerdings nicht dasselbe wie *N. canaliculatus* (Gussone), denn diese weit verbreitete Art ist nur eine Auslese der oben genannten. Während *N. canaliculatus* (Gussone) oft dort anzutreffen ist, wo auch *N. tazetta* wächst, gibt es von *N. canaliculatus* (Hort.) keinen Naturstandort. Die Laubblätter sind rinnenförmig (= *canaliculatus*). 2n = ?

Narcissus calcicola.

Narcissus bulbocodium am Wildstandort in Südportugal.

N. canariensis (Herbert 1937)
Sektion Tazettae

Die Art hat eine etwas umstrittenen Status, sie ist möglicherweise mit *N. pachybolbus* verwandt. Die weißen Blütchen dieser Tazette haben einen Durchmesser von nur 13 mm, sie erscheinen zwischen Dezember und März. Als Standort sind die Kanarischen Inseln (= *canariensis*) bekannt. 2n = 22.

N. cantabricus (de Candolle 1816)
Sektion Bulbocodium
Synonyme: *Corbularia monophylla* Durieu, *N. clusii* Dunal

Außer der fast weißen *N. bulbocodium* var. *graellsii* und *N. romieuxii* ssp. *albidus* gehören alle weißblühenden Reifrocknarzissen zu *N. cantabricus*. Frühere Autoren sahen in dieser Species nur eine Unterart zu *N. bulbocodium*, doch Fernandes hat nachgewiesen, daß dies nicht stimmen kann: Beide Arten kreuzen sich nicht! Hybriden mit *N. romieuxii* hingegen sind möglich. Die formenreiche Art wurde von Fernandes in drei Subspecies eingeteilt:

N. cantabricus ssp. *cantabricus* var. *cantabricus* ist die von de Candolle beschriebene Art. Man findet sie aber nicht in den Kantabrischen Bergen, sondern in Südspanien. Sie blüht dort oft schon im Dezember, spätestens jedoch im Februar. Die weißen Blüten haben eine sehr breite, eingekerbte Nebenkrone von 30 mm Durchmesser und sitzen auf 5 cm langen Stielen. Einer Zwiebel entspringen jeweils nur zwei Laubblätter. 2n = ?

N. cantabricus ssp. *cantabricus* var. *foliosus* [(Maire) Fernandes] wurde erstmals 1929 von Maire beschrieben. Die Varietät hat viel mehr Laubblätter (= *foliosus*), nämlich vier bis fünf. Die milchweißen Blüten sind zwar länger als bei obiger Varietät, aber die Nebenkrone hat nur 19 mm Durchmesser und ist kaum eingekerbt. Man findet sie in Marokko, wo sie zwischen Oktober und Dezember zur Blüte kommt. 2n = 28.

N. cantabricus ssp. *cantabricus* var. *kesticus* (Maire & Wilczek 1936) wächst im Tal des Kest im Hohen Atlas, weit weg von anderen Narzissen dieser Art. Das Laub wird 30 cm hoch, die grünlich-weißen Blüten sitzen auf 5 cm langen Stielen. Die Nebenkrone hat einen Durchmesser von 30 mm. 2n = ?

N. cantabricus ssp. *cantabricus* var. *petunioides* (Fernandes 1957) ist vielleicht die schönste Reifrocknarzisse überhaupt, denn die 40 mm breiten, reinweißen Blüten sind so flach, daß sie an die von Petunien (= *petunioides*) erinnern. Allerdings gehört diese Narzisse wie die anderen dieser Gruppe ins Alpinhaus. Sie stammt auch nicht aus Algerien, sondern wächst nach Blanchard am Jebel Zerhoun in Marokko. 2n = ?

N. cantabricus ssp. *monophyllus* [(Durieu) Fernandes] war bereits 1847 unter dem Namen *Corbularia monophylla* beschrieben worden. Das eine Laubblatt (= *monophyllus*), das der Zwiebel entspringt, wird 27 cm lang, in Kultur kann es auch einmal eines mehr sein. Der Blütenstiel ist mit einer Länge von 8 cm relativ hoch. Hierzu passen dann die 45 mm langen, reinweißen Blüten, deren Nebenkronen einen Durchmesser von 35 mm haben. Die Unterart wächst sowohl in Südspanien als auch in Marokko und blüht zwischen Januar und März. 2n = ?

N. cantabricus ssp. *tananicus* [(Maire) Fernandes] wurde 1939 von Maire beschrieben, der sie am Ida ou Tanane im westlichen Hohen Atlas fand. Das Laub wird nur 10 cm hoch, der Stengel fast ebenso lang. Die weißlichen Blüten sind relativ klein, die Nebenkrone hat einen Durchmesser von 22 mm. Die Kronröhren sind gelblich. 2n = ?

N. cavanillesii (A. Barra & G. López)
Sektion: Tapeinanthus
Synonyme: *Braxireon humile, Carregona humilis, N. humilis* (Cav.) Traub, *Tapeinanthus humilis* Herbert

Traub gesellte die Art 1969 zu den Narzissen. Warum sie in der »Flora von West-Andalusien« anschließend in *N. cavanillesii* umbenannt wurde, ist nicht ganz ersichtlich. Um der Einheitlichkeit willen folge ich hier Blanchard, obwohl die Species in der »European Garden Flora« unter *N. humilis* aufgeführt wird. Kaum spitzt die Art im Herbst aus dem Boden, zeigen sich an den 13 cm langen Stielen auch schon die ersten mittelgelben Blüten von 2 cm Durchmesser. Sie zeigen nach oben und scheinen keine Nebenkrone zu besitzen, denn diese ist so verkümmert, daß sie mit bloßem Auge kaum wahrzunehmen ist. Das Laub ist zur Blütezeit kürzer als der Blütenstiel, wächst aber dann noch weiter, bevor es im Frühjahr abstirbt. Die Art wächst im südlichsten Zipfel Spaniens und an der Westküste Marokkos im Grasland oder in lichten Wäldern.

Sie ist nur etwas für Spezialisten mit einem Kalthaus, obwohl die Kultur nicht allzu schwer ist. Hier vermehrt sie sich rascher als in der Natur, doch sollte man der Versuchung widerstehen, sie allzu oft zu teilen. Selbst ausgewachsene Zwiebeln sind immer noch winzig. 2n = ?

N. corcyrensis (Herbert 1837)
Sektion Tazettae
Synonyme: *N. rempolensis* Parlatore, *N. sulcicaulis* Spach

Baker bezeichnet die Art als Subspecies von *N. tazetta*, Webb als Hybride zwischen *N. italicus* × *N. serotinus*. Nach Fernandes ist die Art in Südfrankreich, Italien und auf der Balkanhalbinsel weit verbreitet, entdeckt wurde sie zuerst auf der Insel Korfu (= *corcyrensis*). Die Perigonblätter der 4 bis 20 Blüten sind weiß, die orangefarbenen Nebenkronen sind mehr oder weniger tief eingeschnitten. Blüte im März und April. 2n = ?

N. cordubensis (Casas)
Sektion Jonquillae

Casas fand die Art in der Nähe von Cordoba, sie hat große Ähnlichkeit mit *N. fernandesii*. Die ein bis drei, manchmal acht Blüten sind kräftiger gelb als die von *N. jonquilla* und sitzen auf 35 cm langen Stielen. Die sich überlappenden Perigonblätter sind 13 mm breit und 13 mm lang, die tassenförmigen Nebenkronen sind nur 5mm hoch und 15 mm breit, sie sind sechsmal tief eingeschnitten. Die Art ist in Kultur gut im Topf zu halten und blüht Ende März, Anfang April. 2n = ?

N. cuatrecasasii (Casas Lainz & Ruiz Rejón 1973)
Sektion Apodanthae
Synonyme: *N. rupicola* Dufour ssp. *pedunculatus* (Cuatr.) Lainz

Bei dieser Art sitzt meist nur eine Blüte waagrecht am 12 cm hohen Stiel. Die weißen Perigonblätter überlappen sich und sind leicht nach hinten umgebogen, die 6 mm hohe Nebenkrone ist gelb und am Rand etwas eingerollt. In ihr befinden sich drei Staubbeutel, die anderen drei sind in der 15 mm langen Kronröhre. Die Pflanze wächst an Kalkhängen in der Provinz Granada, sie blüht je nach Standort zwischen März und Mai. 2n = ?

N. cuatrecasasii var. *segimonensis* (Casas) wächst nur in den Bergen von Segura (= *segimonensis*) in Höhen über 800 m und blüht April bis Mai. Sie hat große Ähnlichkeit mit der Stammform, doch sind die Nebenkronen der oft hängenden Blüten kleiner. 2n = ?

N. cupularis [(Salisbury) Bertolini ex Schultes f.]
Sektion Tazettae
Synonyme: *N. aperticorona* Steudal, *N. latifolius* Schultes f., *N. multiflorus* Lamarck, *N. nobilis* Jordan, *N. perlutea* Spach, *N. solaris* Spach

Der 16 cm hohe Stiel trägt drei bis fünf typische, aber kleine, tazettenartige Blüten. Das Perianth ist strohfarben oder hellgelb, die 4 mm hohe und 8 mm breite, becherförmige (= *cupularis*) Nebenkrone ist kräftig goldgelb. Typisch für die Pflanze ist das 26 cm lange, blaugrüne Laub. Sie blüht zwischen Dezember und März in Südfrankreich, Italien und Sardinien. 2n = ?

N. cyclamineus (de Candolle 1816)
Sektion Pseudonarcissus

Diese Art ist unverwechselbar und in Europa schon lange bekannt, eine der ersten Illustrationen findet sich 1608 in Vallets »Jardin

Narcissus cyclamineus.

de Roi Henry IV«, eine weitere 1633 in »Theatrum Florae«. Der Name kommt von dem alpenveilchenartig nach hinten umgebogenen Perianth, man nennt die Hybriden dieser Art deshalb auch Alpenveilchennarzissen. Die 12 cm langen Blätter wachsen meist weit gespreizt, so daß sie den 10 cm hohen Stiel nicht überragen. Die gelben, hängenden Blüten zerfallen in zwei Teile, das etwa 20 mm lange, nach hinten umgeschlagene Perianth und die ebensolange Nebenkrone, die sich taillenartig verengt, bevor sie am zwölffach eingekerbten Rand auseinandergeht. Die Species ist leicht in Kultur zu halten und oft in unseren Bauerngärten zu finden, wo sie sich selbst aussät und rasch vermehrt. Allerdings bevorzugt sie schwerere, leicht sauere Böden wie auch an den Naturstandorten in Portugal und Spanien. Sie blüht dort bereits im Februar, bei uns im März. 2n = 14.

Narcissus cyclamineus.

N. cypri (Sweet)
Sektion Tazettae

Über diese Art, die selten in Kultur ist, wissen wir nur wenig. Sie soll aus Zypern (= *cypri*) und Syrien stammen, ist aber in Italien eingebürgert. Die wüchsigen Pflanzen haben größere Blüten als die anderen Arten der Sektion, auch sind die hellgelben Nebenkronen sehr breit. 2n = 30 (33).

N. dubius (Gouan 1773)
Sektion Tazettae
Synonyme: *N. pallidus* Poiret, *N. pumilus* Red.

N. dubius ist die kleinste Tazette, die zwei bis sechs weißen Blüten haben einen Durchmesser von nur 16 mm. Gärtnerisch ist die Art weniger interessant, der Boden muß im Sommer regelrecht »ausbacken«, damit sie zur Blüte kommt. In der Natur ist die Species zwischen Katalonien und Südfrankreich weit verbreitet, wo sie zwischen Februar und April blüht. Umstritten ist, ob es sich hier um eine Kreuzung zwischen einer diploiden *N. papyraceus* (2n = 22) und einer tetraploiden *N. assoanus* (2n = 28) handelt. Ebenso zweifelhaft (= *dubius*) ist der Status als Art, obwohl sie treu aus Samen fällt. 2n = 50.

N. elegans [(Haworth) Spach]
Sektion Tazettae
Synonyme: *N. autumnalis* Link., *N. cupanianus* Gussone

An »elegant« darf man bei dieser seit 1841 bekannten Tazette nicht denken, denn es gibt keine unansehnlichere. Wenn sich die zwei bis fünf zierlichen (= *elegans*) Blüten am 20 cm hohen Stiel öffnen, so ist die 1 mm hohe und 3 mm breite Nebenkrone grün, später verfärbt sie sich in braunorange. Auch das weiße Perianth wird im Alter häßlich, die Tepalen verdrehen sich. *N. elegans* ist zwar herbstblühend, aber weder mit *N. serotinus* noch mit *N. broussonetii* verwandt. Die Art ist an den Küsten Korsikas, Sardiniens, Italiens und von Marokko bis Lybien weit verbreitet. 2n = 20.

N. fernandesii (Pedro 1947)
Sektion Jonquillae

Die Art wurde zu Ehren von Professor Abilio Fernandes benannt, der sich wie kein anderer mit der Gattung *Narcissus* auseinandersetzte. Sie wächst in seiner Heimat Portugal im Tal des Tejo, wo sie im Jahre 1943 entdeckt wurde. Blütezeit ist Februar bis März. Auf einem 17 cm hohen Stiel sitzen 28 mm große, gelbe Blüten, deren becherförmige Nebenkronen etwas dunkler sind als das Perigon. Sie sind 6 mm hoch und 8 mm breit. Das grüne, aufrecht wachsende Laub wird 33 cm lang, es ist fein gestreift, was die Art von *N. assoanus* unterscheidet. Sie ist nur selten in Kultur zu finden. 2n = 14.

Fernandes selbst entdeckte noch eine etwas größer werdende, tetraploide Varietät und nannte sie *N. fernandesii* var. *major.* Ihre Blätter werden bis zu 70 cm lang. 2n = 28.

Narcissus fernandisii.

N. gaditanus (Boissier & Reuther 1842)
Sektion Jonquillae

N. gaditanus hat seinen Namen von der südspanischen Stadt Cadiz, die die Römer Gades nannten, sie wächst aber auch in Südportugal und entlang der gesamten südspanischen Küste. Urlauber in Marbella werden sie trotzdem selten sehen, da sie unauffällig ist und meist vereinzelt steht. Die Art wird nur 14 cm hoch, die ein bis drei gelben Blüten haben einen Durchmesser von nur 16 mm. Die 5 mm langen Perigonblätter sind leicht nach hinten umgeschlagen, die Nebenkrone wird 3 bis 5 mm hoch. Sie blüht zwischen Januar und April. 2n = 14.

N. gayi (Hénon 1903)
Sektion Pseudonarcissus
Synonym: *N. praelongus* Jordan

Da die Originalbeschreibung von Hénon, der die Pflanze zu Ehren des französischen Botanikers Gay benannte, auf eine in Kultur stehende Pflanze zurückgeht, wird sie von vielen nicht als Art anerkannt. Fernandes legitimiert ihren Status und beschreibt sie als 40 cm hohe Pflanze, an deren Stiel jeweils eine schwefelgelbe Blüte mit einer 40 mm langen Trompete sitzt, die zum Rand hin kräftiger gefärbt ist. Die Perigonblätter sind kürzer und verdreht. Ein natürlicher Standort ist noch immer nicht bekannt, in Kultur blüht die Art im März. 2n = 14.

N. hedraeanthus [(Webb & Heldreich) Colmeiro 1955]
Sektion Bulbocodium

Von allen Reifrocknarzissen fällt diese Art am meisten aus dem Rahmen, da sie fast einer Trompetennarzisse ähnelt. Die ungestielten (= *hedraeanthus*) Blüten sind von einem bleichen Gelb und sitzen auf nur 25 mm langen, schräg stehenden Stengeln. Die Tepalen sind 12 mm lang und 2 mm breit, die 7 mm hohe Nebenkrone hat einen Durchmesser von 10 mm. Die 14 mm lange Blütenröhre wird von einer dunkelbraunen Spatha umhüllt. Unüblich ist auch die frühe Blütezeit im Dezember, im Kalthaus sogar schon im November. Die Art ist hart genug, um auch im Freien gehalten zu werden, aber so winzig, daß sie dort leicht verloren geht. Sie stammt aus der Sierra de Cazorla. 2n = ?

N. hedraeanthus var. *luteolentus* ist eine neue Namenskombination von Blanchard. Allerdings ähneln diese aus der Sierra de Alcatraz stammenden Pflanzen sehr der Stammform, sogar in der gelblichen (= *luteolentus*) Blütenfarbe, sie sind aber viel größer. Die Blüte hat einen Durchmesser von 31 mm, der der Nebenkrone ist 16 bis 24 mm. 2n = ?

N. hispanicus (Gouan 1773)
Sektion Pseudonarcissus
Synonyme: *N. grandiflorus* Salisb., *N. major* Curtis, *N. pseudonarcissus* L. ssp. *major* (Curtis) Baker

N. hispanicus wurde schon im Jahre 1576 von L'Obel erwähnt und ist eine der bekanntesten Arten, zugleich auch die Mutter unserer modernen Gartensorten. Die goldgelben Blüten sitzen auf 50 cm langen Stielen, die spiraligen Laubblätter sind blaugrün. Die 22 mm langen Perigonblätter sind verdreht; die Trompete verbreitert sich zum Rand hin von 18 mm auf 43 mm und hat einen tief eingekerbten Kranz. Gouan beschreibt als Fundort die Pyrenäen und Pugsley Südwestfrankreich. Beide haben recht, nur in Spanien (= *hispanicus*) ist die Art nicht zu finden. Die Blütezeit fällt in die Monate März und April. 2n = 14, 21 und 42.

N. hispanicus var. *bujei* (Casas) wurde von Casas in Südspanien auf Kalkböden gefunden und zunächst als Varietät von *N. longispathus* angesehen. Später korrigierte er seine Meinung. In der »Flora von West-Andalusien« wird *N. bujei* als Art beschrieben. Im Unterschied zur Stammform hat die Blüte eine grüne Kronröhre und eine fast parallel verlaufende Trompete von 28 mm Durchmesser am äußeren Rand. 2n = ?

N. hispanicus var. *concolor* [(Jordan) Pugsley] wurde von Jordan 1903 als *Ajax concolor* beschrieben. Die Blüte ist gleichmäßig (= *concolor*) goldgelb, die Trompete lang und schmal. Die Laubblätter wachsen gerade. Die Art ist nicht in Kultur und in der französischen Provinz Var heimisch. 2n = ?

N. hispanicus var. *propinquus* [(Herbert) Pugsley] ist der Stammform sehr ähnlich (= *propinquus*). Sie stammt aus Südfrankreich aus der Gegend von Agen und Bayonne und hat weniger verdrehte Blätter, einen nicht so gedrückten Stengel und kürzere Blütenstiele als die Stammform. Die Varietät ist seit 1712 in Kultur, vor allem in England. 2n = 14.

N. hispanicus var. *spurius* [(Haworth) Pugsley] heißt deshalb die »zweifelhafte« (= *spurius*) Narzisse, weil sie im Jahre 1812, als sie Haworth als *Ajax spuria* beschrieb, eine Gartenpflanze war. Verschiedene Autoren meinen, sie käme aus den Asturischen Bergen Spaniens, aber das ist nicht sicher. Die Varietät ähnelt sehr der Stammform, ist aber kleiner. Die Blüten sitzen auf einem nur 15 cm hohen Stengel. 2n = ?

N. italicus (Ker-Gawler 1809)
Sektion Tazettae
Synonyme: *N. obliquus* Gussone, *N. praecox* Tenore, *N. pseudoitalicus* Rouy, *N. tenuiflorus* Schultes

Nach anderer Quelle wurde *N. italicus* von Sims (1809) beschrieben, ich folge Blanchard. Die Art ist weit verbreitet, sie folgt der französischen Südküste und der Italiens bis hinab nach Sizilien. Auch auf den Inseln Korsika, Elba, Sardinien und Capri ist sie zu Hause. An der Riviera ist sie eine der häufigsten Gartenpflanzen, bei uns hingegen ist sie kaum zu finden, obwohl sie ausreichend winterhart ist. Auch ist sie eine imposante Erscheinung: Auf dem 80 cm langen Stiel sitzt ein Büschel von zwei bis zehn Blüten mit einem Durchmesser von 55 mm. Die verdrehten Perigonblätter sind strohgelb, die Schale mittelgelb. Sie ist 5 mm hoch, sechsfach eingeschnitten und besitzt einen Durchmesser von 10 mm. Blütezeit ist von Februar bis März. 2n = 22.

N. jonquilla (Linné 1753)
Sektion Jonquillae
Synonyme: *N. flavus* Lagasca, *N. juncifolius* Salisb., *N. medius* Roemer, *N. similis* Steudal, *N. webbii* Parlatore

Narcissus jonquilla.

Mit einer Höhe von 40 cm ist dies die Jonquille mit dem längsten Stengel, der zugleich die größten Blüten dieser Sektion trägt. Sie werden 30 mm groß und sitzen bis zu sechst auf jeweils bis zu 9 cm langen Blütenstielen. Die 10 mm breiten und 4 mm hohen Nebenkronen sind vom gleichen Gelb wie die Perigonblätter. Das Laub ist binsenähnlich (= *jonquilla*). Die Art, die von der Iberischen Halbinsel stammt, kam früh in Kultur und ist auch in Südfrankreich, Italien und Dalmatien verwildert. Sie blüht je nach Standort zwischen Januar und April. 2n = 14.

N. jonquilla var. *henriquesii* (Sampaio 1901) wurde nach dem im letzten Jahrhundert in Portugal lebenden Botaniker Henriques benannt. Die Nebenkrone ist größer als bei der Stammform, sie macht ein Drittel der Länge der Tepalen aus. Die Varietät wächst in der Nähe von Castello de Vide. 2n = 14.

N. jonquilla var. *minor* [(Haworth) Baker 1888] ist kleiner (= *minor*), sowohl von der Höhe als auch von der Blütengröße her, ansonsten sind die Unterschiede gering. Auch die Herkunft wird mit »Spanien« nur sehr vage umrissen. 2n = ?

N. jonquilla var. *stellaris* (Baker 1888) hat schmälere Perigonblätter, so daß die Krone sternförmig (= *stellaris*) aussieht. Die Nebenkrone ist tief eingeschnitten. Baker beschreibt zwar die Varietät, nennt aber keinen Standort. 2n = ?

N. lagoi (Merino 1909)
Sektion Pseudonarcissus

Die Blüten ähneln denen von *N. asturiensis*, doch sitzen sie horizontal am 40 bis 50 cm langen Stiel. Außerdem ist die Kronröhre genausolang wie die Nebenkrone. Die Art soll am Fluß Minho in der Nähe von Lugo stehen, eigentlich müßte sie daher *lugoi* heißen. Ihr Status ist umstritten. 2n = ?

N. longispathus (Pugsley 1933)
Sektion Pseudonarcissus

Obwohl die Art zu den Trompetennarzissen gehört, können bis zu drei Blüten an einem Stiel sitzen, was aber nur selten vorkommt. Dieser ist 24 cm lang, also etwas län-

Narcissus longispathus.

ger als das vierfach gekielte, blaugrüne Laub. Der Name kommt von der stattlichen Spatha (= *longispathus*), die die 5 cm langen Blütenstiele einhüllt. Die Röhre ist grünlich, die leicht verdrehten, gelben Perigonblätter sind nach vorne umgeschlagen und umgeben die 25 mm lange, nahezu zylindrische Trompete. Die Art wächst in der Sierra de Pandera, der Sierra de Cazorle und der Sierra de Alcatraz in Höhen bis 900 m, vereinzelt sogar bis 1 800 m. Je nach Höhenlage blüht sie zwischen März und Anfang Mai. 2n = 14.

N. macrolobus [(Jordan) Pugsley 1933]
Sektion Pseudonarcissus

Die Art ähnelt *N. pseudonarcissus* sehr, doch ist die Pflanze mit einer Höhe von bis zu 25 cm niedriger, die Laubblätter sind breiter (= *macrolobus*) und die Blüten heller. Die Trompete und die kürzere Kronröhre sind zartgelb, die Krone ist strohfarben. Die Art stammt aus den zentralen und östlichen Pyrenäen und blüht im April. Mit den Neuzüchtungen der Division 1 ist der Kulturwert der Art geringer geworden. 2n = ?

N. marianicus (Casas 1982)
Sektion Jonquillae

Casas beschreibt die Species sehr ungenau, so daß man ihr kaum den Status einer eigenen Art zubilligen kann. Auch verzichtet er ganz auf Maßangaben, sondern meint, sie ähnele *N. fernandesii*, sei aber kleiner. Die Pflanze soll in der spanischen Provinz Toledo wachsen. 2n = ?

N. minor (Linné 1762)
Sektion Pseudonarcissus
Synonyme: *N. exiguus* Salisb., *N. minimus* Haworth

Die Species ist botanisch gesehen schwierig zu bestimmen, Verwechslungen mit *N. asturiensis* oder den zahlreichen Bastarden aus *N. asturiensis* und *N. pseudonarcissus* sind möglich. In der »Flora Europaea« werden daher alle kleineren (= *minor*) Trompetennarzissen in einen Topf geworfen, darunter *N. nanus* und *N. pumilus*. Der Höhepunkt der Verwirrung sind die Angaben über Herkunft der Art: Für einen Teil der Autoren ist diese unbekannt, die anderen nennen Portugal, Spanien und Südfrankreich. Einig ist man sich aber über die frühe Blütezeit der Art, sie blüht bereits im Dezember. Wenn Zwiebeln dieser Narzisse im Handel angeboten werden, sollte man mißtrauisch sein, es ist selten die echte Art, die verkauft wird. *N. minor* wird 14 cm hoch, die waagrecht stehenden, gelben Blüten haben eine Durchmesser von 37 mm. Die zum Rand hin erweiterte und stark gerüschte Trompete ist 17 mm lang und 20 mm breit. Die 15 mm langen Perigonblätter sind schwach verdreht und mit einem kräftigen, gelben Strich gekennzeichnet. 2n = 14.

N. moschatus (Linné 1762)
Sektion Pseudonarcissus
Synonyme: *N. albus* Miller, *N. candidissima* Red., *N. cernuus* Hort.

Dies ist die weiße Trompetennarzisse, die bereits Linné kannte, und die, bevor sie 1933 eindeutig von Pugsley von *N. alpestris* unterschieden wurde, unter dem Namen *N. cernuus* bekannt war. Ein natürlicher Standort der seit dreihundert Jahren kultivierten Art ist nicht bekannt, möglicherweise ist sie auch ausgestorben. Die weißen, stark duftenden (= *moschatus*) Blüten hängen nickend an etwa 30 cm hohen Stielen, das gekielte, 7 mm breite Laub wird etwa ebensohoch. Die Kronröhre ist grün. Die Perigonblätter sind verdreht und werden bis zu 35 mm lang, die Trompete bis zu 40 mm. Die Art ist nicht schwierig zu kultivieren, in alten Gärten findet man oft sogar das gefüllte Gegenstück. Beide Varianten blühen im frühen April. 2n = 14.

N. nanus (Spach)
Sektion Pseudonarcissus
Synonyme: *N. lobularis* Hort., *N. minor* L. var. *nanus* Herbert

Von der Art ist ebenfalls kein Naturstandort bekannt, dies mag mit dazu geführt haben, daß sie oft mit *N. minor* verwechselt wird, da sie ebenso klein ist (= *nanus*). Allerdings gibt es Unterscheidungsmerkmale: Der Stiel steht in einem Winkel von 45° zum Boden wie bei *N. asturiensis*, aber die Blätter sind breiter. Die schwefelgelben Perigonblätter bilden fast eine Scheibe und sind kürzer als die strahlend gelbe Trompete. Die Blütezeit fällt zwischen Februar und März. 2n = 14.

N. nevadensis (Pugsley 1933)
Sektion Pseudonarcissus

Die Art erinnert an *N. longispathus*, vor allem da sie ebenfalls mehrblütig ist. Die bis zu vier Blüten hingegen sind zweifarbig und sitzen schräg nach oben am 28 cm langen Stiel. Die nach vorn umgeschlagenen Perigonblätter sind weißlich mit gelbem Mittelstrich, die schmale, nahezu zylindrische Trompete ist gelb. Die Art wächst auf feuchten Böden in 1400 bis 1800 m Höhe in den Bergen der Sierra Nevada (= *nevadensis*). Im Garten ist sie blühwillig und setzt leicht Samen an. Blütezeit ist am Naturstandort der Mai, in Kultur bereits der April. 2n = 14.

N. nobilis [(Haworth) Schultes f.]
Sektion Pseudonarcissus
Synonyme: *N. pseudonarcissus* L. ssp. *leonensis* (Pugsley) Fernandes

N. nobilis wirkt in der Tat vornehm (= *nobilis*), sie besitzt große, ausgewogene, zweifarbige Blüten. Ein besonderes Kennzeichen ist, daß die Kronröhre genauso strahlend gelb ist wie die 35 mm lange Trompete mit ihrem stark gezähnten Rand. Das Perianth ist cremeweiß und an der Basis gelb. Die einzelnen Blüten sitzen waagrecht oder leicht aufwärts zeigend am bis zu 30 cm langen Stiel. In Kultur ist die Art trotz ihrer Schönheit wenig verbreitet, in der Natur schon. Standorte findet man in den Pyrenäen, in Nordportugal und in den Asturischen Bergen. Die Blüte fällt in den April. 2n = 28.

N. nobilis var. *leonensis* [(Pugsley) Fernandes] ist noch auffälliger als die Stammform, die Blüten können einen Durchmesser von bis zu 12 cm haben, was aber nicht die Regel ist. Besonderes Kennzeichen ist der breite Flansch, der vorn an der Trompete sitzt. Die Art wächst in den Picos de Europa und wurde zuerst am Montes de Léon gefunden. 2n = 42.

N. obesus (Salisbury 1796)
Sektion Bulbocodium
Synonyme: *Corbularia bulbocodium* ssp. *obesus* (Salisb.) Werh., *N. bulbocodium* L. ssp. *obesus* (Salisb.) Maire

Viele Autoren lassen den Status der Art nicht gelten, sondern sehen sie nur als Varietät von *N. bulbocodium* an. Fernandes nennt zwei Gründe, warum dies nicht so ist: Zum einen ist dies die Chromosomenzahl, die sich von den sonstigen Arten dieser Sektion stark unterscheidet, zum anderen wächst die Pflanze auch auf sehr kalkhaltigen Böden, was *N. bulbocodium* nicht vertragen würde. Die Blüten sind größer als bei den verschiedenen Formen der soeben genannten Art, zudem ist der Rand der Nebenkrone leicht nach innen umgeschlagen. Diese hat einen Durchmesser von 20 mm und ist 18 mm, die Röhre sogar 23 mm lang. Die Tepalen sind nicht so kräftig gelb und leicht verdreht. Die Blüten sitzen auf 10 cm langen, dicken (= *obesus*) Stielen und sind leicht aufwärts gerichtet. Das schmale, 30 cm lange Laub liegt meist am Boden auf oder erhebt sich kaum über diesen. Die Species wächst auf beiden Seiten der Straße von Gibraltar, aber auch in Portugal, sie kommt im März bis April zur Blüte. Es gibt sowohl eine diploide als auch eine triploide Form. 2n = 26 und 39.

N. obvallaris (Salisbury 1796)
Sektion Pseudonarcissus
Synonyme: *N. bromfieldii* Syme, *N. cambricus* Steudal, *N. concolor* Brom., *N. lobularius* Schultes, *N. maximus* Haworth, *N. pseudonarcissus* L. var. *bromfieldii* Syme, var. *cambricus* (Haworth) Hort., var. *concolor* Bromfield, var. *toscanus* (Parlatore) Pugsley, *N. sibthorpii* Haworth, *N. toscanus* Parlatore

Narcissus obvallaris.

Die Art ist in Europa weit verbreitet, sowohl in der Natur als auch in den Gärten. In England heißt sie volkstümlich »Tenby-Narzisse«, weil sie in dieser Gegend Südwales heimisch geworden ist. Wie sie allerdings dorthin verschlagen wurde, weiß wohl niemand mehr. Worauf sich der botanische Name *obvallaris* (= verhüllt) bezieht, ist nicht ganz klar. Die gelbblühende Trompetennarzisse ist sehr gut für unsere Steingärten geeignet, da sie nur 20 bis 30 cm hoch wird. Die Petalen sind kaum verdreht und die Trompete ist leicht geweitet, was der 40 mm langen Blüte, die sich bereits Ende März zeigt, ein adrettes Aussehen gibt. 2n = 14.

N. ochroleucus (Loiseloir-D. 1806)
Sektion Tazettae

Über die aus Südfrankreich stammende Art ist wenig bekannt, Webb zählt sie zu *N. italicus*. Andere Autoren meinen, daß das weißliche (= *ochroleucus*) Perianth kleiner und die zitronengelbe Schale flacher ist. Späte Blütezeit gegen Ende April. 2n = ?

N. pachybolbus (Durand 1846)
Sektion Tazettae

Blanchard schlägt vor, die Art zurückzustufen als Varietät von *N. papyraceus*. Den dicken Zwiebeln (= *pachybolbus*) entspringen bis zu sieben Blätter, die sehr breit sind, aber nicht so lang wie der 40 cm hohe Stiel werden. Dieser ist sehr stämmig und beidseitig abgeflacht. Die bis zu siebzehn Blüten sind weiß und haben einen Durchmesser von 18 mm. Die Schale ist lediglich ein schmales Rändchen von 2 mm Höhe. *N. pachybolbus* blüht in Algerien und Marokko zwischen Dezember und Februar. 2n = 22.

N. pallidiflorus (Pugsley 1933)
Sektion Pseudonarcissus
Synonyme: *N. asturicus* Barr, *N. pallidus praecox* Hort.

Bereits im 17. Jahrhundert war die Art bekannt unter dem Namen »Strohfarbene Bastard-Narzisse«, und so sieht sie auch aus: wie ein Zwischenglied zwischen *N. moschatus* und *N. pseudonarcissus*. Der 30 cm hohe Stiel wird vom blaugrünen Laub überragt, an ihm sitzt eine leicht hängende, strohgelbe (= *pallidiflorus*) Blüte. Die 30 mm langen Perigonblätter sind leicht verdreht und etwas kürzer als die gezähnte Trompete, die einen Durchmesser von 30 mm hat. Die Art ist weit verbreitet sowohl in den Pyrenäen als auch in den Asturischen Bergen und blüht ab Februar, in Höhen über 1 800 m erst im Juni. In Kultur gilt die erste Zeitangabe. 2n = 14.

Pugsley nennt noch zwei Varietäten: var. *asturicus* aus den Asturischen Bergen hat kleinere und hellere Blüten; var. *intermedius* hat eine schlankere Trompete.

N. panizzianus (Parlatore 1848)
Sektion Tazettae

Manche Autoren sehen in *N. panizzianus*, die nach dem italienischen Botaniker Panizzi benannt wurde, ebenfalls nur eine Varietät von *N. papyraceus*. Doch sind die beiden Arten aufgrund der kleineren Blüten und des schmaleren Laubes auch von Laien auseinanderzuhalten. Der gedrückte Stiel wird bis zu 28 cm, das Laub bis zu 55 cm hoch, an jenem sitzen zwei bis acht weiße Blüten von 25 mm Durchmesser. Die Art wächst in der Gegend um San Remo. Sie kann auch im Garten gehalten werden, Winterschutz ist allerdings anzuraten. Die Blüte reicht von Ende März bis weit in den April. 2n = 22.

N. papyraceus (Ker-Gawler 1806)
Sektion Tazettae
Synonyme: *N. anceps* DC., *N. gennarii* Parlatore, *N. jasmineus* Schultes f., *N. niveus* Loisel., *N. unicolor* Tenore

Der englische Name »Paper White« beschreibt am besten den botanischen Namen, denn dies ist die typisch reinweiße Tazette. Auf dem bis zu 30 cm hohen Stengel sitzen auf 40 mm langen Blütenstielen elf oder mehr wie Papier so weiße (= *papyraceus*) Blüten von 30 mm Duchmesser. Die Schale hat einen Durchmesser von 8 mm und ist 3 mm hoch. Das Laub ist blaugrün und wird 30 cm hoch. Aufgrund der weiten Verbreitung in Portugal, Spanien, Italien, dem ehemaligen Jugoslawien, Griechenland und Nordafrika ist die Blütezeit sehr unterschiedlich, sie reicht von Oktober bis Februar. Als Treibnarzisse wird sie bei uns im Dezember in den Blumenläden angeboten, für Freilandkultur kommt sie nicht in Frage. 2n = 22.

N. parviflorus (Jordan 1933)
Sektion Pseudonarcissus

Die Art gehört zu den kleinblütigen (= *parviflorus*) Trompetennarzissen, ist aber weder mit *N. minor* noch mit *N. abscissus* identisch. Möglicherweise ist es jedoch ein Bastard von letzterer. Die hängenden Blüten haben ein cremfarbenes Perianth und eine goldgelbe Nebenkrone. Die Species wächst in den Hohen Pyrenäen in der Gegend von Gàdre. 2n = ?

N. patulus (Loiseloir-D. 1806)
Sektion Tazettae
Synonyme: *N. breviflorus* Spach, *N. etruscus* Parlatore, *N. ricasolianus* Parlatore, *N. siculus* Parlatore, *N. vergellensis* Parlatore

Auch hier ist der Streit wieder müßig, ob die Art nur eine Varietät von *N. tazetta* ist. Sie ähnelt dieser sehr, doch sind die Blüten kleiner und stehen gespreizt (= *patulus*), die Stiele sind kürzer. Blanchard nennt als weiteren Unterschied, daß die Verbreitung zwar ebenso groß ist, *N. patulus* aber oft in größeren Höhen zu finden ist. Am 18 cm hohen Stiel sitzen nur ein bis zwei weiße Blüten von 30 mm Durchmesser mit kräftig gelben Schalen. In Kultur findet man oft bis zu neun Blüten an einem Stiel, was die Überprüfung auf Echtheit nicht gerade erleichtert. Die in Südfrankreich, Italien und auf der Balkanhalbinsel vorkommende Art blüht etwa im April. 2n = 20 (22).

N. poeticus (Linné 1753)
Sektion Narcissus
Synonyme: *N. ornatus* Haworth, *N. tripedalis* Loddiges, *N. tripodalis* Salisb.

Die Dichternarzisse (= *poeticus*) ist die in Europa am weitesten verbreitete Species (siehe Karte Seite 22). Deshalb darf es auch nicht verwundern, daß sie sehr variabel ist. Allen Varietäten gemeinsam sind die hellen Zwiebeln mit dem länglichen Hals. Bei der Stammform entspringen diesen etwa 45 cm lange, grüne, gekielte Blätter und ein gedrückter, 36 cm langer Stiel. Die weißen Blüten stehen waagrecht oder leicht aufrecht und besitzen einen Durchmesser von 45 bis 70 mm. Die Nebenkrone ist gelb mit grüner Mitte und besitzt einen roten, trockenhäutigen Rand. Die Staubfäden sind unterschiedlich lang, so daß drei davon mit dem Rand der Schale abschließen, die anderen in der Krone verborgen sind. Alle Dichternarzissen duften sehr stark. Je nach Standort blüht die Pflanze zwischen Februar und Juni, in Kultur zeigen *N. poeticus* und ihre Hybriden als letzte Narzissen ihre Blüten. 2n = 14 (21).

Narcissus radiiflorus.

Narcissus poeticus.

N. poeticus var. *hellenicus* [(Pugsley) Fernandes] wächst in Griechenland (= *hellenicus*) auf den Bergen Pindus und Oeta. Das Perianth hat zwar nur einen Durchmesser von 45 mm, aber die Perigonblätter sind sehr rund und biegen sich erst beim Altern nach hinten um, was der Blüte ein volles Aussehen gibt. Am Naturstandort blüht die Art oft erst im Juni, in Kultur findet man sie selten, da sie nur langsam Zuwachs bekommt. 2n = ?

N. poeticus var. *majalis* [(Curtis) Fernandes] wurde bereits 1793 von Curtis beschrieben. Wie der Name schon sagt, sind die Blüten größer (= *majalis*) als bei der Stammform, und anstelle der gelben Zone findet man in der Nebenkrone eine weißliche. Die Varietät wächst in Südfrankreich, vor allem an der Riviera. 2n = ?

N. poeticus var. *recurvus* [(Haworth) Fernandes] hat zurückgeschlagene (= *recurvus*) Perigonblätter, in England ist sie unter dem Namen »Pheasant's Eye« im Handel. Als sie im 19. Jahrhundert dort eingeführt wurde, dachte man, es sei eine Hybride, doch entdeckte Pugsley Naturstandorte in der Schweiz, wo die Pflanze im Juni blüht. Ihr Duft kann schon fast als aufdringlich empfunden werden. 2n = 21.

N. poeticus var. *verbanensis* (Herbert 1837) wächst an den oberitalienischen Seen an der Grenze zur Schweiz, wo man auch die Stadt Verbania findet. Die relativ kleinen Blüten von 35 mm Durchmesser erscheinen im Mai. Webb vermutet in der Varietät ein Bindeglied zwischen *N. poeticus* und *N. radiiflorus*. In Kultur erweist sie sich als schwierig. 2n = ?

N. polyanthos (Loiseloir-D. 1806)
Sektion Tazettae
Synonym: *N. luna* Schultes f.

Die Species ist sehr reichblütig (= *polyanthos*), die bis zu zwanzig weißen Blütensterne erinnern sehr an *N. papyraceus*. Allerdings sind Laub und Stengel mittelgrün und die 3 bis 4 mm hohe Nebenkrone ist ungeteilt. Die Perigonblätter sind doppelt so lang wie diese. Man findet die Art vor allem an der französischen Riviera, aber auch in Spanien und Italien. Die Blütezeit fällt zwischen Dezember und Februar. 2n = 22.

N. portensis (Pugsley 1939)
Sektion Pseudonarcissus

Die Art, die in der Nähe der portugiesischen Stadt Porto wachsen soll, wurde von Pugsley nach Herbarmaterial beschrieben, ein Naturstandort wurde bis heute nicht gefunden. Dennoch findet man die Species (wenn sie eine ist?) vereinzelt in Kultur. Die Blätter sind stets kürzer als der bis zu 20 cm lange Stiel, der einzelne, goldgelbe Blüten trägt. Die Perigonblätter haben einen grünen Mittelstrich, die Trompete ist mit 35 mm Länge größer als diese und hat einen nicht geweiteten, aber sechsfach eingeschnittenen Rand. Die Blütezeit fällt in den April. 2n = 14.

N. provincialis (Pugsley 1939)
Sektion Pseudonarcissus

Auch diese Art wurde von Pugsley beschrieben, allerdings nach Pflanzen vom Naturstandort bei Grasse aus der Provence (= *provincialis*). Sie blüht dort von Ende April bis weit in den Mai und wächst in Höhen bis zu 2000 m. Die Species ist eine kleine, gelbe Trompetennarzisse, die sich von *N. minor* durch schmäleres Laub und breitere Perigonblätter unterscheidet, von *N. nanus* durch die weniger aufrechten Stengel. 2n = ?

N. pseudonarcissus (Linné 1753)
Sektion Pseudonarcissus
Synonyme: *N. breviflos* Steudal, *N. cuneiflorus* Link, *N. eugeniae* Casas, *N. festalis* Salisb., *N. radians* Lapeyrouse, *N. renaudii* Bavoux, *N. serratus* Haworth, *N. sylvestris* Lam., *N. telamonius* Link

Die Art ist nicht nur sehr weit in Europa verbreitet (siehe Karte Seite 22), sondern auch dementsprechend variabel. Deshalb ist es auch etwas schwierig, die Stammform zu beschreiben. Diese hat bis zu 35 cm langes, 6 bis 12 mm breites, aufrechtes, blaugrünes Laub und einen mindestens ebenso langen, zweigekielten Stiel. An ihm sitzt einzeln, horizontal oder leicht nickend, eine gelbe Blüte, deren Perianth nur wenig oder auch sehr viel heller sein kann als die Trompete. Diese wird zwischen 20 und 35 mm lang und ist am Rand nur wenig verbreitert, aber unregelmäßig eingeschnitten. Je nach Standort oder Varietät fällt die Blütezeit irgendwo zwischen Januar und Juni. In naturnahen Pflanzungen kann man die Art sehr gut verwildern lassen. 2n = 14.

N. pseudonarcissus var. *festinus* [(Jordan) Pugsley] findet man in der Dauphiné, sie ist kleiner als die Stammform. Die Blüten sitzen waagrecht auf langen Blütenstielen, die kräftig goldgelbe Trompete ist am Rand eingeschnitten. 2n = ?

N. pseudonarcissus var. *humilis* (Pugsley) ist in Südschottland verwildert, die Herkunft ist

Narcissus pseudonarcissus.

unbekannt. Die Pflanze ist niedriger (= *humilis*), die Blüten sind kleiner und das Perianth ist weißlicher als bei den anderen Varietäten. 2n = ?

N. pseudonarcissus var. *insignis* (Pugsley) ist ebenfalls in England heimisch geworden, die breiten, cremefarbigen Perigonblätter überlappen sich breit, was die Varietät vor den anderen auszeichnet (= *insignis*). Die Trompete ist am Rand sehr verbreitert. 2n = ?

N. pseudonarcissus var. *minoriformis* (Pugsley) ist eine zwergige (= *minoriformis*) Form, die man sowohl in der Provence als auch in den Pyrenäen findet. 2n = ?

N. pseudonarcissus var. *montinus* [(Jordan) Pugsley] wächst am Mont Pilat (= *montinus*) im französischen Departement Loire. Die Varietät hat längere Blätter als die Stammform, und die Trompete ist sechsfach tief eingeschnitten. 2n = ?

N. pseudonarcissus var. *platylobus* [(Jordan) Pugsley] findet man in den Vogesen. Sehr breit sind sowohl die Laubblätter (= *platylobus*) als auch die Perigonblätter und die Trompete, was den Blüten ein sehr wuchtiges Aussehen gibt. 2n = ?

N. pseudonarcissus var. *porrigens* [(Jordan) Pugsley] wächst in der Gegend um Lyon und ähnelt var. *festinus*, doch sind die Tepalen verdreht und überlappen sich nicht, sie wirken sehr sperrig (= *porrigens*). 2n = ?

N. pseudonarcissus ssp. **eugeniae** (Casas)
Sektion Pseudonarcissus

Als Casas diese edle (= *eugeniae*) Narzisse in den Bergen von Tarragona und Valencia fand, billigte er ihr zuerst den Status einer eigenen Art zu, später revidierte er sein Urteil. Die einzeln stehenden Blüten können einen Durchmesser von bis zu 75 mm haben. Die Perigonblätter sind strohgelb, oft verdreht und bis zu 31 mm lang, die intensiv gelbe Trompete ist am Rand 30 mm breit und kräftig eingekerbt. Etwas erstaunlich ist der kurze Stiel dieser großen Blüten, er wird nicht länger als 11 cm. In der Natur stehen sie oft zu Tausenden an einem Standort, wo sie Ende März zu blühen beginnen. 2n = ?

N. pumilus (Salisbury 1796)
Sektion Pseudonarcissus
Synonym: *N. minor* L. var. *pumilus* (Salisb.) Fernandes

Salisbury beschrieb die Art nach kultivierten Pflanzen; erst im Jahre 1869 wurde in den

Narcissus pseudonarcissus.

Narcissus radiiflorus.

Meeralpen ein Standort entdeckt. *N. pumilus* unterscheidet sich von *N. nanus* durch die längeren, aber schwächeren Stengel und die spätere Blütezeit Ende März. Sie ist aber ebenso zwergig im Wuchs (= *pumilus*). Bei den gelben Blüten sind die Perigonblätter etwas kürzer als die Trompete, diese ist am Rand stark gezähnt. Im Handel erhält man selten die echte Art. 2n = 14.

N. radiiflorus (Salisbury 1796)
Sektion Narcissus
Synonyme: *N. angustifolius* Curtis, *N. biflorus* Spach, *N. poeticus* L. ssp. *angustifolius* Ascherson & Graeber, *N. poeticus* L. ssp. *radiiflorus* (Salisb.) Baker

Die Art ist mit *N. poeticus* nahe verwandt, doch sind die Perigonblätter schmäler, sie gleichen den Speichen eines Rades (= *radiiflorus*). Auch die Samenkapseln sind schlanker als bei *N. poeticus*. Die Verbreitung von *N. radiiflorus* reicht nicht so weit westlich bis in die Pyrenäen, man findet sie in der Schweiz, auf der Balkanhalbinsel und in Griechenland. Wegen des weniger schönen Perianths ist die Art selten in Kultur. Sie blüht am Naturstandort zwischen April und Juni. 2n = 14.

N. radiiflorus var. *exertus* [(Haworth) Fernandes] hat aus der Nebenkrone herausragende (= *exertus*) Staubfäden, diese ist chromgelb mit scharlachrotem Rand. Die Perigonblätter sind stark verdreht. Die Species wächst in der Schweiz und blüht dort im Mai. 2n = ?

N. radiiflorus var. *poetarum* (Burbidge & Baker) ist möglicherweise nur eine Gartenform oder eine Kreuzung. Auffällig ist die scheibenförmige, völlig rote Nebenkrone. Aus diesem Grund und wegen der frühen Blütezeit im April wurde die Varietät sehr viel zur Zucht roter Schalennarzissen verwendet. Ein Wildstandort ist nicht bekannt. 2n = 21.

N. radiiflorus var. *stellaris* [(Haworth) Fernandes] hat nahezu sternförmige (= *stellaris*), grünlichweiße Perigonblätter. Auch zwischen dem gelben Zentrum der Nebenkrone und ihrem roten Rand befindet sich ein weißer Streifen. Die Varietät blüht im französischen Jura, in Tirol und auf der Balkanhalbinsel sehr spät im Mai und Juni. 2n = ?

N. romieuxii (Braun-Blanquet & Maire 1923)
Sektion Bulbocodium
Synonym: *N. bulbocodium* L. ssp. *romieuxii* (Braun-Blanquet & Maire) Maire

Maire hatte *N. romieuxii* eigentlich als Subspecies von *N. bulbocodium* beschrieben, doch in Wirklichkeit steht die Art *N. cantabricus* näher, denn Hybriden zwischen diesen sind fertil im Gegensatz zu Kreuzungen mit *N. bulbocodium*. Benannt wurde die Art nach Romieux. Fernandes schließlich spaltete die Art nicht nur von *N. bulbocodium* ab, er unterteilt sie zusätzlich in zwei Subspecies.

Narcissus romieuxii.

N. romieuxii ssp. *albidus* [(Emberger & Maire) Fernandes] ist von der Subspecies *romieuxii* schwer zu unterscheiden. Zu sagen, die Blüten sind weißer (= *albidus*) genügt nicht. Sie sitzen auf 9 cm langen Stengeln und 4 mm langen Blütenstielen (die bei ssp. *romieuxii* fehlen). Die Röhre ist mit 17 mm weitaus länger als die stark gezähnte, 9 mm hohe Nebenkrone. Das Laub wird 22 cm lang. Die Art wächst auf Kalkböden im marokkanischen Rif in Eichen- und Zedernwäldern. 2n = ?.

N. romieuxii ssp. *albidus* var. *zaianicus* [(Maire, Weiller & Wilczek) Fernandes] aus den Zaian-Bergen, ebenfalls in Marokko, blüht nahezu weiß und nicht so gelblich wie die Stammform. Der Stengel ist zwar in der Regel ebenfalls nur 9 cm lang, kann aber bis zu 23 cm Länge wachsen. Der Blütenstiel ist kürzer. Die Röhre wird bis zu 24 mm lang, die Nebenkrone 16 mm. Die Varietät ist also größer als die Stammform. 2n = 28.

N. romieuxii ssp. *romieuxii* (Braun-Blanquet & Maire 1922) wächst im Mittleren Atlas und blüht im März. Weitere Unterscheidungsmerkmale zur Subspecies *albidus* sind die hellere Spatha, die längeren Perigonblätter, die die Nebenkrone überragen, und die kräftigere Farbe, die von strohfarben bis primelgelb reichen kann. Die Röhre wird 15 mm lang, die Nebenkrone ebenfalls, sie hat am Rand einen Durchmesser von 30 mm. Die Pflanze blüht im Alpinhaus von Januar bis Februar, möglicherweise ist sie winterhart genug für Freilandkultur. 2n = 28.

N. romieuxii ssp. *romieuxii* var. *mesatlanticus* (Maire) ist vermutlich nur eine hellgelbe Variante der eben genannten Art, wesentliche Unterscheidungsmerkmale gibt es nicht. Fernandes erkennt sie auch nicht als eigene Varietät an, doch Blanchard führt sie auf, da sie unter diesem Namen im Handel ist, ja sogar einen RHS Award of Merit erhalten hat.

Das Herbarmaterial von Maire stammt zum Teil aus dem Hohen Atlas (= *mesatlanticus*). 2n = ?

N. romieuxii ssp. *romieuxii* var. *rifanus* [(Emberger & Maire) Fernandes] hat kleinere Blüten als die Stammform und eine dunklere Spatha. Der Stengel wird 5 cm hoch, die bleichgelben Blüten sitzen auf ganz kurzen Blütenstielen. Die Röhre wird 15 mm lang, die Nebenkrone 8 mm, sie hat einen Durchmesser von 15 mm. Die Varietät blüht im marokkanischen Rif (= *rifanus*) in 1 800 m Höhe im März. 2n = 28.

N. rupicola (Dufresne 1830)
Sektion Apodanthae
Synonym: *N. apodanthus* Boiss. & Reut.

Würde man den Namen der Art wörtlich nehmen, müßte man sagen, er ist falsch, denn die Pflanze wächst nicht auf Fels (= *rupicola*), sondern in offenem Gelände auf saurem Boden. Sie ist durch die einzelnen, reingelben Blüten, die keinen Blütenstiel besitzen, von den anderen Species der Sektion leicht zu unterscheiden. Außerdem befinden sich die Staubfäden in der Blütenröhre. Diese ist immerhin 22 mm lang, die sechs- bis zwölffach eingeschnittene Nebenkrone nur 4 mm. Die breiten Tepalen überlappen sich und ergeben ein rundes Perianth. Der Stengel wird 14 cm hoch, das zweifach gekielte Laub 18 cm. Die Blütezeit reicht von März bis Juni, in Portugal liegt sie eher früher, in Spanien später. Auch in Kultur ist die Art weitverbreitet, aber nicht winterhart. 2n = 14.

N. rupicola ssp. *marvieri* [(Jah. & Maire) Maire & Weiller 1925] wurde zu Ehren von Marvier benannt, sie wächst endemisch in Marokko. Die Blüten sind größer und kräftiger in der Farbe als bei der Art, die Kronröhre ist länger. Wegen des südlicheren Standorts beginnt die Blüte bereits im Februar, aber auch in Kultur blüht die Unterart früher als die Art. 2n = 14.

N. rupicola ssp. *watieri* [(Maire) Maire & Weiller 1921], die nach dem französischen Botaniker Watier benannt wurde, unterscheidet sich sehr von der Stammform: Sie blüht weiß. Selbst die einzige andere helle Art dieser Sektion, *N. atlanticus*, hat keine so strahlenden Blüten. Zudem fehlt diesen jeglicher Duft. Mit den breiten Blütenblättern wirkt das Perianth wie eine Scheibe. Die Subspecies wächst im Hohen Atlas in Marokko in Höhen zwischen 2600 und 3400 m und blüht im April. 2n = 14.

Narcissus rupicola.

N. scaberulus (Henriques 1888)
Sektion Apodanthae

N. scaberulus ist nicht nur eine der variabelsten Arten, sie ist auch eine der kleinsten. Von den nur 18 mm großen Blüten sitzen bis zu fünf auf 5 bis 20 cm langen Stengeln. Die Tepalen können schmal oder breit sein, sie sind jedoch von genauso kräftigem Gelb wie die 5 mm hohe und 7 mm breite Nebenkrone. Das zweigekielte Laub ist nur 2 mm breit und hat rauhe (= *scaberulus*) Ränder. Die Art wächst im Becken des Montege in Portugal auf Granitböden, die während der Wachstumszeit sehr feucht sind, aber im Sommer völlig austrocknen. Es ist nicht schwer, im

Kalthaus solche Bedingungen zu schaffen. Die Blüte kann bereits im Februar beginnen. 2n = 14.

N. serotinus (Linné 1753)
Sektion Serotini
Synonyme: *N. aequilimbus* Nyman, *N. obsoletus* Spach

Wenn man meint, daß im Herbst das Jahr zu Ende geht, stimmt die Bezeichnung spätblühend (= *serotinus*). Bei den Narzissen hingegen beginnt die Saison um diese Zeit. Die einzige Art dieser Sektion ist im gesamten Mittelmeerraum verbreitet. Sie unterscheidet sich von den anderen Narzissen durch das fast völlige Fehlen der Nebenkrone. Diese ist ockergelb oder orange, 1 mm hoch und hat einen Durchmesser von 2 mm. Die reinweißen Perigonblätter hingegen sind 4 mm breit und 15 mm lang. Die gelegentlich bis zu drei Blüten sitzen auf 13 cm hohen Stielen und bleiben auch nach der Samenreife noch grün. 2n = 10 (30).

Aufgrund des weiten Vorkommens sind Varianten natürlich möglich, doch sind die von Fernandes aufgeführten kaum von Bedeutung. Er nennt *N. serotinus* var. *deficiens* [(Herbert) Baker] mit fehlender Nebenkrone

Narcissus scaberulus.

Narcissus serotinus.

und *N. serotinus* var. *emarginatus* (Chabert) aus Algerien mit breiteren Tepalen. Pflanzen hiervon sind nicht in Kultur.

N. tazetta (Linné 1753)
Sektion Tazettae
Synonyme: *N. aschersonii* Bolle, *N. auranticoronus* Spach, *N. byzanthinus* Hort., *N. cerinus* Schultes, *N. citrinus* Link, *N. commutatus* Parlatore, *N. constantinapolitanus* Hort., *N. corrugata* Jordan, *N. crenulatus* Haworth, *N. crispicorona* Spach, *N. decorus* Spach, *N. elatus* Gussone, *N. fistulosus* Schultes, *N. flexiflorus* Spach, *N. floribundus* Schultes, *N. grandicrenatus* Parlatore, *N. lacticolor* Steudal, *N. lanzae* Lojacono Pojero, *N. luteola* Jord., *N. neglectus* Tenore, *N. orientalis* L., *N. pratensis* Jordan, *N. primulinus* Schult., *N. sardous* Martelli, *N. spathulatus* Haworth, *N. spiralis* Parlatore, *N. stramineus* Spach, *N. subalbidus* Loisel., *N. subcrenata* Haworth, *N. syriacus* Boissier, *N. varians* Gussone

Die zweifarbigen Tazetten sind die ältesten in Kultur befindlichen und am frühesten züchterisch bearbeiteten Narzissen. Sie sind sehr weit in der Natur verbreitet, nicht nur im Mittelmeerraum sondern auch im Iran und in Kaschmir, wo sie mit Sicherheit erst eingeführt wurden. Die bis zu fünfzehn Blüten sit-

Narcissus tazetta.

zen an 45 mm langen Blütenstielen, die sich wiederum an 35 cm hohen Stengeln befinden. Das weiße Perianth hat einen Durchmesser von 40 mm, die kräftig gelben Nebenkronen gleichen kleinen Schüsselchen (= *tazetta*), sie sind 5 mm hoch und 10 mm breit. Die Blütezeit kann aufgrund der weiten Verbreitung sehr unterschiedlich sein, sie reicht vom Dezember bis in den April. 2n = 20.

N. tortifolius (Casas 1976)
Sektion Tazettae
Synonym: *N. cernuus* Roth

Die Art wurde erst vor kurzem auf Gipsböden Südostspaniens entdeckt, wo sie so zahlreich wächst, daß es erstaunlich ist, daß niemand sie früher fand. Die bis zu sechzehn Blüten dieser typischen Tazette sind weiß, die Stengel etwa 25 cm lang. Das auffallendste Kennzeichen der Art sind die 5 bis 8 mm breiten, verdrehten Laubblätter (= *tortifolius*). Die Zwiebeln sind länglich, sie haben nur 3 cm Durchmesser aber eine Länge von 7 cm. Ungewöhnlich ist die Chromosomenzahl der zwischen Januar und April blühenden Species: 2n = 30.

N. tortuosus (Haworth)
Sektion Pseudonarcissus

Lange glaubte man, daß die Art nur eine Gartenhybride wäre, bis 1925 in der Nähe von Santander in Spanien tatsächlich ein Standort gefunden wurde. Sie gleicht *N. moschatus*, ist aber größer und kräftiger und hat breiteres Laub. Auch ist die Blüte nicht ganz einfarbig, die Trompete ist etwas gelblicher als die verdrehten (= *tortuosus*), weißlichen Perianthblätter. Auffallend ist der Ingwerduft der im März blühenden Art. 2n = 14 (28).

N. triandrus (Linné 1753)
Sektion Ganymedes
Synonyme: *N. arctuatus* Heynold, *N. campanulatus* Link, *N. haworthii* Don, *N. pyrenaicus* Persone, *N. striatellus* Spach, *N. triandrus* L. var. *mutatis* Coutinho

Die Engelstränennarzissen gehören zu den schönsten Arten und wurden auch züchterisch bearbeitet. Sie tragen an 40 mm langen Blütenstielen bis zu sechs weiße, nickende Blüten, die auf 25 bis 30 cm hohen Stengeln sitzen. Die Tepalen haben in der Mitte einen gelblichen Streifen, sie sind stark nach hinten

Narcissus triandrus.

Narcissus triandrus.

umgebogen und häufig verdreht. Die am Rande gewellten Schalen sind 17 mm hoch und 17 mm breit. In ihnen sieht man nur drei Staubfäden (= *triandrus*), die anderen drei befinden sich in der 15 mm langen Röhre. In tieferen Lagen Spaniens und Portugals wächst die Species im lichten Schatten, in 2 000 m Höhe in voller Sonne, jedoch stets auf sauren Böden. Je nach Höhenlage liegt die Blütezeit zwischen März und Juni. Im Garten benötigt die Art etwas Winterschutz. 2n = 14.

N. triandrus var. *cernuus* [(Salisbury) Baker] ist in der Literatur manchmal unter dem Namen *N. triandrus* ssp. *pallidulus* [(Graells) Rivas Goday] zu finden. Die nickenden (= *cernuus*) Blüten allein sind noch kein Unterscheidungsmerkmal zur Stammform. Sie sind etwas kleiner und gelblicher und sitzen auch nicht so zahlreich am kürzeren Stengel. Die Art wächst sowohl in Zentralspanien als auch in Zentralportugal, sie blüht von Februar bis Mai. 2n = 14.

N. triandrus var. *concolor* [(Haworth) Baker] heißt oft auch *N. concolor* [(Haworth) Link], Fernandes billigt ihr sogar den Status der Art zu. Sie ist die gelbe Form der Engelstränennarzissen, deren Verbreitung weitaus geringer ist als die der vorherigen Varietät. Man findet sie nur in Südportugal, wo sie im April bis zu drei Blüten an einem Stengel zeigt. 2n = 14.

N. triandrus var. *loiseleurii* [(Rouy Fernandes] besitzt ebenfalls ein Synonym, nämlich *N. triandrus* ssp. *capax* [(Salisbury) Webb]. Das Vorkommen dieser Varietät erstreckt sich auf eine einzige Inselgruppe im Atlantik, die Isles de Glénan vor der französischen Küste. Die schwefelgelben Blüten werden ziemlich groß, die Krone hat eine Länge von bis zu 30 mm, die Nebenkrone kann 25 mm hoch werden. Loiseloir hatte die Art in der »Flora Gallica« *N. reflexus* genannt. 2n = ?

N. viridiflorus (Schoesboë 1800)
Sektion Jonquillae
Synonym: *N. integer* Spach

Diese Art ist zwar nicht schön, aber unverwechselbar: Sie blüht im Herbst und hat grüne Blüten (= *viridiflorus*). Und zwar sind sowohl Krone als auch Nebenkrone von einem geradezu scheußlichen Olivgrün. Die Blätter und der Stengel wachsen nach der Blüte weiter, das Laub bis zu einer Länge von

Narcissus viridiflorus.

60 cm, der Stengel bis zu 25 cm. An ihm sitzen die 26 mm großen Blüten in Büscheln bis zu fünf Stück. Die Tepalen sind nur 2 mm breit, die Nebenkrone ist 1 mm hoch und 4 mm im Durchmesser. Man findet diese Art in Marokko, sie blüht im Oktober. 2n = 28.

N. willkommii [(Sampaio) Fernandes 1966]
Sektion Jonquillae
Synonym: *N. jonquilloides* Willkomm

Auf dem 18 cm langen Stengel sitzen bis zu drei Blüten von gleichmäßiger, kräftig gelber Farbe. Die breiten Perigonblätter sind etwas nach innen gerollt, die 6 mm hohe, tassenförmige Nebenkrone ist am Rand sechsfach eingeschnitten. Die Art wächst an der Algarve in Portugal, sie wurde zu Ehren des Botanikers Willkomm benannt. Allerdings sah Sampaio in ihr zuerst eine Unterart von *N. jonquilloides*. *N. willkommii* blüht sehr früh, bereits im Februar. 2n = 14.

Verzeichnis der Naturhybriden

N.×abilioi Casas = *N. jonquilla×N. bulbocodium*
N.×abscissus Roemer & Schultes = *N. poeticus×N. pseudonarcissus*
N.×andorranus Casas = *N. poeticus×N. nobilis*
N.×aranensis Casas = *N. poeticus×N. pallidiflorus*
N.×bakeri K. Richter = *N. bulbocodium×N. pseudonarcissus*
N.×bernardii DC. = *N. hispanicus×N. poeticus*
N.×biflorus Schur = *N.×medioluteus* Miller
N.×boutignyanus Philippe = *N. moschatus×N. poeticus*
N.×buxtonii Richter = *N. abscissus×N. assoanus*
N.×carpetanus (Barra & López) Casas = *N. bulbocodium* var. *graellsii×N. bulbocodium* var. *nivalis*
N.×carringtonii Rozeira = *N. scaberulus×N. triandrus* var. *cernuus*
N.×cazorlanus Casas = *N. bulbocodium×N. triandrus*
N.×chevassutii Gorenflot, Guinochet & Quezel = *N. bertolinii×N. serotinus*
N.×consolationis Casas = *N. bulbocodium×N. triandrus*
N.×ernii Casas = *N. bulbocodium×N. triandrus*
N.×gracilis Sabine = *N. jonquilla×N. poeticus*
N.×gredensis Casas = *N. rupicola×N. bulbocodium* var. *nivalis*
N.×grenieri Richter = *N. poeticus×N. tazetta*
N.×incomparabiliformis Rouy = *N.×incomparabilis* Miller
N.×incomparabilis Miller = *N. hispanicus×N. poeticus*
N.×incurvicervicus Barra & López = *N. fernandesii×N. triandrus* var. *cernuus*
N.×infundibulum L. = *N. abscissus×N. jonquilla*
N.×intermedius Loisel. = *N. jonquilla×N. tazetta*
N.×johnstonii (Baker) Pugsley = *N. pseudonarcissus×N. triandrus*
N.×juratenis Rouy = *N.×incomparabilis*
N.×laetus Salisb. = *N. minor×N. jonquilla*
N.×lobatus Poiret = *N.× infundibulum*
N.×lopezii Casas = *N. bulbocodium×N. pseudonarcissus*
N.×loretii Rouy = *N. poeticus×N. tazetta*
N.×macleayii Lindley = *N. poeticus×N. abscissus*
N.×maginae Casas & Susanna = *N. triandrus* var. *cernuus ×N. cuatrecasasii*
N.×magnenii Rouy = *N. assoanus×N. tazetta*
N.×medioluteus Miller = *N. poeticus×N. tazetta*
N.×montcaunicus Casas = *N. bulbocodium×N. pseudonarcissus*
N.×munozii-garmandiae Casas = *N. cantabricus×N. triandrus* var. *cernuus*
N.×obsoletus Haworth = *N. viridiflorus×N. elegans*
N.×odorus L. = *N. pseudonarcissus×N. jonquilla*
N.×perezlarae Font-Quer = *N. serotinus×N. cavanillesii*

N.×poculiformis Salisb. = *N. dubius×N. moschatus*
N.×ponsii-sorollae Casas = *N. assoanus×N. triandrus* var. *cernuus*
N.×praviani Casas = *N. triandrus×N. pseudonarcissus*
N.×pugsleyi Casas = *N. assoanus×N. alpestris*
N.×pujolii Font-Quer = *N. dubius×N. assoanus*
N.×rogendorfii Batt. = *N. elegans×N. tazetta*
N.×rozeiri Casas = *N. bulbocodium×N. triandrus var. cernuus*
N.×rupidulus Casas = *N. rupicola×N. triandrus* var. *cernuus*
N.×stenanthus Casas = *N. bulbocodium×N. pseudonarcissus*
N.×susannae Casas = *N. bulbocodium×N. triandrus* var. *cernuus*
N.×taitii Henriques = *N. pseudonarcissus×N. triandrus*
N.×tenuior Curtis = *N. jonquilla×N. poeticus*
N.×teticaulis Haworth = *N. tazetta×N. jonquilla*
N.×trilobus L. = *N.×infundibulum* L.

Division 11: Split-Corona Narzissen

'Articol' (W-YYO) J. Gerritsen -/1979. Gerüschte Nebenkrone, die zu einem kräftigen Rosa umfärbt. Toller Showeffekt. (NL)
'Baccarat' (Y-Y) J. Gerritsen 1950/60. Die gelbe, geschlitzte Nebenkrone überlagert das Perigion fast völlig. AM 1977. (E)
'Beautycol' (Y-YYO) J. Gerritsen -/1980. Eine interessante Narzisse, deren Nebenkrone sich zu rosa hin verfärbt. (E)
'Belcanto' (W-Y) J. Gerritsen -/1971. Weißes Perianth mit flach aufliegender, hellgelber Platte. Lange haltbar. (NL, USA)
'Brandaris' (Y-OYY) J. Gerritsen 1965/76. Die scheibenförmige Nebenkrone ist in der Mitte kräftig orangefarben. (D, NL)
'Broadway Star' (W-WWO) J.W.A. Lefeber -/1975. Weiße Blüte mit sternförmiger Nebenkrone. (hübl.)
'Canasta' (W-Y) J. Gerritsen -/1957. Die adrett gerüschte, gelbe Nebenkrone liegt auf einem weißen Perianth. (E, NL, USA)
'Cassata' (W-W) J. Gerritsen -/1963. Die hellgelbe Nebenkrone bleicht nach einigen Tagen weiß aus. HC 1985. (hübl.)
'Chablis' (W-PPY) J. Gerritsen -/1971. Die zartrosa Nebenkronensegmente sind gelb umrandet, das Perianth ist weiß. (E, NL)
'Chanterelle' (Y-Y) J. Gerritsen -/1962. Die schwefelgelben Nebenkronensegmente verdecken das Perianth. HC 1986. (hübl.)
'Colblanc' (W-GWW) J. Gerritsen -/1973. Der cremefarbene, große, gefranste Kragen bleicht weiß aus. (NL, USA)
'Collarosa' (W-YYO) J. Gerritsen -/1968. Die gerüschte Nebenkrone wird rosa. (NL, USA)
'Colorama' (Y-O) J. Gerritsen -/1973. Die runde, kräftig orangefarbene Nebenkrone liegt flach auf dem kräftig gelben Perianth. (NL)
'Colorange' (Y-O) J. Gerritsen 1950/62. Die Nebenkrone ist kleiner und nicht allzu kräftig orangefarben. (E)
'Congress' (Y-YYO) J. Gerritsen 1965/76. Die flache Nebenkrone liegt scheibenförmig auf dem Perianth auf. (E, USA)
'Cum Laude' (W-Y) J. Gerritsen -/1984. Elfenbeinweißes Perianth, die gelbe, gerüschte Nebenkrone färbt sich rosa um. (NL)
'Dolly Mollinger' (W-OWO) J.W.A. Lefeber -/1958. Die geschlitzte Nebenkrone ist relativ klein und schalenförmig. (NL)
'Egard' (W-Y) J. Gerritsen -/1973. Die gelben Nebenkronensegmente sind so breit, daß sie sich gegenseitig überlappen. (E, NL)
'Fanline' (W-PPY) J. Gerritsen -/1974. Eine Sorte, die täglich die Farbe ändert und stets gut aussieht. (NL)
'Flyer' (Y-Y) Gerritsen -/1978. Die geschlitzte Nebenkrone ist so stark gerüscht, daß sie einer Halskrause ähnelt. (NL, USA)
'Gabriel Kleiberg' (W-GRO) J. Gerritsen -/1973. Eine große, runde, flache Blüte von immenser Leuchtkraft. (E, NL)

Split-Corona Narzissen – Blüten im Vergleich: 'Delta', Leenen 1983 (oben links); 'King Size', Gerritsen 1969 (oben Mitte); 'Egard', Gerritsen 1973 (oben rechts); 'Pomeranza', Gerritsen 1973 (unten links); 'Collarosa', Gerritsen 1968 (unten Mitte); 'Mondragon', Gerritsen 1973 (unten rechts).

'Giant Split' (Y-Y) J. Gerritsen 1988/-. Cremegelbes Perianth und etwas dunklere, geschlitzte Nebenkrone. (NL)
'King Size' (Y-Y) J. Gerritsen -/1969. Wuchtige, kräftig gelbe Blüte auf langem Stiel. (E, NL, USA)
'Lemon Beauty' (W-WWY) J.W.A. Lefeber 1948/62. »Harlekin-Typ« mit gelben Strichen gekennzeichnet. AM 1962. (NL)
'Marie-José' (W-WYW) J.W.A. Lefeber -/1974. Die schmalen Blütenblätter sind mit einem gelben Mittelstrich gezeichnet. (D)
'Mistral' (W-Y) J. Gerritsen -/1965. Eine sehr wüchsige Sorte mit weißem Perianth und gelber, geschlitzter Nebenkrone. (E, NL)
'Mondragon' (Y-O) J. Gerritsen -/1973. Hellgelbes Perianth, und scheibenförmige, flache, orangerote Nebenkrone. (NL, USA)
'Moonbird' (Y-Y) J. Gerritsen -/1969 Reingelbe Split-Corona Narzisse, die auch zum Treiben zu verwenden ist. (NL, USA)
'Obelisk' (Y-Y) J. Gerritsen -/1973. Eine kräftig gelbe Sorte. Sehr wüchsig. (E, NL, USA)
'Orangery' (W-POY) J. Gerritsen -/1957. Sternförmiges Perianth und kleine, scheibenförmige Nebenkrone. AM 1957. (hübl.)
'Palette' (W-YO) J. Gerritsen -/1973. Die großen, flachen Nebenkronensegmente werden zum Rand hin orangefarben. (NL, USA)
'Palmares' (W-P) J. Gerritsen -/1973. Stark gerüschte und geschlitzte Nebenkrone von zartem Rosa. (NL, USA)
'Papillon Blanc' (W-W) J.W.A. Lefeber 1940/-. Eine reinweiße Narzisse mit schmalen Nebenkronblättern. AM 1962. (E)
'Parisienne' (W-O) J. Gerritsen -/1961. Weißes Perigon, mittelgroße, gut geformte, dunkelorangefarbene Nebenkrone. (NL)
'Pearl Shell' (W-Y) J. Gerritsen -/1969. Die Nebenkrone dieser sehr frühen Sorte ist zart pfirsichrosa. (NL, USA)
'Peche Melba' (Y-Y) J. Gerritsen -/1963. Auffallend große Blüte mit orangegelber Halskrause. (NL)
'Phantom' (W-P) G.E. Mitsch -/1975. Eine der wenigen geschlitzten Narzissen, die nicht aus Holland kommt. (E, USA)
'Pick Up' (Y-O) J. Gerritsen -/1968. Weißes Perianth, reinorange, flache Nebenkrone. Kräftige Pflanze. (NL)
'Pomeranza' (W-O) J. Gerritsen -/1973. Cremefarbenes Perianth, mittelgroße, orangerote Nebenkrone. Reichblühend. (NL)
'Printal' (W-Y) J. Gerritsen 1966/76. Die früheste Split-Corona-Narzisse. Beim Ausbleichen wird der Rand dunkelgelb. (NL, USA)

'Sancerre' (W-Y) J. Gerritsen -/1974. Die cremegelben Split-Elemente liegen flach auf dem weißen Perianth auf. (E, NL, USA)
'Sovereign' (W-O) J. Gerritsen -/1973. Große, weiße Petalen und runde Nebenkrone von kräftigem Orange. (E, USA)
'Tiritomba' (Y-O) J. Gerritsen -/1974. Zitronengelbes Perianth und eine scheibenförmige, kupferfarbene Nebenkrone. (E, NL, USA)
'Tricollet' (W-O) J. Gerritsen -/1969. Die Nebenkrone ist in drei orangefarbene, flügelradähnliche Segmente aufgeteilt. (NL, USA)
'Trilune' (W-Y) J. Gerritsen -/1983. Zeigt ebenfalls nur drei Nebenkronensegmente, die gelb sind. (E, NL, USA)
'Valdrome' (W-Y) J. Gerritsen -/1965. Die Sorte besitzt ein weißes Perigon und eine gelbe Nebenkrone. (D, NL, USA)

Narcissus-Hybride 'Tiritomba' ändert täglich die Farbintensität und ergibt stets neue Eindrücke (Division 11, Y-O).

Division 12: Sonstige Narzissen

Hybriden der Divison 12 sind nur selten im Handel erhältlich, wenn man Glück hat, kann man sie direkt von einem Sammler beziehen.
'Bittern' (Y-O) G.E. Mitsch -/1979. Zwei bis drei Blüten pro Stiel. Lange, gerüschte Nebenkronen. (E)
'Jessamy' (W-W) D. Blanchard 1952/-. Blüht Mitte November mit kelchförmiger, hellgelber Nebenkrone, die cremeweiß ausbleicht.
'Kenellis' (W-Y) A. Gray 1948/-. Weißes, sternförmiges Perianth und hellgelbe, konische Trompete. Freilandkultur möglich. (E)
'Nylon' (W-W) D. Blanchard 1949/-. Aus jeder Zwiebel kommen drei bis vier Stiele mit cremeweißen Blüten, die die Abstammung von *N. cantabricus* verraten.
'Taffeta' (W-W) D. Blanchard 1952/-. Ähnelt 'Tarlatan', ist aber nicht so groß und blüht ebenfalls im November.
'Tarlatan' (W-W) D. Blanchard 1952/-. Reichblühende Cantabricus-Hybride mit breiter, cremeweißer Nebenkrone.
'Tiffany' (Y-Y) D. Blanchard 1960/-. Blüht einen Monat später als 'Jessamy'. Öffnet sich hellgelb und bleicht weiß aus.
'Trimon' (W-W) A.W. Tait 1899/-. Kleine, weiße Glöckchen mit schaufelradförmigem Perianth. AM 1899.

Verzeichnisse

Liebhabergesellschaften

BRD

Gesellschaft der Staudenfreunde e.V., Fachgruppe Zwiebel- und Knollengewächse, Elisabeth Schmid, Kirchhofweg 56, 73460 Hüttlingen bei Aalen

Belgien

Vlaamse Irisvereniging, Gilbert Verswijver (Sekretär), Hogeweg 111, 2091 Hoevenen

Großbritannien

Daffodil Society, Don Barnes (Sekretär), 32 Montgomery Avenue, Sheffield S7 1NZ
The Northern Ireland Daffodil Group, S. McCabe (Sekretär), 21 Parkmount Crescent, Ballymena, Co. Antrim BT43 5HS

USA

American Daffodil Society, Mary Lou Gripshover (Executive Director), 1686 Grey Fox Trails, Milford, Ohio 45150

Australien

The Tasmanian Daffodil Council Inc., 57 Cormiston Road, Riverside, Tasmania 7250

Neuseeland

The National Daffodil Society of New Zealand, Wilf Hall (Sekretär), Fencourt Road 1, Cambridge 2351

Anbieter von Narzissenzwiebeln

BRD

Blumenzwiebel Import und Großhandel, Horst Gewiehs, Postfach 1270, 27356 Rotenburg/Wümme
Pflanzenspezialitäten, Albrecht Hoch, Potsdamer Straße 40, 14163 Berlin
Pfälzisches Samenhaus, Bernd Imo, Schillerplatz 10, 67109 Schifferstadt
Friesland Staudengarten, Uwe Knöpnadel, Husumer Weg 16, 26441 Jever (Rahrdum)
Schöppinger Irisgarten, Werner Reinermann, Bürgerweg 8, 48624 Schöppingen
Gartencenter Walter Schmid, Straubenmühle, 73460 Hüttlingen bei Aalen

Belgien

Vlaamse Irisvereniging, Gilbert Verswijver, Hogeweg 111, 2091 Hoevenen

Holland

Bloembollenbedrijf P. Pennings, Warmerdamstraat 9, 2191 BT De Zilk
Blumenzwiebelgroßhandel (für Wiederverkäufer), W.F. Leenen & Zn., Rijksstraatweg 58, 2171 AM Sassenheim

Großbritannien

Ballydorn Bulb Farm, Killinchy, Newtownards, Co. Down BT23 6QB
Carncairn Daffodils, Carncairn Lodge, Broughshane, Co. Tyrone BT43 7HF
Constable Bulbs, 45 Weydon Hill Road, Farnham, Surrey GU9 8NX
Copford Bulbs, 1 Dorset Cottages, Birch Road, Copford, Colchester, Essex CO6 1DR
Brian Duncan, 15 Ballynahatty Road, Omagh, Co. Tyrone BT78 1PN

Michael Jefferson-Brown, Weston Hills, Spalding, Lincs PE12 6DQ
Clive Postles Daffodils, The Old Cottage, Purshall Green, Droitwich, Hereford and Worcester WR9 0NL
Mrs J. Abel Smith, Orchard House, Letty Green, Hertford SG14 2NZ
Tyrone Daffodils, 90 Ballynahatty Road, Omagh, Co. Tyrone BT78 1PN
J. Walker Bulbs, Weston Hills, Spalding, Lincs PE12 6DQ
Wallace & Barr, The Nurseries, Marden, Kent TN12 9BP

USA
(nicht alle Anbieter exportieren nach Europa)
Dr. W.A. Bender, 533 S. Sevens Street, Chambersburg, PA 17201
Bonnie Brae Gardens, 1105 S.E. Christensen Road, Corbett, OR 97019
Columbia Gorge Daffodil & Tree Farm, P.O. Box 205, Corbett, OR 97019
The Daffodil Mart, Route 3, Box 794, Gloucester, VA 23061
Gasconade Gardens, Gerard Knehans jr., Route One, Box 326, Owensville, MO 65066
Hatfield Gardens, 22799 Ringgold Southern Road, Stoutsville, OH 43154
Grant E. Mitsch Novelty Daffodils, Mr. and Mrs. Richard Havens, P.O. Box 218 A, Hubbard, OR 97032
Oakwood Daffodils, 2330 W. Bertrand Road, Niles, OR 97019
Oregon Trail Daffodils, 6525 SE Mannthey, Corbett, OR 97019
Nancy R. Wilson, 6525 Briceland-Thorn Road, Garberville, CA 95440

Australien
Broadfield's Daffodils, P.O. Box 18, Ulverstone, Tasmania 7315
J.N. Hancock & Co., Jacksons Hill Road, Menzies Creek, Victoria 3159
Jackson's Daffodils, P.O. Box 77, Geeveston, Tasmania 7116

Neuseeland
M.E. Brogden, Normanby, Taranaki
Koanga Daffodils, P.O. Box 4129, Hamilton East

Literatur

Allgemeine Literatur

Boerner, F.: Taschenwörterbuch der botanischen Pflanzennamen. Verlag Paul Parey, Berlin, Hamburg 1989, 4. Aufl.
Dahlgren, R.M.T. Clifford, H.T. Yeo, P.F.: The Families of the Monocotyledons. Springer-Verlag, Berlin, Heidelberg, New York, Tokyo 1985.
Encke, F. Buchheim, G. Seybold, S.: Zander. Handwörterbuch der Pflanzennamen. Verlag Eugen Ulmer, Stuttgart 1984, 13. Aufl.
Frohne, D., Jensen, U.: Systematik des Pflanzenreichs. Gustav Fischer Verlag, Stuttgart, New York 1985.
Heß, D.: Die Blüte. Verlag Eugen Ulmer, Stuttgart 1983.
Schubert, R., Wagner, G.: Pflanzennamen und botanische Fachwörter. Verlag J. Neumann-Neudamm, Melsungen 1979, 7. Aufl.
Trehane, P.: Index Hortensis Vol. 1. Quarterjack Publishing, Wimborne 1989.

Blumenzwiebelbücher

Barth, Th., Weinhausen, K., Steffen, L.: Die Kultur der Blumenzwiebeln und -knollen. Verlag Paul Parey, Berlin, Hamburg 1968.
Bryan, J.E.: Bulbs. Christopher Helm, Bromley 1989.
Doerflinger, F.: The Bulb Book. David & Charles, Newton Abbot 1973.
Frank, R.: Zwiebel- und Knollengewächse. Verlag Eugen Ulmer, Stuttgart 1986.
Grey-Wilson, Ch., Mathew, B.: Bulbs. Collins, London 1981.
Grunert, Ch.: Das Blumenzwiebelbuch. Verlag Eugen Ulmer, Stuttgart 1978.
Jefferson-Brown, M.: Daffodils, Tulips and other Hardy Bulbs. John Gifford, London 1966.

Kaiser, W., Vetter, R.R.: Narzissus und die Tulipan. Verlag Eugen Ulmer, Stuttgart 1985.
Macself, A.J.: Bulb Gardening. Thornton Butterworth, London 1932.
Mather, John C.: Commercial Production of Tulips and Daffodils. Collingridge, London 1961.
Mathew, B.: Dwarf Bulbs. B.T. Batsford, London 1973.
Mathew, B.: Flowering Bulbs for the Garden. Collingridge, Twickenham 1987.
Mathew, B.: The Smaller Bulbs. B.T. Batsford, London 1987.
Meyer, K.H.: Gefährten des Gartenjahres. Verlag Paul Parey, Berlin, Hamburg 1960.
Miles, B.: The Wonderful World of Bulbs. Van Nostrand Company, Princeton, Toronto, New York, London 1963.
Puttock, A.G.: Bulbs and Corms. John Gifford, London 1958.
Rix, M.: Growing Bulbs. Croom Helm, London, Camberra 1983.
Rix, M., Phillips, R.: The Bulb Book. Pan Books, London 1983, 2. Aufl.
Synge, P.M.: Collins Guide to Bulbs. Book Club Associates, London 1973.

Narzissenmonographien

American Daffodil Society (Hrsg.): Handbook for Growing, Exhibiting and Judging Daffodils. Tyner 1974.
Barnes, Don: Daffodils for Home, Garden and Show. David & Charles, Newton Abbot & London 1987.
Blanchard, John W.: Narcissus. A Guide to Wild Daffodils. Alpine Garden Society, Woking 1990.
Bowles, E.A.: A Handbook of Narcissus. Waterstone, London 1985, Reprint.
Fernandes, A.: Keys to the identification of native and naturalized taxa of the genus *Narcissus* L. In: Daffodil Yearbook, Royal Horticultural Society, 1968.
Jacob, Rev. Josef: Daffodils. J.C.& E.C. Jack, London 1910.
Jefferson-Brown, Michael J.: The Daffodil, its History, Varieties and Cultivation. Faber & Faber, London 1951.
Jefferson-Brown, Michael J.: Daffodils for Amateurs. Faber & Faber, London 1952.
Jefferson-Brown, Michael J.: Daffodils in the British Isles. In: Daffodil Handbook. The American Horticultural Magazine, Washington 1966.
Jefferson-Brown, Michael J.: Daffodils and Narcissi. A complete Guide to the Narcissus Family. Faber & Faber, London 1969.
Jefferson-Brown, Michael J.: Narcissus. B.T. Batsford, London 1991.
Lee, George S. (Hrsg.): Daffodil Handbook. The American Horticultural Magazine, Washington 1966.
Meyer, F.G.: Narcissus Species and Wild Hybrids. In: The American Horticultural Magazine, Washington 1966.
Northern Ireland Daffodil Group (Hrsg.): Daffodils in Ireland, 1978.
Phillips, P.: Daffodils in New Zealand. In: The American Horticultural Magazine, Washington 1966.
Quinn, Carey E.: Daffodils, Outdoors and In. Hearthside Press, New York 1959.
Snazelle, Dr. Theodore E.: Daffodil Diseases and Pests. Nasville 1986.
Wells, James S.: Modern Miniature Daffodils. Species and Hybrids. Timber Press, Portland 1989.

Sonstige Literatur

Zur Verfügung standen die Kataloge der meisten oben genannten Anbieter, wofür diesen herzlich gedankt sei, die Zeitschriften der verschiedenen Liebhabergesellschaften und die »Daffodil«–Jahrbücher der Royal Horticultural Society seit 1981, sowie Informationsschriften des Internationalen Blumenzwiebelzentrums Holland. Die Registrierungs- und Einführungsdaten wurden der aktuellen »Daffodil Checklist« der American Daffodil Society und »The International Daffodil Checklist« der Royal Horticultural Society von 1989 entnommen.

Register

Sachregister

Pflanzenregister

Ungültige wissenschaftliche Namen werden steil geschrieben, ausführliche Artbeschreibungen **fett**. Abbildungen werden mit einem * versehen, Verbreitungskarten mit einem †.

Bildquellen

Fotos

Fischer, E., Weisenheim: Seite 75 unten rechts
Gehm, T., Bad Segeberg: Seite 85
Köhlein, F., Bindlach: Seite 27 unten, 137, 150 unten
Lehmann, I., Kippenheim: Seite 75 mitte links
Morell, E., Dreieich: Seite 26, 78 rechts, 79 unten, 81 unten
Reinhard, H., Heiligkreuzsteinach: Rückseite, Seite 2, 6, 27 oben, 75 unten links, 78 links, 81 oben
Smit, D., DenHaag: Seite 7, 75 oben
Wirth, F., Leinfelden-Echterdingen: Seite 79 oben

Alle übrigen Fotos, sowie das Titelfoto stammen vom Verfasser.

Zeichnungen

Die Zeichnungen fertigte Paul Hopf, Rehau, nach Vorlagen des Verfassers.
Die Karten der Verbreitungsgebiete (Seite 22–28) zeichnete Bernd Burkhart, Stuttgart.